Le Monde *diplomatique*

Vol. 187　Avril·2024

Article de couverture

미국 학문의 자유를 해치는 친이스라엘 우익 세력

글·에릭 알터만

미국의 공화당과 민주당은 거의 모든 사안을 놓고 대립각을 세우지만 중국에 대해서만큼은 이견 없이 강경 노선을 내세운다. 프랑스 민간에서는 중국과의 단절을 감수하면서까지 미국의 입장에 동조하는 프랑스의 외교 행보를 개탄하는 목소리가 나온다. 그렇다면 과연 중국은 서방에 어떤 위협이 되는 것일까?

15면 계속▶

27

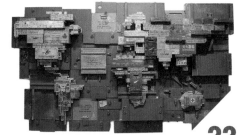

33

Mondial

38

Histoire

85

Culture

89

Corée

109

끊어지지 않는 카타스카페의 족쇄

브누아 브레빌 | 〈르몽드 디플로마티크〉 프랑스어판 발행인

고대 그리스에서 최악의 형벌 중 하나는 연좌제였다. 시민 의회는 정치적 살인이나 대역죄를 저지른 죄인에게 집을 파괴하고 가족을 추방하는 형벌인 카타스카페(kataskaphê, 연좌제)를 선고했다. 역사학자 월터 R. 코너는 물리적으로 "죄인과 그의 후손을 사회에서 완전히 배제"하는 것이 카타스카페의 목적이었다고 설명했다.(1)

경향신문

kyunghyang.com

진실을 보는 창

21세기는 초연결시대입니다.
사람과 세상, 정보와 지식이 서로 이어져있는 네트워크 시대입니다.
언제 어디서든 정보의 바다에 접속할 수 있지만 반대로 가짜 뉴스,
거짓 정보도 넘쳐납니다.
경향신문은 특정 진영의 시각을 대변하지 않습니다.
오직 진실의 편에 서서 공정보도를 추구합니다.
경향신문은 독자 여러분을 사건과 역사의 현장으로 안내하겠습니다.
경향신문과 함께 '진실의 목격자'가 되어주십시오

죄인과 그 후손들의 재산은 매매 혹은 거래되지 못하도록 완전히 파괴됐으며 때로는 조상의 유골을 파내어 도시 밖에 유기하기도 했다.

과거 중국에서도 고대 그리스 못지않게 엄격한 연좌제가 존재했다. 중국 황실은 수 세기 동안 일부 죄인의 가족까지 처형하는 '멸족'의 원칙을 적용했다. 이 형의 적용 범위는 배우자의 친족은 물론 더 방대한 인척을 포함해 가계 전체로 확대되기도 했다. 1402년, 명나라 대학자 방효유는 황제의 정통성을 부정한 이유로 조카, 제자, 친구를 비롯한 총 837명의 측근과 함께 처형됐다.

이처럼 고대와 중세에 흔히 적용됐던 엄격한 연좌제는 오늘날의 시각에서는 야만적인 형벌로 보일 것이다. 현대 사법제도는 개인 책임의 원칙에 기초하며 국제법은 연좌제 적용을 '전쟁 범죄'로 분류한다. 누구도 자신이 저지르지 않은 잘못으로 처벌받아서는 안 된다. 가장 권위주의적인 정권조차 적어도 이론상으로는 이 원칙을 인정한다.

그러나 팔레스타인은 여전히 연좌제의 시대에 머물러 있다. 지난 수십 년 동안 이스라엘은 팔레스타인인에게 테러 혐의가 제기되면 유죄판결이 내려지기도 전에 집을 파괴하고 오로지 복수, 모욕, 협박을

목적으로 그들의 가족을 거리로 내몰았다. 동예루살렘에 거주하는 팔레스타인인들은 친족의 행동으로 인해 거주 허가증을 박탈당할 수 있다. 전쟁 중인 많은 국가와 마찬가지로 이스라엘은 용의자를 체포하기 위해 건물 전체를 포격하는 등 이웃 전체를 표적으로 삼는다. 심지어 2023년 10월 7일 하마스의 공격 이후에는 도시 전체가 이스라엘군의 표적이 됐다. 가자지구 주민 전체가 하마스가 저지른 학살의 대가를 치르고 있다.

프랑스 역시 연좌제로부터 자유롭지 못하다. 이민자 범죄가 발생하면 이내 모든 외국인을 차별하는 법 제정을 요구하는 목소리가 높아진다. 자녀가 잘못을 저지르면 부모를 처벌해야 한다고 주장하는 정치인도 한둘이 아니다. 발레리 페크레스(공화당)는 아동수당 박탈을, 에리크 제무르(재정복당)는 공영 주택에서 퇴거를, 에리크 시오티(공화당)는 징역형을 부과하는 방식으로 부모에게 책임을 물어야 한다고 주장한다. 이미 미국에서는 결석 일수가 과도한 학생의 부모를 며칠간 감옥에 가두는 제도가 실행되고 있다. 그런데 이 방법은 아무런 효과가 없었으며 오히려 이미 취약한 가정의 상황을 더욱 악화시킬 뿐이었다.

한때 프랑스 극우파의 전유물이었던 이러한 아이디어가 최근 에마뉘엘 마크롱 대통령 진영에서도 인기를 얻고 있다. 2023년 여름 소요 사태 직후 마크롱 대통령은 "시위 참가자가 위법 행위를 저지르는 즉시 그 가족에게 재정적 제재를 가할 수 있어야 한다. 즉, 법을 처음 위반하는 순간부터 최소한의 대가를 치르게 해야 한다"고 제안했다. 가족에 해가 될 수 있다는 사실을 인지하면 국민이 더 순종적으로 행동할 것으로 기대하는 것은 마피아식 논리다. 이 제안을 구체화하는 임무를 맡은 연대가족부 장관은 "책임을 다하지 못한 부모"에게 사회봉사 명령을 내리고 이를 위반할 시 징역형에 처하는 형사 처벌 제도 도입을 예고했다.

카타스카페 옹호가들은 새로운 사회 계약을 발명해냈다. 부유하고 힘 있는 이들의 성공에는 개인적인 보상이 따르지만 가난하고 힘없는 이들의 실패에는 연좌제가 적용된다. **Ⅼᴅ**

글·브누아 브레빌 Benoît Bréville
<르몽드 디플로마티크> 프랑스어판 발행인

번역·김은희
번역위원

(1) Walter R. Connor, 'The razing of the house in Greek society', 『Transactions of the American Philological Association』, vol. 115, The Johns Hopkins University Press, 1985.

〈르몽드 디플로마티크〉 한국어판 가격을 올릴 수밖에 없는 이유

성일권 | 〈르몽드 디플로마티크〉 한국어판 발행인

아침부터 저녁까지 휴대폰에서 불쑥불쑥 튀어나오는 숏폼 동영상을 피하기란 쉽지 않습니다. 어쩌다가 좋아하는 강아지와 고양이, 아이들의 동영상을 누르다 보면 뒤이어 자동으로 재생되는 연관 동영상들을 피할 수 없습니다. 10여 초짜리 동영상을 본다는 게 1시간, 2시간, 심지어 날밤을 새우기도 합니다. 과제 리포트나 보고서, 집 안 청소 등 해야 할 일들이 산더미처럼 쌓여있는데, 숏폼의 마력에 빠진 심신은 좀처럼 헤어나기 어려운 게 현실입니다.

우리 사회에 만연한 동영상 중독 현상 탓일까요? 국내 굴지의 일간지, 월간지, 계간지들이 발행 부수를 대폭 줄이고, 출판사들도 경영난으로 픽픽 쓰러지고 있습니다. 출판사들이 책 출간을 현격히 줄이다 보니 언론사에 신간을 배송하는 업체마저 문을 닫는 실정입니다. 물론 여기에는 IMF 때보다도 더 심각한 경제난과 사상 최고의 물가상승으로 인해 모든 삶을 '다운 사이징'해야 하는 상황에서 당장에 불요불급(不要不急)한 신문잡지와 책부터 사라진다는 것을 잘 알고 있습니다.

〈르몽드 디플로마티크〉 한국어판의 현실도 암담하기는 마찬가지입니다. 가중되는 숏폼 중독 현상에다, 수년째 경제난이 계속되어, 판매 부수와 구독자 수가 현격히 감소하는 추세입니다. 올해로 창간 16년째를 맞는 〈르몽드 디플로마티크〉 한국어판이 파격적인 계간지 구독 이벤트를 벌이는 이유는 어떻게 해서든지 '활자 독자'를 붙잡기 위해서입니다. 〈르몽드 디플로마티크〉 한국어판의 기사가 길고 다소 난해하지만, 밑줄 쳐 읽으면 읽을수록 희열을 안겨 주는 궁극의 지적 쾌감을 독자 여러분과 나누고 싶어서입니다.

〈르몽드 디플로마티크〉 한국어판을 정기구독하면 계간지 〈마니에르 드 부아르〉의 과월호 4권을 랜덤으로 추가 선물하는 특별 이벤트는 3월 31일 자로 막을 내립니다. 물가 폭등 속에 경쟁 매체들의 줄 이은 가격 인상에도 불구하고, 4년째 동일한 가격을 고수해온 〈르몽드 디플로마티크〉 한국어판은 급등하는 종이값과 인쇄비, 우편료, 인건비 등의 압박에 어떻게 해야 할지 고심을 거듭했습니다. 숏폼 중독사회에서 어떻게 해야 〈르몽드 디플로마티크〉 한국어판의 가치와 비전을 중단없이 지켜낼 수 있을지….

안타깝게도 저희는 아래의 [공지문]처럼, 독자님들의 심리적 저항에 직면할 수도 있는 파격적 결정이 불가피하다는 결론에 이르렀습니다. 가뜩이나 어려운 경기침체 속에서도 저희의 굳건한 버팀목이 되어주신 독자님들에게 계속하여 〈르몽드 디플로마티크〉한국어판을 지지해주시길 감히 호소합니다.

저희 편집진은 한결같은 자세로 균형잡힌 시각과 깊은 통찰력을 갖춘 기사로 독자님들의 기대에 부응하겠습니다.

〈르몽드 디플로마티크〉 한국어판이 4년 후 20주년을 찍고, 14년 후에는 영광의 30주년을 맞을 수 있도록 독자님들의 변함없는 지지와 구독을 염원합니다. 부디, 저희 편집진의 결정을 널리 양해해주시길 바랄 뿐입니다. 🄓

글·성일권
〈르몽드 디플로마티크〉 한국어판 편집위원회를 대표하여 씀.

[알림]

2024년 5월호부터 〈르몽드 디플로마티크〉 한국어판의 가격은 다음과 같이 인상되오니 양해 부탁드립니다.

- 종이 잡지구독의 경우, 권당 1만8,000원, 1년 정기구독 19만4,400원(10%인하), 2년 정기구독 36만7,200원(15% 인하), 3년 정기구독 51만 8,400원(20% 인하)입니다.

- 인터넷 구독의 경우, 예전 가격과 동일합니다(1년 13만원, 2년 25만원, 3년 34만원). LD

르몽드 디플로마티크 구독 안내 (2024년 5월호부터 구독료가 인상됩니다.)

정가 1만 8,000원	1년 10% 할인	2년 15% 할인	3년 20% 할인
종이	21만 6,000원 19만 4,400원	43만 2,000원 36만 7,200원	64만 8,000원 51만 8,400원
	1년 13만원	2년 25만원	3년 34만원
온라인	1년 13만 원, 1개월 2만원, 1주일 1만 5,000원 * 온라인 구독 시 구독기간 중에 창간호부터 모든 기사를 보실 수 있습니다. * 1주일 및 1개월 온라인 구독은 결제 후 환불이 불가합니다(기간 변경 및 연장은 가능)		
계좌 안내	신한은행 140-008-223669 ㈜르몽드코리아 계좌 입금 시 계좌 입금 내역 사진과 함께 〈르몽드 코리아〉 본사에 문의를 남겨주시거나, 전화/메일을 통해 구독 신청을 해주셔야 구독 신청이 완료됩니다.		

계간지 구독 안내

	낱권 1만 8,000원	1년 7만원 2,000원 ⇨ 6만 5,000원	2년 14만원 4,000원 ⇨ 12만 2,400원
마니에르 드 부아르		계좌 : 신한은행 100-034-216204 계좌 입금 시 계좌 입금 내역 사진과 함께 〈르몽드 코리아〉 본사에 문의를 남겨주시거나, 전화/메일을 통해 구독 신청을 해주셔야 구독 신청이 완료됩니다.	
크리티크 M		낱권 1만 6,500원	

가자지구의 바르바라

세르주 알리미 ▌프랑스어판 고문(전 발행인)

팔레스타인 가자지구의 민간인 희생자가 갈수록 늘고 있지만, 서방 지도자들은 아무런 조치도 취하지 않으면서 동맹국 이스라엘의 무자비함을 개탄하는 척만 한다. 도덕을 앞세운 서방 진영의 리더 격인 바이든 미 대통령과 토니 블링컨 국무장관은 이 방면의 귀재다. 이들은 하루가 멀다 하고 베냐민 네타냐후 이스라엘 총리(전혀 타격을 받지 않고 있다)를 향해 유감과 분노를 표명하는 한편, 미 의회가 이스라엘에 140억 달러를 지원하도록 유도하고 있다. 미디어에서는 서방의 포탄과 폭탄의 대량 공급을 인도적 선의로 포장하는 식의 기사가 여전히 뜨고 있다.(1)

이는 미국과 기자들(모두가 그런 건 아니지만) 사이에서만 벌어지는 일이 아니다. 지난 2월 12일, 〈프랑스 앵테르〉 방송은 프랑스 사회당의 보리스 발로 하원 원내대표를 초청했다. 시몽 르 바롱 기자는 '참혹한 인도적 상황'을 언급한 후, 단순한 해설자가 아닌 정치인인 발로 의원에게 "말로만 충분한가요?"라는 질문을 던졌다. 그러자 발로 의원은 "끔찍하다", "여자와 아이 수천 명이 죽고 또 죽었다", "물, 식량, 약품 등 모든 것이 부족하다"는 말들을 쏟아내더니, "무조건 멈춰야 한다. 절대 있어선 안 되는 일이다!"라며 결정타를 날렸다.

발로 의원은 바르바라(프랑스 가수-역주)의 노래 가사까지 인용하며 "가자지구와 예루살렘의 아이들은 모두 똑같은 아이들이다"라고 감정에 호소했지만, 바롱 기자는 그의 현란한 말발에 휘둘리는 기색 하나 없이 청취자 '마크'에게 발언 기회를 돌렸다.

청취자의 말을 몇 초 만에 끊어버리는 아침방송 진행자 니콜라 드 모랑과는 달리, 바롱 기자는 청취자

가 세 단어 이상은 말하게 기다려주는 편이다. 청취자 마크는 "말로는 충분하지 않냐"는 질문 수준을 넘어 "이스라엘에 무기 금수조치를 취하면 안 되는지, 네타냐후 총리와 이스라엘 정부를 국제형사재판소에 반인도적 범죄와 집단학살로 기소해야 하지 않겠느냐"고 상당히 구체적으로 물었다. 또한 "프랑스 사법부가 이스라엘군에 복무하는 프랑스-이스라엘 이중국적자의 전쟁범죄 여부를 확인하길 바란다"며 말을 끝맺었다.

청취자의 질문은 구체적이었지만, 사회당 하원 원내대표의 대답은 모호했다. 무기 금수조치에 대한 답변은? "난 답해줄 수 없다"였다. 몇 초 전만 해도 열을 띠며 바르바라를 인용할 때와는 달리 의기소침한 모습이었다. 대신 "미국 대통령이 더 적극적으로 움직여야 하며, 현 상황을 용납할 수 없다고 발언해야 한다"고 말을 돌렸다. 이어서 바롱 기자는 "구체적으로 서방이 위협과 제재를 가해야 하나요?"라고 질문했다. 그러자 "난 답해줄 수 없다"라는 경악스러운 답변이 또 등장했다. 이어서 "어쨌든 외교적 압박에는, 그러니까 내 말은, 모호함이 없어야 한다. (…) 이스라엘에게는 물론, 열쇠를 쥐고 있는 미국에게도 말이다"라고 답했다.

바롱 기자는 여기서 멈추지 않았다. "이스라엘군으로 복무하는 프랑스-이스라엘 이중국적자에 관한 마지막 질문에 대해서는 어떻게 생각합니까?" 그러자 발로 의원은 한숨을 푹 내쉰 후, "이중국적자들은 군 복무 중이다. 전시법에는 규칙이 있고, 이는 모든 군대에 적용된다"라고 답했다.

그의 답변을 요약하면, 바이든 미 대통령은 네타냐후 이스라엘 총리를 질책해야 하고, 미국은 자신이 쥐고 있는 '열쇠'를 더 적극적으로 휘둘러야 하며, 이중국적 군인들은 전시법을 준수해야 한다. 그리고 우크라이나, 예루살렘의 아이들과 '모두 똑같은' 가자지구 아이들은 이미 거의 구원받은 것과 다름없다는 식이다. ᴸᴰ

크리티크M 8호
『날개를 단
웹툰적 상상력』
권당 정가 16,500원

글·세르주 알리미 Serge Halimi
프랑스어판 고문(전 발행인)

번역·이보미
번역위원

(1) Cf, Jack Mirkinson, 'Biden Is Mad at Netanyahu? Spare Me', <The Nation>, 2024년 2월 13일.

맹렬한 전투를 피해 사라지는 헝가리인 공동체

문화적 다양성이 사라지는 우크라이나

우크라이나 동부에서 맹렬히 전투가 벌어지는 동안, 우크라이나 서부 끝에서는 마자르족이 달아나고 있다. 카르파티아 산맥에 의해 드네스트르 강 분지와 드네프르 강 분지로 나뉘는 이 지역은 몇 세기 전부터 다양한 민족이 어우러져 살아온 곳이다. 고대 제국의 경계에 자리한 문화적 다양성은 계속해서 과거 속으로 사라져간다.

코랑탱 레오타르 ▌부다페스트〈유럽중앙통신〉편집장

우크라이나 국경에서 헝가리 부다페스트까지는 자동차로 3시간 거리다. 1920년 트리아농 조약은 오스트리아-헝가리 제국을 해체했고, 이때 정해진 이 경계의 정반대 편에 마자르족 공동체의 중심지 베레호베가 자리한다. 우크라이나 남서부 끝에 있는 베레호베에서는 시간대를 800km 넘게 떨어진 수도 키이우와 맞출 필요가 없다. 이곳 주민들 표현에 따르면 이곳은 "서쪽" 시간대나 "부다페스트" 시간대로 운영된다. 헝가리의 많은 도시들과 마찬가지로, 주민 2만 5,000명이 거주하는 도시 중심에는 '영웅'이라는 뜻의 회쇠크(Hősök) 광장이 있다.

베레호베 시장, "난 헝가리인이자 우크라이나의 애국자"

그러나 여기 사람들은 우크라이나인이다. 한 기념관에는 10년 전 '유로마이단 혁명'(2013년 11월 당시 우크라이나 대통령 빅토르 야누코비치가 우크라이나의 유럽연합 가입 논의를 중단하고 친러정책을 천명하자 키이우와 서부 지역을 중심으로 대대적인 반정부 시위가 이어졌다-역주) 때 목숨을 잃은 100인의 초상이 전시돼 있다. 제2차 세계대전 사망자 명단이 새겨진 오벨리스크에는 우크라이나 전쟁이 시작된 2022년 2월 24일 이후,

동쪽으로 거의 1,000km 넘게 떨어진 전선에서 사망한 이 도시 출신 병사 20명의 이름이 추가됐다.

졸탄 바비악 시장은 자신을 "헝가리인이자 우크라이나의 애국자"로 소개한다. 지금은 흔한 일이지만, 그는 당시 우크라이나 반군(우크라이나어로 UPA)의 깃발로 쓰였던 붉은색과 검은색 기를 국기와 함께 게양하기로 결정했다. 악랄한 민족주의자이자 반유대주의자인 스테판 반데라는 제2차 세계대전 동안 '우크라이나 민족주의 기구(OUN-b)'를 이끌었다. 이 기구의 가장 급진적 분파에 속한 이 무장 세력은 때로는 적이었고, 때로는 소련에 맞서 나치와 손을 잡기도 했으며, 유대인 및 폴란드 민간인을 대상으로 수많은 학살을 저질렀다.(1)

부다페스트와 키이우 관계가 악화되면서 현재는 헝가리 소수민족이 힘든 상황이다. 먼저, 2012년부터 마자르족에게 헝가리 여권을 대량 발급했기 때문이다. 반면 우크라이나는 이중 시민권을 금지했고, 2017년 우크라이나 의회는 학교에서 헝가리어 교육을 축소하는 용의주도한 법안을 채택했다. 우크라이나 전쟁이 발발한 뒤 부다페스트가 모스크바와 우호적인 관계를 끊지 않고, 키이우에 대한 유럽의 원조를 방해하려 하자 악감정은 더 격화됐다.(2) 노인들이 주로 찾는 베레호베 시장에서는 헝가리 총리 빅토르 오르반이 헝가리어 사용자들에게 확실히 인기를 유지하고 있다. 20년 동안 시장에서

채소를 팔다 은퇴한 요제프는 "여기 사람들은 전부 오르반을 지지해요"라고 말한다. "우리는 우크라이나 사람들에게 해를 끼치지 않아요. 그들은 우리말을 쓰지 못하게 하려고 우리 헝가리인들을 괴롭히는 거예요." 요제프는 손님들한테 허락을 구하지만, 다른 손님에게 우크라이나어로 답하기 위해 말을 잠시 끊었다.

시골 마을 노인들은 가끔 헝가리어를 쓰지만, 가정에서는 대개 다국어를 사용한다. 사람들은 헝가리어, 우크라이나어, 러시아어를 자유자재로 구사한다. 두 자녀를 독일로 떠나보낸 요제프는 "전쟁 때문에 젊은이들이 다 떠났어요. 형편없는 연금 탓에 나이든 사람들은 내 물건을 살 여유가 없어요"라고 한탄한다. 마자르족 공동체의 상당수가 2022년 2월 24일 이후 난민 행렬과 함께 이 지역을 떠난 것으로 보인다. 참전 연령대의 많은 남성들은 몇 주 뒤 국경이 폐쇄되기에 전에 헝가리 여권을 이용해 서둘러 이곳을 떠났다.

우크라이나에서 소외된 소수민족

카르파티아 산맥을 경계로 이쪽 지역의 남서쪽 측면은 수 세기에 걸쳐 폴란드, 오스트리아, 체코슬로바키아, 헝가리, 소련, 우크라이나 등 다양한 주권을 경험했다(아래 지도 참고). 오스트리아-헝가리 제국이 카르파티아 루테니아(또는 자카르파탸)로 규정한 이 지역은 오늘날 우크라이나의 자카르파탸주(oblast)에 해당한다. 베레호베 외곽에 자리한 묘지에서는 우크라이나 국기를 보고 병사들의 새 무덤 위치를 파악할 수 있다. 헝가리, 러시아, 우크라이나, 슬로바키아, 독일, 유대인 등의 묘지는 여러 문화가 뒤섞여 있음을 증명한다. 2001년 마지막 인구조사에서 우크라이나인은 이 지역 인구의 80%를 차지했다. 이들은 루테니아인(루신인)과 동화되어, 그리스정교-로마가톨릭 신앙고백 및 동방귀일교회를 따르는 슬라브족이다. 소수민족 중 헝가리어를 모국어로 사용하는 사람들의 규모가 가장 크고(12.7%), 이어서 러시아인 3만 명, 비슷한 규모의 루마니아인, 스스로 헝가리인이라고 말하며 대개 마자르어를 사용하는 롬

SELÇUK

인, 그리고 슬로바키아인과 독일인 수천 명이 각각 소수민족에 속한다.(3)

　　부다페스트의 헝가리 외교부 사무실에서 소수민족 담당 정무차관 레벤테 마자르는 헝가리의 관점을 설명했다. "2014년 돈바스 전쟁이 발발한 뒤, 키이우는 우크라이나어의 헤게모니를 주장할 계획으로 국가 건설 과정에 참여했다. 러시아 문화의 영향력을 축소시키려는 것이 주요 목표였다. 그러나 다른 소수민족은 소련 시절 이후 종종 혜택을 받았던 권리를 잃었다. 그들은 우크라이나 민족주의와 러시아 문화유산 사이에 벌어진 이 역사적 전투의 부수적 피해자들이다."

　　블라디미르 푸틴의 전임 수석보좌관 브라디슬라프 수르코프의 이메일이 유출되면서, 2016년 우크라이나를 불안정하게 하려는 전략이 일부 드러났다. 크렘린은 러시아 민족주의자들의 요구를 부추겨 우크라이나의 자카르파탸주에서 민족 간 갈등을 유발하려고 했다.(4) 2014년 크름반도 합병 이후 헝가리 우익 정당 요비크(Jobbik, 바른정당)는 부다페스트에서 자카르파탸주 자치권을 요구하는 시위를 조직했다. 친러시아 성향의 극우정당 요비크는 오르반 총리가 이끄는 피데스(Fidesz,

청년민주동맹)와 치열한 경합을 벌였다. 2018년 자카르파탸주의 주도인 우주호로드 소재 헝가리 문화센터를 겨냥한 방화 사건이 벌어지자, 헝가리 정부는 성급하게 우크라이나 '극단주의'를 지목했다. 친러시아 성향의 군소 극우 집단 팔랑가(Falanga) 소속 폴란드인 3명이 방화의 주범으로 보이는 영상이 있는데, 그중 2명은 돈바스 분리주의자들과 싸운 인물이었다. 폴란드에서 열린 재판에서 한 피의자는 독일인 마누엘 오크센라이터를 배후로 지목했다. 그는 극우 정당 '독일을 위한 대안(AfD)'의 고문이자 기자로, 러시아 정부를 지지하는 언론에서 주기적으로 발언을 하고 있다.(5)

　　우주호로드 성(城) 지구의 한 레스토랑에서 정치학자 드미트로 투얀스키는 이렇게 설명했다. "러시아는 자카르파탸주가 민족 간 긴장을 일으키거나, 적어도 이런 분위기를 전달할 수 있는 지역이라고 진지하게 생각한다. 그 생각이 어느 정도는 맞는 것 같다. 우크라이나에서도 일부 주민은 민족 문제와 헝가리 분리주의가 존재한다고 믿기 때문이다. 우리는 여러 대학이 참여한 연구팀과 이런 분리주의의 흔적들을 찾아보았으나, 아무것도 발견하지 못했다. 다른 민족끼리의 공존은 더할 나위 없

출처 : André Sellier et Jean Sellier, Atlas des peuples d'Europe centrale, La Découverte, 2014.

이 좋은 상황이며, 여러 공동체 사이에 긴장이라곤 전혀 느낄 수 없다. 놀라운 일이다!"

이리나 베레슈추크 부총리(6)와 국가안보국방위원회 올렉시 다닐로프 장관 등 우크라이나의 몇몇 정치 대표와 고위 관료들은, 헝가리가 실지회복주의(irredentism, 잃은 땅을 다시 찾고자 하는 것) 성향을 갖는 데다 옛 카르파티아 루테니아를 되찾기 위해 러시아와 협력하고 있다고 비난했다. 지난 30년간 부다페스트는 헝가리 소수민족의 문화적·영토적 자치권을 지지해왔다. 그러나 돈바스 분리주의로 인해 우크라이나 키이우가 그들의 목소리에 귀를 기울이지 않게 됐고, 그들의 요구는 묵살당했다. 부다페스트가 헝가리 교육기관 및 문화기관에 투입한 막대한 자금이나, 대헝가리(The Great Hungary) 지도 같은 실지회복주의를 의미하는 상징들로 인해 의심은 여전히 사라지지 않고 있다. 대헝가리 지도는 2022년 11월 헝가리-그리스 축구 경기 당시 헝가리 정부는 물론 오르반 총리 자신이 전시한 바 있다.

2023년 12월, 우크라이나 의회는 한 법안을 채택했다. 이 법안은 유럽평의회의 중재 하에 헝가리 및 루마니아 양국 정부의 요구에 따라 소수민족의 권리를 회복할

수 있는 길을 열었다. 부다페스트의 지정학적 균형을 위한 조치가 이 소수민족의 입지를 약화시킨다는 문제는 여전히 남아 있다. 그 해 12월 15일, 헝가리 오르반 총리는 26개국이 채택한 우크라이나의 유럽연합(EU) 가입 협상 개시를 위한 찬반 투표를 피하기 위해 때맞춰 유럽이사회 회의장을 떠났다. 오르반 총리는 서구사회가 우크라이나에 재정적·군사적 지원을 해봤자 소용없으며, 우크라이나가 승리할 수 없는 전쟁에서 외교적 해결을 지연시킬 뿐이라는 생각을 공공연히 드러냈다. 유럽연합 회원국 및 정부 수반들은 올해 2월 1일, 만장일치로 키이우에 4년간 500유로 규모의 재정적 지원을 하기로 결의했다. 결국 오르반이 이에 굴복하기는 했으나 그는 우크라이나 문서와 관련해 그의 잠재적 거부권을 계속 언급할 심산이다. 그러나 우크라이나 내 헝가리 대표들은 우크라이나의 유럽연합 가입을 막지 말라고 부다페스트에 공개적으로 요구하며 반대하는 태도를 보였다. 이는 헝가리 정부에 크게 의존하고 있으면서도 소수민족이 헝가리와 일사불란하게 움직이지 않는다는 것을 보여주는 신호다.

그러나 헝가리 공동체의 충성심에는 여전히 미심

리 제국 해체

1942년, '유럽의 새로운 질서'

1991년 이후, 독립 우크라이나

CÉCILE MARIN

쩍은 부분이 있다. 더 넓은 의미에서 산맥 너머에 위치한 이 모든 영토가 키이우 쪽에서는 의심스러워 보일 수 있다. 우주호로드 지자체 장을 맡고 있는 빅토르 미키타는 볼로디미르 젤렌스키 대통령의 '국민의 종' 정당 출신이다. 그는 "여기에는 분리주의자나 극단주의자가 없다. 2022년 2월 24일 이후 모든 우크라이나인은 소수민족과 아무 문제가 없다는 것을 확인할 수 있었다"라고 말한다. 미키타는 자카르파탸에 여전히 널리 퍼져 있는 평화로운 다문화주의에 자부심을 갖고 있다. 그는 비록 자세한 수를 파악할 수는 없지만 우크라이나군에 자원입대한 마자르족 출신의 병사 수백 명과 이주민들에게 이곳 주민들과 헝가리인들이 환대와 연대를 보였다며 칭송했다. 도지사의 사무실에는 마댜르(Madyar, 우크라이나어로 '마자르인'이라는 뜻)라는 별명의 로베르트 브로브디가 지휘하는 드론 부대 '마자르의 새들(Madyar's Birds)'을 포함해 군인들이 서명한 지역 전투부대 깃발이 걸려 있다. 도지사는 "헝가리 소수민족이 없다면 자카르파탸는 더 이상 자카르파탸가 아닙니다"라고 강조했다.

그럼에도 우크라이나 내 헝가리인들은 여전히 위협받고 있다. 2001년 인구조사 당시 15만 명이었던 마자르족은 2017년에 약 13만 명으로 종전보다 줄었고(7), 2022년에 전쟁이 일어나기 전에는 겨우 10만 명이 남아있었다.(8) 더 정확한 공식 통계가 없기 때문에, 헝가리 외교부는 지난 2년간 "소수민족 출신 수만 명이 우크라이나를 떠났을 것"이라고 시인했다.

동시에 전쟁을 피해간 자카르파탸주는 전쟁 초기 대규모로 이곳에 온 난민들에게 피난처가 되었다. 2022년 가을, 많은 이들이 러시아로부터 탈환한 하르키우와 헤르손 지역의 영토로 돌아갔으나, 약 30만 명이 여전히 그곳에 남아 있을 것이다. 또한 미키타 도지사는 점령지의 400개 기업이 자카르파탸주로 부지를 이전했다는 점을 언급했다. 이 상황은 세르비아 북부에서 벌어진 유고슬라비아 전쟁의 결과와 유사하다. 세르비아의 보이보디나 내 헝가리 소수민족은 1948년에 43만 3,000명, 1991년에 34만 3,000명, 2022년에 18만 4,000명으로 계속해

서 줄었다.(9) 레벤테 마자르 헝가리 정무차관은 이렇게 지적했다. "상황은 다르지만 결과는 우크라이나에서도 같을 것이 우려된다. 지역 및 지방 정치에서 헝가리인들이 소외될 가능성이 있다. 전쟁이 끝나면 자카르파탸의 문화적·인종적 현실이 완전히 달라질 거라는 현실적 두려움이 존재한다."

우루호로드 출신 작가이자 군 자원 봉사자인 안드리 류브카는 "내가 젊었던 1990년대에 헝가리인들은 우크라이나에서 큰 명성을 누렸다"고 회상했다. 그는 "현재 이 소수민족은 게토화 과정에 있다. 헝가리인이라는 것을 수치스럽게 느낄 수 있다. 오르반의 정책은 소수민족을 내부에서 갉아먹고, 압박감은 그들을 질식시키고 있다"고 생각한다. "지금은 우크라이나인들에게 매우 중요한 시기이고, 헝가리인들 역시 중요한 결정을 내려야 한다. 젊은 층은 이제 자신을 우크라이나인으로 정의하는 선택을 하지만 그렇지 않은 사람들도 있다. 이들 중 상당수가 국경이 다시 열리면 떠날 것이다." 전쟁은 유럽에서 가장 다문화적인 지역의 하나인 이곳의 인류 유산에 해를 입힐 것이다. 𝕃𝔻

글·코랑탱 레오타르 Corentin Léotard
부다페스트 <유럽중앙통신> 편집장

번역·조민영
번역위원

(1) Éric Aunoble, 'Choc de mémoires et conflit de récits 우크라이나: 하나의 역사, 두 개의 엇갈린 시각', <르몽드 디플로마티크> 프랑스어판·한국어판 2022년 4월호.
(2) Corentin Léotard, 'La petite musique hongroise 헝가리우파, "러시아는 우리의 적이 아니다"', <르몽드 디플로마티크> 프랑스어판·한국어판, 2022년 12월호.
(3) 2001년 인구조사, 우크라이나 통계청.
(4) 'The activity of pro-Russian extremist groups in Central-Eastern Europe', <Political Capital>, 2017년 4월 28일, https://politicalcapital.hu.
(5) Benoît Vitkine, 'En Transcarpatie, l'art russe de l'intox fait des étincelles 자카르파탸주에서 러시아의 세뇌 기술이 큰 성과를 올리고 있다', <르몽드>, 2019년 4월 7일.
(6) 'Iryna Vereshchuk unsure what Hungary's Viktor Orbán wants in exchange for Russia's good will : cheap gas or Zakarpattya region', <Oukraïnska Pravda>, 2022년 3월 22일.
(7) Patrik Tátrai, Jószef Molnár, Katalyn Ková1i & Ágnes Erőss, 'Changes in the number of Hungarians in Transcarpathia based on the survey "Summa 2017"', <Hungarian Journal of Minority Studies>, vol. 2, 부다페스트, 2018.
(8) Magyar Hang, 2022년 5월 27일, https://hang.hu
(9) 2022년 인구조사, 세르비아공화국 통계연구소, 벨그라드, 2023.

미국 학문의 자유를 해치는 친이스라엘 우익 세력

가자지구 전쟁 이후 미국에서 친이스라엘 우익 세력이 대학 학문의 자유를 억압하며 세미나장에서 반이스라엘 발언을 하는 교수들을 비난하는가 하면, 이스라엘 정부에 비판적인 대학들의 총장 사퇴까지 종용하고 있다.

에릭 알터만 ▮ 역사학자 겸 저널리스트

2023년 10월 7일 하마스의 치명적인 공격이 있은 지 5주가 지난 후, 대부분 미국 유대인으로 이뤄진 군중 약 29만 명이 워싱턴에 모여 이스라엘 지지를 재확인하고 가자지구에 억류된 인질 석방을 요구하며 반유대주의를 규탄하는 집회를 열었다. 이 집회는 미국 역사상 가장 큰 규모의 친이스라엘 시위였지만, 순수하게 정치적 관점에서 보자면 바이든 미국 정부가 이미 이 세 가지 입장을 분명하게 지지하고 있었기에 굳이 대규모 집회를 열 필요까지는 없었을 것이다.

이들은 2021년 5월 이스라엘과 하마스 간의 전쟁이 시작되었을 때 '유대인들과 연대'하기 위해 모인 시위대 2천여 명과는 완전히 다르다. 3년 전, 진보적이고 '친평화'적인 유대인 단체 대부분은 시오니즘을 비판하면 반유대주의로 여기는 주최 측을 비난했다. 지난 11월 14일, 이들 단체는 바이든 미 대통령에게 베냐민 네타냐후 이스라엘 정부에 팔레스타인 민간인 학살을 중단하도록 압력을 가했다. 심지어 '지금 당장의 평화를 위한 미국인(APN, Americans for Peace Now)'의 경우에 이스라엘에 대한 미군의 지원을 인권 존중 여부에 따라 결정하라고 요구했다. 이스라엘에 대한 지지는 바이든 지지자와 도널드 트럼프 지지자를 하나로 묶는 놀라운 능력을 가지고 있기 때문에 의회를 대표하는 두 정당의 지도자들도 집회 자리에 모습을 비쳤다.

그날 참석한 많은 유대인들은 전도 목사 존 하지가 함께 행진하는 모습에 분명 감동받았을 것이다. '이스라엘을 위한 기독교인 연합(Christians United For Israel)'의 대표인 하지는 히틀러가 요한계시록의 약속을 따르지 않는 유대인을 벌하기 위해 신이 보낸 '사냥꾼'이고, 유대인들이 성지로 돌아온 것은 종말의 시발점이라 본다. 그래서 교회 일치를 추구하는 친이스라엘의 기치는 유대주의자들에게까지 확장되었다.(1)

흑인 '진보' 정치평론가 앤서니 존스(일명 '밴 존스')가 연단에서 "평화를 위해 기도합니다"라고 균형 잡힌 발언을 시도하며 "가자지구에서 더 이상 로켓이 발사되지 않기를, 그리고 가자 주민들에게도 더 이상 폭탄이 떨어지지 않기를"이라고 하자 군중들 사이에서 야유와 함께 "휴전은 안 돼"라는 함성이 쏟아졌다.

한편, 반체제 유대인 단체인 '평화를 위한 유대인의 목소리(Jewish Voice for Peace)'와 '이프낫나우(IfNotNow)'의 후원 아래 행사장 주변에서는 소규모 반대 시위가 벌어졌다. 이들 단체는 지난 몇 주 동안 팔레스타인 지역에 대한 이스라엘의 폭격에 반대하는 대규모 시위를 벌였다. 이들은 팔레스타인 및 비팔레스타인 단체들과 함께 여러 차례 시위를 벌여 교통을 통제하고 미국 국회의사당을 비롯한 여러 주요 도시의 역을 점거하며 이스라엘로의 무기 공급 중단을 요구하고 미 대통령에게 자신의 힘을 이용해 학살을 즉각 중단시키라고 촉구했다.

<벽화 n° 398> 1985 · 숄 르윗

11월 14일의 친이스라엘 시위대보다 숫자는 적었지만, 반대 시위대는 가자지구 전쟁에 반대하는 미국 국민 대다수를 더 잘 대변하는 시위를 벌였다. 팔레스타인인 사망자 수가 만 명에 도달하기 전에 실시한 여론조사에 따르면 미국 유권자의 66%가 즉각적인 휴전 제안에 '전적으로' 또는 '어느 정도' 찬성한다고 답했다. 특히 팔레스타인의 운명과 권리에 점점 더 주의를 기울이는 24세 미만의 젊은이들 사이에서는 전쟁에 반대하는 유대인들도 많았지만, 이스라엘에서는 같은 연령대에서 압도적으로 전쟁에 찬성하는 쪽이 더 우세했다.

지난 5번의 총선에서 이스라엘 유권자들은 일관되게 권위주의, 신정주의, 요르단강 서안지구 일방적 합병을 지지하며 국제사법재판소가 '아파르트헤이트'라고 부르는 사태도 묵인했다. 동시에 극우파 지도자들은 이러한 문제에 대한 미국 공화당의 입장을 결정하는 복음주의 시오니스트들에게 공개적으로 아첨하면서 미국 유대인들과의 모든 정치적, 심리적 관계를 단절해 왔다. 뉴욕 〈유대인 주간〉의 전 편집장 게리 로젠블랫에 따르면,

네타냐후 총리는 "정통파 유대인은 말할 것도 없고 미국에서 유대인보다 훨씬 많은 복음주의 기독교인들의 지지를 받는다면 괜찮다"라고 암암리에 주장하고 있다. 공화당 외교관 엘리엇 에이브럼스는 "이 나라의 복음주의자들은 유대인보다 20~30배 더 많다"라고 지적했다.(2) 그래서 로비 단체인 미국-이스라엘 공공문제위원회(American Israel Public Affairs Committee, AIPAC)는 '유대인'이 줄어들면서 더욱 우익적이고 친이스라엘적인 성향을 띠게 되었다.

하마스의 공격과 이스라엘의 대응이 미국 유대인들의 정치적 입장을 크게 바꾸지는 않았지만, 그들의 차이를 더욱 악화시켰다. 약 140개 미국 유대인 단체의 직원 500여 명은 바이든 대통령에게 즉각적인 휴전을 지지할 것을 촉구하는 공개서한을 통해 "우리는 이 위기에 대한 군사적 해결책이 없다는 점을 알고 있다. 이스라엘과 팔레스타인이 서로 대립해서는 유대인의 안전도, 팔레스타인의 해방도 달성할 수 없다는 것을 알고 있다"(3)라고 전했다. 민주당 상원의원 11명도 "가자지구의 고통이

증가하고 장기화되는 것은 팔레스타인 주민들이 견딜수 없을 뿐만 아니라 기존의 긴장 관계를 악화시키고 지역 동맹을 약화시켜 이스라엘 민간인들의 안전에도 해가 된다"(4)라는 점을 직시해 달라고 바이든 대통령에게 촉구하는 서한에 서명했다. 또한 10년 전 미국 정계에서는 상상할 수 없었을 이스라엘의 양보를 이끌어내기 위해 미국이 개입할 것을 촉구했다.

미 대통령에게 정치적 압력을 넣었던 AIPAC

버니 샌더스 상원의원은 휴전을 요구하지는 않았지만, "팔레스타인 국민에 대한 전면전에 가까운 이 전쟁은 도덕적으로 용납할 수 없으며 국제법을 위반하는 일"이라고 비난하며 네타냐후의 '극우 정부'에 대한 공격을 중단하지 않고 있다. 또한 가자지구 주민들이 고향으로 돌아갈 권리, 서안지구 이스라엘 정착민들이 자행하는 폭력 중단, 이스라엘 정착촌 확장 정책 중단, 양국 관계 해법을 위한 평화 회담 재개를 조건으로 미국의 이스라엘에 대한 지원(연간 39억 달러)을 조절해야 한다고 주장했다.(5)

민주당 의원들이 유권자들의 친팔레스타인적 입장을 더 많이 전달할수록 바이든 미 대통령은 역설적으로 이스라엘 총리와 같은 입장을 재확인하고 있다. 2023년 10월 7일 하마스가 저지른 범죄를 '시오니스트 프로파간다'로 여기는 몇몇 주변 단체를 제외하면, 미국에서는 이스라엘의 군사적 보복 권리에 이의를 제기하는 사람이 아무도 없다. 그러나 가자지구의 민간인들을 표적으로 삼고 기반 시설을 거의 완전히 파괴하는 현실은 앞으로 더욱 과격하고 단호한 형태의 저항이 있을 것임을 시사한다.

그러나 바이든 대통령은 2001년 서안지구 정착민 집단에게 "미국은 우리가 쉽게 올바른 방향으로 움직일 수 있는 상대다. 그들은 우리를 막지 못할 것이다"(6)라고 말한 네타냐후 총리에게 자신이 행사할 수 있는 영향력을 과대평가하는 것 같다. 이스라엘 총리는 가장 극단주의적인 장관들과 그의 열렬한 지지자들의 지원을 받아 동맹국 미국을 연이어 비난하며 가자지구의 팔레스타인 사람들을 이집트와 다른 곳으로 이주시키는 제2의 나크바(아랍어로 '대재앙, 대참사'라는 뜻)를 일으키려는 의도를 숨기지 않고 있다. 그는 '하마스 붕괴, 가자지구 비무장화, 팔레스타인 사회 탈급진화'라는 세 가지 목표가 이뤄져야 전투를 중단할 생각이다.

네타냐후 총리에 대한 미국의 지지로 인해 미국은 우크라이나를 도우려던 노력으로 얻은 국제적 신용을 잃었다. 그러나 바이든에게 이스라엘과 우크라이나의 군사 행동은 유사할 뿐만 아니라 복잡하게 얽혀 있다. 동시에 나머지 세계 대부분은 팔레스타인을 희생자로, 미국을 위선자로 간주한다. 바이든의 고독한 입장은 올해 11월 재선 가능성을 불투명하게 한다.

미국 대통령의 친이스라엘 정책은 민주당 지지자들 대부분에게 불만을 사고 있지만, 특히 24세 미만 유권자의 70%가 바이든-네타냐후 동맹에 반대하는 등 불만이 커지고 있다. 공화당원이 민주당원보다 이스라엘이 표방하는 대의를 더 열정적으로 받아들이고 있지만, 많은 아랍계 미국인들도 이번 선거에서 바이든에게 투표하지 않겠다고 선언했다.

바이든, "나는 AIPAC로부터 많은 돈을 받았다"

바이든이 이처럼 큰 정치적 위험을 감수한 데에는 몇 가지 이유가 있다. 이스라엘과 시오니스트 서사에 대한 그의 사랑은 이미 잘 알려져 있다. 2020년 대선 선거 운동에서 경쟁자인 샌더스 상원의원과 엘리자베스 워런 상원의원이 AIPAC 출석을 거부하고 당시 미국 유대인 대다수가 지지하는 이스라엘 지원을 조건부로 하라고 요구했을 때 바이든은 이 입장이 "절대적으로 추악하다"라고 비난했다. 오바마 전 대통령의 부통령이던 시절에 바이든은 유대인 청중에게 "나는 여러분들보다 AIPAC으로부터 더 많은 돈을 받았다"라고 자랑한 적이 있다.

미국 대통령은 미국과 이스라엘 사이에 '틈'이 있어서는 안 된다고 여긴다. 그는 여러 차례 오바마 대통령의 외교 정책에 개입하여 이스라엘이 팔레스타인과의 평화를 꺼려하는 데 따른 마찰을 완화하기 위해 노력했다.(7) 그는 이런 방식으로 네타냐후 총리의 공격적인 충동, 즉 서안지구 합병 계획과 레바논의 헤즈볼라 공격 계획을 억제할 수 있으리라 본다.

또한 바이든은 친이스라엘 정통주의 기준에서 벗어나려는 선출직 공직자를 처벌하려는 미국의 보수 유대인 단체가 가진 막강한 힘을 고려한다. 2009년, 대통령 임기 초기에 여전히 인기가 높았던 버락 오바마 대통령이 이스라엘에 서안지구 정착촌 확대

를 막아 평화 회담을 재개하려 하자 AIPAC은 하원의원 (전체 435명 중) 329명이 서명한 서한을 보내며 당시 오바마 미 대통령에게 해당 내용을 이스라엘에 '비공개'로 하라고 압박했다. 오바마는 이스라엘과의 사소한 다툼이 "영국, 독일, 프랑스, 일본, 캐나다 혹은 가까운 동맹국과 관련이 있을 때 (자기) 나라에서 비교할 수 없는 정치적 대가를 치른다"라는 것을 금방 깨달았다고 인정했다.

오늘날 민주당 성향과 철저히 단절된 친이스라엘 단체들은 미국 유대인의 70%에 해당하는데, 공화당 예비선거에서 트럼프를 추종하는 후보를 지지하고, 민주당 예비선거에서 이스라엘이 추구하는 대의에 충실하지 않다고 여겨지는 진보적 후보를 물리치기 위해 보수적인 기부자들에게 수백만 달러를 모금하고 있다. AIPAC의 선거행동위원회인 민주주의연합프로젝트(United Democracy Project)는 팔레스타인을 지지하는 민주당 좌파의 대표 주자 4인(러시다 털리브, 일한 오마, 알렉산드리아 오카시오코르테스, 아이아나 프레슬리)을 낙선시키기 위해 2022년에 약 3천 6백만 달러를 지출했다. 이런 시도는 실패했지만 올해도 반복될 것이다. 민주당이 이스라엘과 리쿠드당(이스라엘 우익 연합 정당)을 변함없이 지지하도록 1억 달러를 모금하자는 이야기도 나오고 있다. 적합한 후보가 없을 경우 AIPAC이 직접 후보를 모집하기도 한다. 디트로이트 대도시 지역의 두 주민은 팔레스타인인들의 권리를 옹호했다는 이유로 동료 의원들로부터 제재를 받은 유일한 팔레스타인계 미국인 하원의원인 털리브에 맞서 출마하는 대가로 2천만 달러

를 제안받은 사실을 털어 놓았다.(8)

이스라엘과 미국의 관계에 대한 논쟁은 반유대주의의 급격한 증가, 그리고 반시온주의를 자청하는 유대인이라도 이를 반유대주의와 동일시하려는 반명예훼손연맹(Anti-Diffamation League, ADL)이 이끄는 특정 유대인 단체의 의도와도 떼어놓고 생각할 수 없다. 그런데 미국에서 기록된 거의 모든 반유대주의 폭력은 극우파에서 비롯되었다. ADL이 자체적으로 수집한 자료에 따르면 2022년에 유대인에 대한 증오로 인한 모든 살인 사건은 우익 극단주의자가 자행했다.(9) 2017년 샬러츠빌에서 "유대인은 우리를 대체할 수 없다"라고 시위하던 사람들은 신나치주의자였으며, 펜실베이니아주 피츠버그의 '트리 오브 라이프' 유대교 회당 살인 사건(11명 사망)의 가해자는 백인우월주의자였다. 피츠버그 총격범이 유죄 판결을 받던 날, 미시간의 한 회당을 공격하려던 또 다른 우익 극단주의자가 체포되었다. 버니 샌더스의 전 고문인 매트 더스는 "급성장하는 백인 민족주의에 맞서려면 진보 좌파가 광범위한 연합을 구성해야 한다"라고 주장했다. 그러나 널리 받아들여진 원칙으로서 팔레스타인에 대한 지지가 아니라 이를 어떻게 관철시킬 것인가에 대해 의견이 분분하다.

하마스의 치명적인 공격은 이런 의견 차를 악화시켰고 이스라엘에 적대적인 입장을 취하는 데 더 많은 비용을 지불하게 만들었다. 할리우드에서는 친팔레스타인 배우들이 에이전트를 잃고, 친팔레스타인 에이전트들은 고객을 잃었다. 뉴욕에서는 예술 잡지 〈아트포럼〉의 소유주이자 트럭 운송 회사의 억만장자 상속인인 제이 펜스케가 "팔레스타인 국민과 연대한다"라는 공개 서한을 발표한 편집장을 해고했다. 또 뉴욕에서 시온주의자를 자처하는 '92nd 스트리트 Y' 문화센터의 문학부 담당 팀은 이스라엘이 "고의로 민간인을 학살 중"이라고 비난하며 즉각적인 휴전을 촉구하는 내용을 〈런던 리뷰 오브 북스〉에 기고한 베트남 출신 소설가 비엣 타인 응우옌의 북토크를 취소하라고 요구한 회사 경영진에 항의하며 집단으로 사직서를 제출했다.(10)

보수적 유대 단체들,
친팔레스타인적인 명문대 집중겨냥

그러나 10월 7일 전후로 이스라엘을 둘러싼 가장 치열한 전투는 이스라엘의 최고 대학에 집중되어 있다. 과거 소련 반체제 인사에서 이스라엘 우파 정치인으로 변신한 나탄 샤란스키가 "가자 지구의 터널이나 갈릴리 언덕이 아니라 하버드, 예일, 펜실베이니아, 컬럼비아에 이 전쟁의 또 다른 전선이 구축되었다"라고 말했을 때 미국 주류 언론에서는 아무런 반발도 하지 않았다. 주류 언론의 기자들이 자신들의 모교이자 유대인 공동체의 비율이 높은 이들 명문 대학에 애정을 쏟는 것은 사실이다.

논란의 핵심은 에드워드 W. 사이드의 저서 『오리엔탈리즘』의 영향을 받은 미국 대학들이 일부 학생, 더 심각하게는 학부모와 부딪칠 위험을 감수하면서 과거에 전도되던 것보다 덜 마니교적인 이스라엘 역사를 가르치고 있다는 점이다. 학계와 좌파 진영에서 이스라엘에 대한 인식이 바뀔까 걱정하는 유대인들이 명문 대학들을 불 위에 올려놓은 우유 냄비처럼 주의 깊게 관찰하는 것도 바로 그 때문이다. 거의 모든 중상류층 젊은 유대인이 교육을 받지만, 그들 중 상당수는 이념적 거품 속에서 이스라엘 현실을 받아들였다. 그들이 대학에 들어가면 이스라엘은 억압자, 팔레스타인은 피해자로 정의되는 평행 우주를 발견하게 된다. 그로 인한 인지 부조화로 공황 상태에 빠질 수 있다. 부모들은 수십만 달러에 달하는 학비가 이런 결과로 이어진다는 사실에 더 큰 충격을 받는 경우가 많다. 자녀가 분명 근거는 있지만 개인적으로 (그리고 고통스럽게) 불쾌감을 주는 비판적인 주장을 배워 집에 오는 것이다. 미국 유대인의 세속적 정체성을 정의할 때 이스라엘에 대한 지지가 얼마나 큰 역할을 하는지 생각하면 그 충격이 얼마나 클지 짐작할 수 있다.

동시에 보수적인 유대인 단체들은 "'자유 팔레스타인'이라는 표현도 반유대주의"라는 조나단 그린블랫 ADL 이사의 말처럼 "반시온주의는 반유대주의"라는 관점을 강요하려는 중이다. 이런 공세는 특히 교사와 학생들 사이에서 친팔레스타인 목소리가 높은 대학을 겨냥

했다. 대학 캠퍼스 내 표현의 자유를 억압하려는 ADL과 기타 우익 단체의 시도는 언론, 특히 머독 그룹이 소유한 '폭스 뉴스'와 〈뉴욕 포스트〉뿐만 아니라 덜 우익적인 주요 뉴스 채널에서도 폭넓게 반영되고 있다. 이 같은 단체들은 또한 민간 기부자들이 이스라엘에 지나치게 무례하게 보이는 기관에 보조금을 끊겠다고 협박하여 압력을 가하도록 독려하고 있다.

억만장자 마크 로완은 '아폴로 글로벌 매니지먼트 투자 펀드' 대표로 뉴욕의 '유나이티드 유대인 어필'의 의장을 맡고 있으며 ADL의 주요 기부자다. 또한 펜실베이니아 대학교 경영대학원인 와튼 경영대학원의 자문이사회 위원으로도 활동하고 있다. 10월 7일 이전에도 그는 엘리자베스 매길 총장을 내쫓기 위한 운동을 펼쳤다.

로완은 펜실베이니아 대학교가 고 살마 카드라 자이유시 시인을 추모하기 위해 캠퍼스에서 '팔레스타인이 쓴다'라는 이름의 문학 축제를 허가한 것에 불만을 품고 있었다. 이 행사는 작년 9월 22일에 열렸다. 로완은 〈디 아메리칸 프로스펙트〉지에 보도된 바와 같이 주최 측이 "인종청소를 옹호"하고, 폭력을 정당화하며, "유대인에 대한 증오를 선동한다"라고 비난하면서 자신의 비난을 뒷받침할 증거는 전혀 제시하지 않았다. 그렇지만 이 행사는 정치 집회나 반유대주의 폭동은커녕 문학 축제였다. 그럼에도 불구하고 매길 총장은 반유대주의를 "강력하고 분명하게" 규탄하는 성명을 발표하면서 "자유로운 사상 교류", 유대인 학생들과의 대화 및 대학 내 안전을 위한 다짐을 거듭 강조하고 앞으로 더욱 노력할 것을 약속했다.

석연찮은 두 명문대 총장의 잇단 사임

그러나 정치인들은 물론, 졸업생과 기부자 모두의 압력은 계속되었다. 2023년 10월 7일 이후에는 그 압력이 최고조에 달했다. 매길 총장은 클라우딘 게이(하버드), 샐리 콘블루스(매사추세츠공과대학교, MIT)와 함께 반유대주의적 발언이나 행위에 대해 느슨하게 대처했다는 혐의로 하원의 국정감사를 받은 세 명의 대학 총장

에 속했다. 이들은 이스라엘 지지자들의 분노를 부추기도록 의도적으로 선택된 질문에 대해 법적 해석의 여지가 좁은 답변을 하며 어설프게 자신들을 변호했다. 매길 총장은 그해 12월 10일 사임했고, 공화당이 장악한 하원은 다른 두 총장의 사퇴를 촉구하는 결의안을 통과시켰다. 충격을 받은 학계는 기부자들과 정치인들의 이런 강권 행사에 어떻게 대응해야 할지 갈피를 잡지 못했다. 미국대학교수협회 펜실베니아 집행위원회는 "연구와 교육이 사적 및 당파적 이익에 맞서 그 정당성과 자율성을 보존하기 위해 대학의 독점적 권한으로 남아야 할 학문적 결정을, 이 분야에서 아무런 자격도 없고 선출되지 않은 억만장자들이 통제하려고 하고 있다"라고 항의했다.

모든 상위권 대학은 비슷한 일을 겪고 있다. 하버드에서는 빌 애크먼이라는 억만장자가 '채용 기피 명단'을 작성했는데, 여기에는 이스라엘이 "오늘날 벌어지고 있는 폭력에 전적으로 책임이 있다"(11)라고 비난하는 성명서에 서명한 학생 단체 34개의 회원들이 포함됐다. 한 극우 단체는 캠브리지 거리에 '하버드의 대표적인 반유대주의자'로 지목된 학생들의 이름과 얼굴을 보여주는 디지털 광고판이 설치된 트럭을 보냈다. 또 다른 친이스라엘 단체는 "오늘의 급진주의자가 내일의 직원이 되지 않도록 하는 것이 여러분의 의무입니다"라는 메시지와 함께 친팔레스타인 활동가들의 이름을 게시했다.

그 후 애크먼은 아이비리그 대학 총장으로 임명된 최초의 흑인 여성인 클라우딘 게이 하버드대 총장의 퇴진을 촉구하는 또 다른 운동을 시작했다. 이번에도 게이는 하마스나 반유대주의에 대한 비난을 거부한 게 아니라 애크먼과 그의 동료들이 부적절하다고 생각하는 방식으로 비난했다는 이유로 비난을 받았다. 결국 게이는 올해 1월 2일에 총장직을 떠나야 했다.

미국 대학캠퍼스,
유대인 학생들에게 적대적이지 않아

이스라엘과 팔레스타인이 많은 미국 캠퍼스에서 격렬한 논란의 중심에 있음에도 불구하고 대학 내 학생들 사이에서 반유대주의가 증가하고 있다는 가설에 힘을 실어주는 이는 거의 없다. 2017년 브랜다이스대학교의 연구원 4명은 명망 있는 대학교 캠퍼스 4곳에서 이에 관한 연구를 진행했고, "유대인 학생들은 캠퍼스에서 반유대주의에 거의 노출되지 않는다. (중략) 그들은 캠퍼스가 유대인에게 적대적이라고 생각하지 않는다. (중략) 대부분은 분위기가 이스라엘에 적대적일 것이라는 가정을 부인한다"(12)라는 결론을 내렸다. 스탠퍼드대학교의 유대인 연구 프로그램에 참여한 연구원들도 캘리포니아의 캠퍼스 5곳에서 학생들의 생활을 관찰한 후 비슷한 결론에 도달했다. 인터뷰에 응답한 유대인 학생들은 "반유대주의 수준이 낮다"라고 답하며 모든 캠퍼스에서 "유대인으로서 편안히 지낸다"라고 했다.(13)

양쪽 모두에서 부인할 수 없는 개탄할만한 사건이 일어났다. 무슬림과 유대인 학생들이 모두 공격을 받았다. 하지만 하버드대, 펜실베이니아대, 스탠퍼드대, 뉴욕대를 비롯한 여러 대학교에서는 자체 전문 연구원이 아닌 정치적 입장을 잘 대변할 수 있는 외부인들로 반유대주의연구위원회를 구성하여 이런 불안한 상황에 대응하고 있다.(14) 유대인 영화 제작자 두 명이 시오니즘을 비판적으로 접근한 다큐멘터리 '이스라엘리즘'은 많은 대학에서, 이미 관객들이 객석에 앉아 있는 상황에서도 마지막 순간에 상영이 취소됐다. 더 심각한 문제는 지난해 11월 말 버몬트주에서 머리에 아랍식 두건인 케피에를 착용한 팔레스타인 학생 3명이 총에 맞아 사망한 사건이다.(15)

이런 상황에서 '팔레스타인 정의를 위한 학생들(SJP)'의 공격적인 활동은 일부 대학 행정가들에게 또 다른 과제가 되고 있다. 이 단체의 활동가들은 인신공격과 파괴적인 긴장 고조를 마다하지 않는다. SJP가 그들에게 보낸 서면 지침에는 10월 7일 공격을 '역사적 승리'에 비유하고 '우리 국민이 혁명을 실행'할 수 있도록 취해야 할 행동목록이 실려 있다. 일부 SJP계 방송국은 10월 7일 가자지구 국경 근처에서 열린 음악 축제에 모인 이스라엘 민간인을 학살하려고 공중에서 내려온 하마스 전투원들을 언급하며 패러글라이딩 영상을 내보내기에 이르렀다.

그 결과 조지워싱턴대, 브랜다이스대, 컬럼비아대(이 학교는 '평화를 위한 유대인의 목소리(Jewish Voice for Peace)' 단체의 지역 사무소도 내보내기로 결정했다)에서 SJP의 활동이 중단되었다. 플로리다의 극보수주의자 론 드산티스 주지사는 대학들이 '테러리스트' 단체에 '물질적 지원'을 제공한다는 명목으로 SJP 방송국을 '활동하지 못하게 하라'라고 명령했는데, 이 명령은 그린블랫이라면 지지할지 몰라도 터무니없는 주장이다.(16)

미 의회는 재차 요청하고 있지만, 백악관은 '극도로 불안한 정서와 끔찍한 행동의 조합'(17)으로부터 캠퍼스 내 유대인을 보호하기 위해 교육부, 법무부 및 내무부를 동원하겠다고 발표하는 등 중립을 지키라는 의회의 요청을 들어주기 싫은 기색이다.

이런 정치 환경은 매카시즘과 비슷하다. 중동에서와 마찬가지로 미국에서도 팔레스타인인이나 그들의 권리를 옹호하는 사람들에게 허용된 유일한 정치적 권리는 자기 존재를 알리는 것이다. 침묵을 거부하고 이스라엘의 억압이 드러나지 않게 하려는 시도를 방해하면서 말이다. 이것이 바로 하마스가 800명이 넘는 이스라엘 민간인을 학살하고 수백 명을 납치했을 때 목표했던 것이다. 이 현안에 관련된 모든 이들에게, 누구보다 팔레스타인 사람들에게 비극적인 소식은, '10월 7일의 성공'으로 인해 그들이 자기 운명을 통제할 가능성은 그 어느 때보다 불확실해졌다. ⓁⒹ

글·에릭 알터만 Eric Alterman
『우리는 하나가 아니다: 이스라엘을 둘러싼 미국의 투쟁사』(베이직북스, 2022)의 저자

번역·서희정
번역위원

(1) 'Israël s'aliène les Juifs américains 이스라엘이 미국 내 유대인들의 지지를 잃는다면', <르몽드 디플로마티크> 한국어판, 2019년 2월 & Ibrahim Warde, 'Il ne peut y avoir de paix avant l'avènement du Messie 메시아가 등장하기 전에 평화는 이뤄질 수 없다', <르몽드 디플로마티크> 프랑스어판, 2002년 9월.

(2) 'Le retour du "secrétaire d'État aux sales guerres 미 베네수엘라 특사의 어두운 과거, 에이브럼스는 누구인가?', <르몽드 디플로마티크> 프랑스어판, 2019년 3월.

(3) Alex Seitz-Wald, 'Hundreds of Jewish organization staffers call for White House to back Gaza cease-fire', NBC News, 2023년 12월 7일.

(4) Patricia Zengerle, 'US Democrats urge Biden to push Israel over Gaza humanitarian assistance', Reuters, 2023년 11월 20일.

(5) 'Sanders calls for conditioning aid to Israel amidst the growing crisis in Gaza and the West Bank', M. Bernie Sanders 공식 홈페이지, 2023년 11월 18일.

(6) Ron Kampeas, 'Netanyahu changed the way Americans view Israel — but not always in the way he wanted', Jewish Telegraph Agency, 2021년 6월 2일.

(7) Peter Beinart, 'Joe Biden's alarming record on Israel', Jewish Currents, 2020년 1월 27일.

(8) Sara Powers, 'A second Michigan senate candidate says he was offered $20M to run against Rashida Tlaib', CBS News, 2023년 11월 28일.

(9) 'Written testimony of Amy Spitalnick', Human Rights First, 2023년 5월 16일.

(10) Alexander Zevin, 'Gaza and New York', <New Left Review>, 144호, London, 2023년 11월~12월.

(11) J. Sellers Hill & Nia L. Orakwue, 'Harvard student groups face intense backlash for statement calling Israel "entirely responsible" for Hamas attack', <The Harvard Crimson>, Cambridge (Massachusetts), 2023년 10월 10일.

(12) Graham Wright, Michelle Shain, Shahar Hecht, Leonard Saxe, 'The limits of hostility : Students report on antisemitism and anti-Israel sentiment at four US universities', Brandeis University, Waltham (Massachusetts), 2017년 12월.

(13) 'New study by professor Kelman finds lower levels of anti-semitism at US universities', Stanford Global Studies, 2017년 9월 15일.

(14) Peter Beinart, 'Harvard is ignoring its own antisemitism experts', JewishCurrents, 2023년 12월 11일.

(15) Nadia Abu El-Haj, 'The Eye of the Beholder', <The New York Review>, 2023년 12월 24일.

(16) Alex Kane, 'The push to "deactivate" Students for Justice in Palestine', JewishCurrents, 2023년 11월 21일.

(17) Emma Green, 'How a student group is politicizing a generation on Palestine', <The New Yorker>, 2023년 12월 15일.

<아프리카에 있는 샤오 엑스의 기업>, 2009 - 리 창룽 _ 관련기사 24면

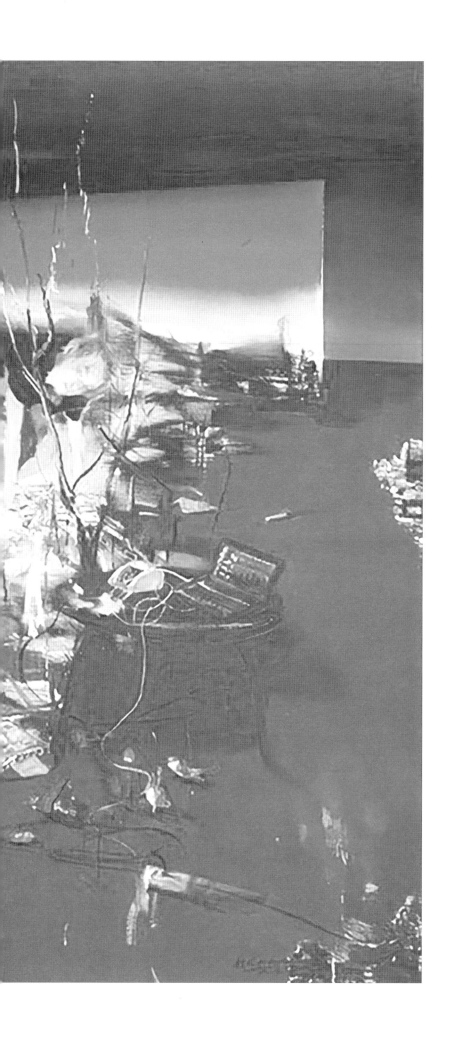

특집

중국의
새로운 위상

서방은 중국의 위협을 과장하지만,

중국은 미국의 패권을 위협하지 않는다

미국의 공화당과 민주당은 거의 모든 사안을 놓고 대립각을 세우지만 중국에 대해서만큼은 이견 없이 강경 노선을 내세운다. 프랑스 민간에서는 중국과의 단절을 감수하면서까지 미국의 입장에 동조하는 프랑스의 외교 행보를 개탄하는 목소리가 나온다. 그렇다면 과연 중국은 서방에 어떤 위협이 되는 것일까?

르노 랑베르 ▌〈르몽드 디플로마티크〉 기자

(1) David B.H. Denoon, 『중국의 대전략 강대국으로 향하는 로드 맵?(Denoon, China's Grand Strategy. A Road-map to Global Power?)』, New York University Press, 2021

(2) Niva Yau, '일대일로 구상'은 새로운 세계 질서를 위한 중국 전략의 첫걸음에 불과하다(BRI is only first step in China's strategy for a new world order), <닛케이 아시아(Nikkei Asia)>, Tokyo, 2023년 10월 16일.

(3) '중국, 일대일로 구상 실행계획을 발표(China unveils action plan on Belt and Road Initiative)', <신화통신>, Beijing, 2015년 3월 28일.

"**중**국은 '국제 질서'를 자국 입맛에 맞게 재편해 새로운 질서를 구축하려 한다."

이 주장은 중국을 둘러싼 지배 담론의 신념이다. 같은 맥락에서 정치학자 데이비드 B.H 드눈은 중국이 '대전략(grand strategy)', 즉 강대국으로 향하는 로드맵을 고수할 것이라고 내다본다.(1) 굉장히 보수적인 헤리티지 재단(Heritage Foundation)의 일원이자 도널드 트럼프 행정부에서 대중국 정책을 설계했던 마이클 필스베리는 중국이 일찍이 중화인민공화국 건국을 선포한 1949년 초부터 '비밀 전략'을 수립해, 한 세기 내내 고수했다고 보기도 한다.

이런 전망이 더욱 우려스러워 보이는 까닭은 고독한 독재자이자 공산당의 제1인자인 시진핑이 '비밀 전략' 수립을 이끌고 직접 구상하기도 하며(<레제코(Les Echos)>, 2021년 7월 1일), 세계의 주도권을 쥐려는 그의 야심을 점점 더 노골적으로 드러내고 있기 때문이다(<닛케이 아시아>, 2023년 10월 16일). 중국이 세운 전략의 첫 단계인 신실크로드 사업을 발판으로 시진핑이 세계를

재편하기로 했다는 주장이다(<CNN>, 2023년 11월 10일).(2)

2013년 9월 7일 시진핑 주석은 이 사업 계획을 제시하면서 '일대일로(一帶一路, One Belt One Road, OBOR)'라고 명명했으나, 나중에는 '일대일로 구상'(Belt and Road Initiative, BRI) 또는 '신(新)실크로드'로 명칭을 변경했다. 그 후 몇 년간 이 사업은 주춤했으나, 2015년 3월 28일, 중국 정부는 다음과 같은 정책 기조를 발표했다.

중국 엘리트층과 대중 사이에 만연한 불신

기본 정책 취지에는 (현재 기준으로 1조 달러에 달하는) 기반 시설 건설을 위해 정치적 조건 없이 차관을 제공하고, 지역 연계를 강화하며, 협력을 통해 공동으로 더 밝은 미래를 포용한다는 원칙을 담았다.(3) 호주전략정책연구소(ASPI)는 이토록 근사한 약속이 어두운 현실을 감추지는 못한다면서, 이 구상을 통해 중국은 상대국을 '부채 함정'에 빠뜨리고, 지배력을 행사해 '패권 영역'을 넓

히러 한다고 평가했다.(4)

　　최근 중국은 서방 세계의 거센 비판으로 일대일로 구상이라는 이름을 버렸다. 그 결과, 공식적으로 연계된 사업 수가 줄었다. 그렇다면 〈파이낸셜 타임스〉가 사설에서 지적했듯이 워싱턴의 합의가 중국에 대해 너무나도 적대적이어서 "중국을 향해 손만 뻗어도 미국의 패권이 약해졌다는 의심을 받을 정도"라는 평가도 별로 놀랍지는 않다.(5)

　　중국의 거대 정당이 이런 생각을 부추기는 측면이 있다. 하지만 1970년대 말 덩샤오핑이 집권한 이후로 중국이 거쳐 온 변화를 살펴보면 의구심이 생긴다. 어떤 근거로 중국을 상부의 강령이 만인에게 적용되는 매우 중앙집권적이고 전제적인 국가로 보는 것일까?

　　과거로부터의 변화는 마오주의 모델이 힘을 잃고 지방의 생활수준이 정체되는 국가적 위기의 결과로 자연스럽게 일어났다. 그러나 미국 정치학자 수잔 셔크는 여기에는 정치 계산이 깔려있다고 지적한다. 그리고 중국 경제 체제의 저조한 성과와 문화대혁명 이후 엘리트층과 대중들 사이에 만연한 불신은 중국이 시장 개혁에 착수한 이유를 제대로 설명하지 못한다고 말한다.(6)

　　1976년 마오쩌둥 사망 이후, 중국은 후계자 전쟁에 휘말렸다. 덩샤오핑은 경제 위기를 틈타 마오쩌둥이 후계자로 지명한 화궈펑의 신용을 실추하고, 관료제를 장악한 산업 거물들의 힘을 약화했다. (…) 덩샤오핑은 마오쩌둥의 후계자 자리를 놓고 화궈펑과 경쟁하는 도구로 개혁 프로그램을 활용했다. 그리고 자신에게 저항하고 중공업과 계획 경제를 옹호하는 진영에 맞서, 분권화와 시장 개혁에 사활을 걸었다. 분권화를 추진해 지방의 정치 지도자와 지방 공산당 간부들에게는 점점 더 많은 특권을 이양하고 중앙 정부의 권력을 약화했고, 계획 경제를 기반으로 농업, 산업과 국제 무역에서 지방 당국이 수익성을 추구하도록 해서 현대화에 유리한 지역 연합을 구축했다.

중국 지방 정부, 외국 정부와 직접 협정 맺어

　　그렇게 초기 자본 축적 과정을 지방에서 주도하자, 중앙 정부의 역할은 이자율, 환율 등 거시 경제 관리로 축소됐다. 그나마도 계획 경제는 지역 수준에서 관리됐고, 실질적인 조정은 하부 단계에서 이뤄졌다. 사회학자 홍호펑은 결과적으로 국가 차원에서 중국은 "생산 능력과 기반 시설 구축이 중첩되는 치열한 내부 경쟁을 겪고 있다"라고 분석했다.(7) 1997년 경제학자 마틴 하트랜드버그와 폴 버켓은 중국의 30개 자치주 가운데 20개 자치주가 자동차 산업에 한꺼번에 뛰어들어, 전국에 122개의 생산 설비를 보유하게 됐지만(…) 이 중 80%는 연간 차량 생산량이 1,000대 미만에 불과하며, 생산량이 5만 대가 넘는 생산 라인은 여섯 곳에 지나지 않는다고 지적했다.(8) 이런 맥락에서 중국은 머지않아 자치주마다 서로 다른 경제 체제를 갖게 될 것이다. 연안 지방에서는 정책에 점점 막강한 영향력을 행사하는 외국 자본 유치에 힘을 쏟는다. 반면, 내륙 지방에서는 경쟁으로부터 지역 산업을 보호하려고 한다.(9)

　　교육, 보건, 사법, 조세 분야에서도 분권화가 진행됐다. 그렇게 해서 지방은 경제특구를 조성하고, 지방 당국은 대외 경제 관계를 직접 관리할 수 있게 됐다. 지방 당국은 자체 외교 '사무소'를 만들고 국제 협력 기구에서 핵심적인 역할을 맡았다. 리 존스와 샤

(4) Brahma Chellaney, '중국의 부채 함정 외교(China's debt-trap diplomacy)', 2017년 1월 24일.

(5) Edward Luce, '미국의 봉쇄에 대한 중국의 주장이 타당하다(China is right about US containment)', <Financial Times>, London, 2023년 3월 9일.

(6) Susan L. Shirk, 『중국 경제 개혁의 정치 논리(The Political Logic of Economic Reform in China)』, University of California Press, Berkeley, 1993.

(7) Hung Ho-fung, 『중국 붐. 중국이 세계를 지배하지 못하는 이유(The China Boom. Why China Will Not Rule the World)』, Columbia University Press, 2016. Hung Ho-fung의 인용문은 모두 이 기사에서 발췌했다.

(8) Martin Hart-Landsberg, Paul Burkett; 『중국과 사회주의(China and Social-ism)』, Monthly Review Press, New York, 2005.

(9) Shahar Hameiri, Lee Jones et Yizheng Zou; '중국 접경지대 개발과 안보의 연결고리: 국가 변혁의 시대의 국가 간 경제 통합 재검토(The Development-Insecurity Nexus in China's Near-Abroad: Rethinking Cross-Border Economic Integration in an Era of State Transformation)', <Journal of Contemporary Asia> 제49권, 3호, 2019.

하르 하메이리 두 학자는 저서에서 중국이 '일원화된 중앙집권 국가'라는 해석을 비판하며, 지방 정부가 어떻게 일종의 '유사 외교'에 관여하는지 설명한다.(10)

지방 정부는 자체 외교로 외국 정부와 직접 협정을 체결하기도 한다. 윈난성은 1999년에 '방글라데시, 중국, 인도, 미얀마 지역 협력 포럼(BCIM)'을 출범했다. 이후 2006년에 광시성도 유사하지만 경쟁적인 기능을 갖춘 범-북부만 경제협력포럼(Pan-Beibu Gulf Economic Cooperation)을 발족했다. 그러나 각 지방 정부의 외교 나침반은 지역의 경제 이익으로 향한다. 게다가 중국 지방 정부는 수평적 관계인 외교부의 국가적인 목표에는 큰 관심을 쏟지 않는다. 존스와 하메이리는 "중국 정치 체계에서는 수직적 위계 혹은 직속 관계가 성립하는 경우에만 지시를 하달할 수 있다"라고 설명한다. 1979년 이전에는 중앙 정부가 대외 무역과 투자를 모두 감독했지만 1990년대 초반부터는 통제권이 대체로 지방으로 분산됐다.

더 이상 주도권을 독점 못하는 중국 지도층

지방 자치와 덩샤오핑이 착수한 개혁에 따라 대대적인 민영화 과정을 거치면서 기업들은 (법적으로, 그리고 지방 당국 '국영 기업' 장악의 영향으로) 국가의 통제를 벗어났다. 평생 고용과 사회적 보호 의무에서 벗어난 경제 주체들(정부, 기업, 은행 등)은 오로지 시장에서의 생존을 보장하는 이윤 창출을 사명으로 삼기에 이르렀다. 전담 부처가 세운 몇몇 대형 기업은 권력 구조 안에서 기존의 입지를 유지하면서 중앙 당국을 견제하고, 그 밖의 기업들은 소재한 지역의 지원을

발판 삼아 발전을 이뤘다. 지역의 기업들은 대부분 자국 시장에서 서로 경쟁을 벌인다.

시진핑이 전권으로 중국의 지정학 전략을 수립한다는 생각과는 거리가 멀다. 실제로 수십 년간 지속된 분권화, 분열, 국제화 이후 중국 지도자들은 더 이상 주도권을 독점하지 않는다. "중국 정부는 일당제 국가의 다양한 원리를 활용해 다른 행위자들을 정해진 방향으로 '이끈다'"라고 리 존스는 설명한다. 그러나 상부의 지시는 해석의 여지를 남길 만큼 모호하다. 그래서 하부와 협상하고, 더 나아가 대화하기도 한다. 따라서 하부 기관이나 부처에는 "중앙의 지시에 영향을 미치고, 비난하고, 드물게는 무시하기도 하는 등, 이익과 의제를 반영하면서 정책을 개발하고 실행하는 과정에 참여한다".(11) 때로는 하부 기관이나 부처가 압력을 행사해 정책 노선이 정해지기도 한다. 그 예로 널리 알려진 중국 기업의 '해외 진출 전략(走出去战略)'을 꼽을 수 있다. 이 전략은 1990년대 초부터 일어난 현상을 2000년에 강령에 반영한 것이다.

일각에서는 2013년 시진핑 주석의 당선이 권력을 중앙 정부로 집중하기 위한 포석이었다고 주장할 것이다. 리줘란이라는 학자는 당시 다음과 같이 저술했다. "다수의 중국 공산당 고위 지도자들은 후진타오 주석의 집권기(2003~2013)가 혼란과 독직 행위로 점철됐다고 본다."(12) 그래서 당시 중국 지도자들은 불평등을 심화해 중국을 약화하는 분권화 추세를 뒤집을 만한 강력한 인물이 집권하기를 원했다.

"시진핑은 게임의 규칙을 바꾸지 않았다"

후진타오 주석이 '국가와 당의 역할 확

(10) Lee Jones, Shahar Hameiri, 『분열된 중국. 중앙 정부의 변화는 어떻게 중국이 부상하게 했나(Fractured China. How State Transfor-mation is Shaping China's Rise.)』, Cambridge University Press, 2021, 이 두 저자의 인용문은 모두 이 책에서 발췌했다.

(11) Lee Jones, '국가 변혁 시대의 외교와 안보 정책에 관한 이론 정립: 중국의 새 체제와 사례 연구(Theorizing Foreign and Security Policy in an Era of State Transformation: A New Framework and Case Study of China)', <Journal of Global Security Studies>, 제4권 4호, Oxford, 2019년 10월

(12) Zhuoran Li, '시진핑의 권력과 한계(The Power-and Limits-of Xi Jinping)', <The Diplomat>, Arlington, 2023년 11월 18일.

(13) Branko Milanović, '시진핑은 마오쩌둥의 재림이 아니다(Xi Jinping is not Mao reborn)', 2023년 12월 13일, unherd.comBertrand)에게 사의를 표한다.

<조연배우>, 2010 - 리창룽

대, 자본가의 권력 제한, 사회적 불안 없이 만족스러운 성장 수준 유지' 등, 경제학자 브란코 밀라노비치가 소위 '좌경화'라고 부른 과업을 추진했다는 점에는 의심의 여지가 없다.(13) 그렇다고 시진핑 주석이 당 간부 수가 약 4,000만 명, 그 가운데 고위직만 50만 명에 달하는 이 일당제 국가에 변화를 가져온 것은 아니다. 2023년에도 중국 지방 정부는 국가 지출의 85%를 차지했다. 경제협력개발기구(OECD) 국가 평균의 3배에 달하는 수준이다.(14) 시진핑 주석은 관료제를 전복하는 대신 관료제에 기대야 했다. 존스와 하메이리는 시진핑 주석이 "게임의 규칙을 바꾸지 않았다"라고 결론 내렸다. 단지 더 나은 결과를 냈을 뿐이다.

이런 맥락에서, 대다수 서방 싱크탱크와는 다른 시각에서 일대일로 구상을 해석해야 한다. 키르기스스탄의 예를 들면, 일대일로 구상에 포함된 여덟 가지 사업 계약은 이 구상이 제시된 2015년보다 앞서 체결됐다.(15) 공통의 일원화된 플랫폼에 모든 것을 통합한다는 발상은 더 나중에 나왔고, 여러 부처와 지자체, 그리고 기업은 정치적인 지지와 재원 확보를 위해, 제대로 정의되지 않고 구호뿐인 이 구상에 뛰어들었다. 당시 중국에서는 과잉 투자에 따른 결과로 자국 기업의 해외 진출(수출 부문의 급성장기에 중요)이 가속화되고 있었기 때문이다.

2008년 글로벌 금융위기 이후 중국은 투자를 통해 대규모 경기 부양책을 추진했다. 여러 지방 정부가 쉽게 돈을 빌려 신규 대출의 상당 부분을 불필요한 기반 시

(14) Rosella Cappella Zielinski, Samuel Gerstle; '국방비 부담: 미·중국 간의 지정학적 정책 경쟁에 따른 자금 조달(Paying the Defense Bill: Financing American and Chinese Geostrategic Competition)', 제6권 2호, 2023년 봄, Texas National Security Review, The University of Texax, Austin. 글쓴이는 이 문서를 제공해준 아르노 베르트랑(Arnaud Bertrand)에게 사의를 표한다.

(15) Hidayatullah Kha, Md Nasrudin Md Akhir, Geetha Govindasamy; '중국 내 경제 제약의 외부화: 키르기스스탄과 타지키스탄에서의 중국의 공간적 조정(Externalization of Domestic Economic Constraints: China's Spatial Fix in Kyrgyzstan and Tajikistan, International Journal of China Studies)', <International Journal of China Studies>, 제13권, 2호, Kuala Lumpur, 2022년 12월

설 구축과 건설 사업에 투입했다. 그렇게 해서 지역 GDP는 높아졌지만 장기적인 수익을 기대하기는 어렵다. 그 결과, 놀랍게도 2011~2013년 중국의 시멘트 소비량이 20세기 100년간의 미국 시멘트 소비량을 넘어섰다.(16) 이 콘크리트 열풍으로 주민이 한 명도 없는 거대 도시들이 전국을 뒤덮었고, 현재의 부동산업계 위기의 불씨가 됐다.

(2010년 20% 이상에서 2018년 12.4%로) 수익률이 하락하자, 과잉 생산과 과잉 투자 문제가 발생했다.(17) 그러자 중국의 경제 주체들(정부, 기업, 은행 등)은 지리학자 데이비드 하비가 '공간적 조정(spatial fix)'이라고 부르는 과잉 생산 능력을 외국으로 수출하는 방법을 썼다. '공간적 조정'은 이런 문제를 해결하는 자본주의 체제의 고전적인 방식이다.

'공간적 조정'을 하는 일대일로 구상

따라서 일대일로 구상은 현장에서 수많은 해석이 난무하는 '전략적 비전'을 바탕으로 탄생한 것이 아니라, 외교적 동기가 아닌 경제적 동기에 따라 여러 사업을 한데 묶어 놓은 결과라고 봐야 한다. 2014년 당시 외교부 부부장이던 허야페이가 선언한 중앙 강령도 1990년대 초 이후 경제 주체들의 경험을 바탕으로 수립됐다. "수년간 축적된 산업 부문의 과잉 생산이 최근 들어 심각한 문제가 되고 있다. (...) 이대로 아무런 조치도 하지 않는다면 은행 부실이 쌓이고 경제 생태계가 망가져 산업이 줄도산의 위기를 맞게 될지도 모른다. (...) 중국 정부는 중국 공산당 중앙위원회 제3차 전체 회의에서 제시된 원칙에 따라 이 문제를 해결하고자 강령을 마련했다. 관건은 우리의 해외 개발 전략과 외교 정

(16) Ana Swanson, '중국은 어떻게 단 3년 만에 미국이 100년 동안 쓴 시멘트량을 소비했나?(How China used more cement in 3 years than the US did in the entire 20th Century)', <The Washington Post>, 2015년 3월 24일.

(17) Junfu Zhao, '미·중 기술 전쟁의 정치 경제학(The Political Economy of the US-China Technology War)', <Monthly Review>, 제73권 3호, 뉴욕, 2021년 7월~8월호.

(18) Hidayatullah Kha, Md Nasrudin Md Akhir, Geetha Govindasamy, op. cit.

(19) '동남아시아, 중국에 대처하는 방법을 배우다(South-East Asia learns how to deal with China)', <The Economist>, London, 2024년 1월 11일.

책을 바탕으로 초과 생산 능력을 '수출'하여 도전을 기회로 바꾸는 것이다."(18) 그로부터 1년 후, 중국은 모호하기만 하던 일대일로 구상의 공식 정의를 처음으로 발표했다.

서방이 부풀린 중국 함정 외교

당연히 이렇게 규모가 큰 국경 간 투자는 중국과 사업 참여국 관계에 영향을 미친다. 일대일로 구상이 경제적 필요 때문에 추진된다고 해서 외교적 영향이 전혀 없는 것은 아니다. 중국 중앙 정부가 정치적 영향을 무시하기는 어렵다. <이코노미스트>에 의하면 동남아시아 지역에서 중국의 재정 지원을 받는 수혜국들은 점점 더 '자신감'을 보였으며, "서구 사회 일각의 희망대로 중국의 새로운 시도를 거부하기는커녕 여전히 반긴다. 일대일로 구상이 중국보다는 동남아시아 지역 지도층의 우선순위를 반영하기 때문이다." <이코노미스트>는 "중국이 상대 국가를 부채의 함정에 빠뜨리는 외교를 할 것이라는 생각은 (...) 부풀려졌다"라면서 "중국의 기업과 은행들은 덜 유리한 조건으로 기존 계약을 재협상하기도 한다"라고 지적한다. 결과적으로 일대일로 구상의 긍정적인 효과는 '심오하며 오래 지속될 수 있다'.(19) 외교적 영향에 관한 관측은 다분히 가능성은 있지만, 그렇다고 일대일로 구상의 취지나 전략의 성격을 바꿔놓지는 않는다.

일대일로 구상은 중국의 세계 경제 체제 편입과 직결된 과잉 생산 능력을 공간적으로 조정하는 기능을 한다. 요컨대, 중국이 세계 질서를 전복하려는 것이 아니라 세계 질서에 전적으로 순종한다는 뜻이다. 홍호평의 저술에 따르면 "중국은 새로운 세계 질서를 주도하기보다는 낡은 질서 속 신흥 강대국일 뿐

이다."

그렇다면 미국은 대체 왜 그렇게 중국을 견제하는 것일까? 세계 질서가 구조와 위계로 이뤄져 있기 때문일 것이다. 중국은 미국이 두려워할 정도로 세계 질서의 구조를 위협하지는 않지만, 중국의 무게는 위계를 뒤흔들 수밖에 없다. 그렇지만 그런 위계와 구조 사이에서 미국 정부의 중심은 거의 흔들리지 않는다.

미국은 중국의 부상 덕에 자국 기업들의 배를 불리고 적자를 메우는 등 득을 크게 봤다. 그러다 문득 중국이 자유 무역 게임에서 미국을 앞지르는 것이 아닌가 하는 의문을 품었다. 금융화와 시장 개방 명령을 비롯한 자유 무역 게임의 규칙은 처음부터 미국의 패권 보장을 위해 설계됐기 때문이다. 미국의 패권을 더 이상 담보하지 않는다면 과거에 '매수됐던 경제학자', 싱크탱크, 그리고 지배 언론이 찬양해 마지않던 이른바 '경제 법칙'까지도 싹 뜯어고쳐야 마땅하다는 것이다. 어쩌면 중국은 '국가 안보'라는 더 큰 명분, 요컨대 미국이 국제 위계질서에서 어떻게든 뺏기지 않으려 하는 패권국의 지위에 순종하는 것일지도 모른다.

2023년 4월 27일, 미국 백악관 국가안보보좌관 제이크 설리번은 미국 경제 정책의 변화를 설명하는 가운데, 공산주의 블록 붕괴 후 득세한 자본주의 사상을 여럿 거론하면서 '새로운 워싱턴 합의'를 구상할 때가 됐다고 선언했다.(20) 기존 '합의'의 목표는 미국이 구축한 '국제 질서'에 점점 더 많은 국가를 편입시키는 것이었다. 이런 논리는 중국의 세계무역기구(WTO) 가입을 지지한 빌 클린턴 대통령(1993~2001) 시절로 거슬러 올라간다. 2000년 3월 9일, 클린턴 대통령은 "리처드 닉슨 대통령의 1970년대 중국 방문 이래로 중국에서 긍정적인 변화를 일으킬 수 있는 절호의 기회"라고 설명하면서 새로운 지정학적 변화를 승인해 줄 것을 미국 의회에 촉구했다. "중국의 WTO 가입은 중국이 미국 제품을 더 많이 수입할 뿐 아니라, 민주주의의 가장 소중한 가치로 꼽는 경제 자유를 도입하는 데에 동의한다는 것을 뜻한다."

미국, 국제질서 구조변화로 패권 지키려

그러나 애석하게도 '경제 자유'를 얻은 중국은 약 10년 만에 구매력 평가 기준, 세계 최고의 경제 대국으로 도약했다(미국 중앙정보국(CIA)에 따르면 '경제 자유'는 다른 국가들이 시장에 진입하고 '경제와 복지를 개선할 수 있는 최고의 기회').(21) 중국은 자유 무역을 통해 기술을 습득하고 발전할 기회를 얻었고, 바야흐로 미국의 패권을 위협하는 수준에 이르렀다. 2024년 1월 30일, 설리번 미국 국가안보보좌관은 외교협회(CFR)가 개최한 대담에서 "미국은 지난 수십 년 동안 중화인민공화국을 새롭게 구현하고 변화시키려 했지만 성공하지 못했다"라고 인정했다.(22)

그리고 이제는 보호주의에 의존하더라도 "미국의 기초 기술을 보호하는 것"이 급선무라고 강조했다. 2000년에 클린턴 전 대통령은 "경제 안보와 국가 안보 중 하나를 택해야 한다는 주장은 잘못됐다"라고 봤지만, 설리번 보좌관은 이제 반대로 "세계는 국가 안보에 적합한 (...) 국제 경제 체제가 필요하다"라고 주장한다. 국제 질서의 구조를 바꿔 위계를 유지한다는 의미다.

정치 발언이 모두 행동으로 이어지지는 않지만, 제이크 설리번 국가안보보좌관

(20) '바이든 행정부의 국제 경제 의제: 국가안보보좌관 제이크 설리번과의 대화(The Biden administration's international economic agenda: a conversation with national security advisor Jake Sullivan)', Brookings Institution, Washington, 2023년 4월 27일. 달리 언급하지 않는 한 설리번(Sullivan)의 인용문은 모두 이 연설에서 발췌했다.

(21) Graham Allison, 『예정된 전쟁. 미국과 중국은 투키디데스의 함정에서 벗어날 수 있을까?(Destined for War. Can America and China Escape Thucydides's trap?)』, Scribe, Victoria, 2017.

(22) '미·중 관계의 미래에 관한 제이크 설리번 국가안보보좌관의 발언과 질의응답(Remarks and Q&A by National Security Advisor Jake Sullivan on the Future of US-China Relations), 미국외교협회(Council on Foreign Relations), Washington DC, 2024년 1월 30일.

의 발언은 2016년 도널드 트럼프 당선 이후로 진행 중인 변화를 확인시켜준다. 억만장자 대통령이 환태평양경제동반자협정(TPP, 2017)에서 탈퇴하고 북미자유무역협정(NAFTA, 2020)을 재협상한 이후, 후임 대통령 조셉 바이든은 미국의 보호주의 조치를 더욱 강화했다. 이런 변화는 첨단 기술 분야에서 더 극명히 드러난다. 대표적으로 반도체 및 과학 법(Chips and Science Act, 2022년 8월 9일: 미국 반도체 산업 부양을 위한 2,800억 달러 규모의 프로그램), 인플레이션 감축법(Inflation Reduction Act, 2022년 8월 16일: 신청 기업이 생산 시설을 상당 부분 미국에 두도록 요구하는 3,500억 달러 규모의 에너지 전환 계획), 해외 투자 프로그램(Outbound Investment Program: 2023년 8월 8일, 군사, 감시, 정보 활동 분야에서 중국(홍콩 및 마카오 포함)에 대한 미국의 투자를 금지하는 행정명령)을 꼽을 수 있다.

따라서 세계를 지배하려는 중국의 '대전략'이라는 서사는 현실에 기반한 설명이 아니라, 현실을 새로 구현하려는 시도로 읽을 수 있다. 위협이 될 가능성이 있는 적의 목표를 파악하면 자국의 목표를 세울 수 있다. 조셉 바이든 미국 대통령이 '세계에서 국제관계에 가장 정통한 학자'라고 부르는 그레이엄 앨리슨 외교관계위원회 위원은 최근 저서에서 이렇게 밝혔다. "미군이 비밀리에 분리주의 세력을 양성하고 지원할 수도 있다.(23) 중국 국가 체제에는 이미 금이 가고 있다. 미약하지만 집중적으로 노력을 기울이면, 차츰 정권을 약화하고, 대만, 신장, 티베트, 홍콩에서 일어나는 분리 독립 운동을 부추길 수 있으며, 중국의 분열을 조장해 중앙정부가 국가 안정을 유지하기 어렵게 만들수도 있다."(24)

이 전략은 적어도 서류상으로 엄연히 존재한다. 하지만 안심해도 무방하다. 미국이 세운 전략이기에 국제 질서를 뒤흔들지는 않을 것이기 때문이다. ㏒

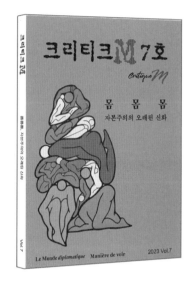

크리티크M 7호
『몸몸몸, 자본주의의 오래된 신화』
권당 정가 16,500원

(23) 인용된 책의 포켓 판 표지에 언급된 내용

(24) Graham Allison, 『예고된 전쟁(Destined for War)』, op. cit.

글·르노 랑베르 Renaud Rambert
글·르노 랑베르 Renaud Rambert
<르몽드 디플로마티크> 기자

번역·이푸로라
번역위원

러시아와 중국이 '동맹' 관계가 될 수 없는 이유

우크라이나 전쟁으로 인해 러시아와 유럽 간의 관계는 돌이킬 수 없을 정도로 파탄이 났으며, 러시아와 중국 간의 전략적 파트너십은 더욱더 공고해졌다. 프랑스, 유럽연합(EU), 영국은 러시아에 경제적 제재를 가하면 중국을 향한 의존도가 높아질 것으로 예측했다. 그러나 러시아 내에서 중국에 예속될 것을 우려하는 목소리는 생각보다 높지 않다.

아르노 뒤비엥 ▌프랑스-러시아 연구소(모스크바) 소장

(1) Joint Statement of the Russian Federation and the People's Republic of China on the International Relations Entering a New Era and the Global Sustainable Development, 베이징, 2022년 2월 4일, www.en.kremlin.ru

(2) <L'Opinion>, 2023년 5월 14일.

(3) Serge Halimi, Hier, révolu -tionnaires et rivaux 과거의 혁명가이자 라이벌, <Le Monde diplomatique> 프랑스어판, 2018년 8월.

(4) Didier Billion, Christophe Ventura, Vers une désocci -dentalisation du monde? 세계의 탈서방중심주의를 향해?, <Revue internationale et stratégique>, Paris, n° 103, 2023.

블라디미르 푸틴 러시아 대통령이 2022년 2월 중국을 방문한 뒤 중국과 '무제한적인' 파트너십을 맺었다고 발표하자, 서방은 일제히 촉각을 곤두세웠다.(1) 일간지 <로피니옹(L'Opinion)>과의 대담에서 에마뉘엘 마크롱 프랑스 대통령은 "러시아가 중국에 사실상 예속됐다"라고 선언하면서, 당시 서방 의사결정권자와 관찰자들의 지배적인 견해를 대변했다.(2) 서로 균형도 맞지 않고 진정성도 찾아볼 수 없는 러시아와 중국 간의 밀월은, 우크라이나전 이후 국제 사회에서 고립된 러시아가 강력하고 까다로운 인접국 중국에 대한 의존도가 높아질 위험에도 불구하고, 현 상황을 타개하기 위해 어쩔 수 없이 선택한 고육지책으로 보였다.

그러나 이 상황을 지켜보는 러시아의 입장은 사뭇 달랐다. 물론 몇몇 경제 문제에 관해서는 약간의 불안감이 감지되기는 했다. 첨단 기술을 보유한 중국 기업들은 여전히 러시아에 투자하기를 꺼리고, '시베리아의 힘2' 가스관 건설 프로젝트의 협상도 지지부진한 상황이기 때문이다. 1950년대 말에 니키타 흐루쇼프 소련 공산당 서기장과 마오쩌둥 중국 주석이 불화로 결별한 이후 지금까지 러시아의 지도자들은 중국과의 협력을 단 한 번도 입에 올린 적이 없었다.(3) 이러한 변화에는 양국이 모두 핵무기 보유국인 점도 작용했다. 이번에 러시아와 중국은 고작 10년밖에 유지되지 않은 두 공산주의 체제 간의 '영원한 우정'을 다시 선언하는 대신 '전략적 파트너십'이라는 다소 소박한 용어를 사용했다.

러시아의 최대 무역국이 된 중국

1996년부터 형식을 갖추기 시작해 2001년에 양국 간의 우호 조약으로 공식화된 러시아와 중국의 관계는, 2014년 러시아의 크름반도 합병 이후 '동쪽(중국)으로 향하는' 형태로 바뀌기 시작해, 2022년 2월 이후부터는 이러한 경향이 심화됐다. 전 세계가 '탈서구 중심주의'를 외치는 현 상황에서 러시아는 자국이 선택한 방향이 옳다고 믿고 있다.(4) 러시아가 보기에, 중국은 러시아가 우크라이나 전쟁에서 승리하느냐 패하느냐에 관심이 없고, 서방과 달리 러시아의 국내 문제에 간섭하거나 정치적 모델을 바꾸려고 하지 않기 때문이다.

오랫동안 러시아와 중국 간의 관계 개선에 걸림돌로 작용했던 양국 간의 적은 무역 규모도 점차 증가하고 있다. 2016년에 630억 7천만 달러였던 무역 규모는 2022년에 1900억 달러(1740억 유로)를 기록한 뒤 2013년에는 2400억 달러라는 신기록을 세웠다.(5) 이제 중국은 러시아의 최대 무역국이 됐다. 2022년부터 1위 자리를 지켜온 유럽연합은 2023년 러시아와의 무역액이 1000억 달러 아래로 급감했다. G7 국가들이 공식적으로 러시아산 원유 수입을 중단하자, 중국은 러시아산 원유 수입량을 2배로 늘리면서 인도와 함께 러시아의 새로운 자금줄이 되어 줬다.

러시아 은행들, 서방 제재 피해 중국 결제시스템 이용

양국 간의 관계는 질적인 측면에서도 많은 변화가 있었다. 러시아의 전략적 최우선 과제였던 국제 무역 시의 '탈달러화'는 중국과의 무역 규모가 큰 폭으로 증가하면서 현실에 가까워졌다.(6) 미하일 미슈스틴 러시아 총리에 따르면 오늘날 러시아와 중국 간 무역의 90%가 양국 통화를 바탕으로 이루어지고 있다. 2023년 12월 푸틴 러시아 대통령은 중국을 다시 방문했다. 시진핑 중국 국가 주석이 지난해 3월에 모스크바를 방문하고 푸틴 러시아 대통령이 그해 10월에 베이징을 방문했기 때문에 양국 정상 간의 만남이 불과 2개월 만에 이루어졌다는 사실도 놀라운데, 여기에다 미슈스틴 총리는 러시아와 중국 간의 파트너십을 제도화하겠다고 발표했다.

양국의 경제 합병은 은행 분야에서도 눈에 띈다. 서방의 경제 제재로 국가 간 결제 시스템인 SWIFT를 사용할 수 없는 러시아의 30여 개 은행은 중국이 개발한 국제 결제 시스템인 CIPS를 사용하고 있다. 2022년에만 러시아 금융 분야에서 중국 은행의 비중이 4배나 증가했다(중국공상은행, 중국은행, 중국건설은행, 중국농업은행 등).(7) 또한 르노, 폭스바겐 등 서유럽의 자동차 브랜드들이 러시아 시장에서 철수하면서 중국 자동차 제조업체들이 빠르게 그 빈자리를 채우고 있다. 현재 러시아 내 자동차 판매 지점의 46%를 중국 업체가 관리하고 있으며, 최근에는 러시아 현지 생산도 시작했다.(8)

중국산 반도체, 드론, 방탄조끼 등 대량 수입

이러한 무역 활성화는 전적으로 양국 정부의 노력 덕분이다. 미슈스틴 러시아 총리가 2023년 4월 말에 상하이를 방문한 것을 계기로, 주요 '중국 로비' 기업뿐만 아니라 러시아의 모든 대기업과 독점 기업이 중국 시장에 진출했다(석유 기업인 로스네프트(Rosneft), 알루미늄 생산 기업인 루살(Rusal), 석유화학기업인 시부르(Sibur)).

또한 비록 중국이 러시아에 무기를 판매하지는 않지만, 중국은 러시아가 벌이는 이 전쟁에서 중요한 역할을 담당하는 것으로 보인다. 미국의 정보기관은 러시아가 홍콩에 본부를 둔 조직을 통해 엄청난 양의 반도체를 수입한 사실을 공개했다.(9) 전쟁이 발발한 첫해에 중국산 드론 1200만 대가 국경을 넘었고, 우즈베키스탄에 있는 업체에서 조종하는 전파방해장치들이 발견됐다.(10) 또한 상하이 소재의 한 업체가 10만 벌의 방탄조끼와 10만 개의 모자를 공급한 사실도 드러났다. 그리고 미국의 정보기관이 공개한 정

(5) Anastasia Stepanova, Trade Between Russia and China: Factors and Limits to Growth, Valdai Discussion Club, 2023년 7월 19일, https://valdaiclub.com

(6) Renaud Lambert & Dominique Plihon, Est-ce vraiment la fin du dollar? 달러화의 종말인가?, <Le Monde diplomatique> 프랑스어판, 2023년 11월, 한국어판, 12월.

(7) Owen Walker & Cheng Leng, Chinese lenders extend billions of dollars to Russian banks after western sanctions, <Financial Times>, 2023년 9월 3일.

(8) Russian car sales jump in September as Chinese brands expand market share, <Reuters>, 2023년 10월 4일.

(9) Support provided by the People's Republic of China to Russia, Office of the Director of National Intelligence, 2023년 7월, page 6.

(10) Ibid., page 8.

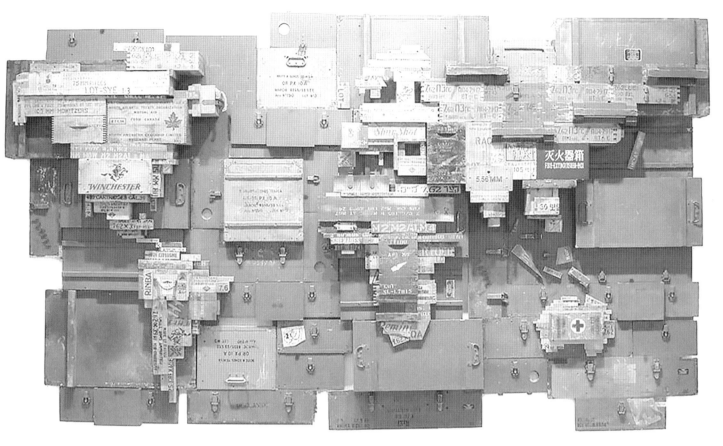

<지도 II>, 스킨 시리즈 중, 2015 - 디미트리 치칼로프

보들을 떠나, 공식 발표된 통계만 보아도 러시아와 중국 간의 긴밀한 관계를 알 수 있다. 보호장구에 주로 사용되는 중국산 도자기의 수출량은 지난해에 무려 70% 증가했는데, 우크라이나에 대한 수출량은 반대로 60% 급감했다.(11)

'시베리아의 힘2' 가스관 협상 타결 안돼

물론 러시아와 중국 간의 관계가 마냥 핑크빛 일색은 아니다. 야말반도에서 중국까지 연간 500억 m^3의 가스를 운송할 예정인 '시베리아의 힘2' 가스관을 둘러싼 협상은 아직도 완료되지 않았다. 푸틴 대통령과 알렉산드르 노박 에너지 담당 부총리는 중국의 수요를 고려해서 이 프로젝트가 적어도 10년 안에 마무리되기를 원한다. 이는 야쿠티아에서 중국 북동부까지 연결된 연간 수송량 380억 m^3의 가스관인 '시베리아의 힘'을 보완하는 프로젝트이다. 러시아의 가즈프롬과 중국의 국영석유기업 CNPC가 2019년 12월에 합의한 이 프로젝트를 시점으로, 러시아는 역사적으로 에너지를 주로 유럽에 수출했던 것에서 벗어나 중국 시장으로 본격적으로 눈을 돌리게 됐다. 사실 2022년 9월에 노르트스트림 1과 2의 폭발 사고가 일어나 유럽 국가의 대부분, 특히 오랫동안 러시아로부터 에너지를 공급받아 온 국가들이 러시아 가즈프롬과의 계약을 해지하고 다른 공급업체로 가버린

(11) Sarah Anne Aarup, Sergey Panov, Douglas Busvine, China secretly sends enough gear to equip an army, <Politico>, 2023년 7월 24일.

탓에, 가즈프롬에게는 변화가 절실했다. 그러나 중국과의 협상이 지지부진한 현 상황은 감정과 무역은 엄연히 다른 영역이라는 사실을 보여준다.

중국은행들, 러시아 기업의 계좌 개설 거부

러시아와 중국 사이에는 다른 장애물도 있다. 러시아가 서방의 제재에 대응하는 과정에서, 러시아 시장에도 진출해 있고 다른 서방 국가들과도 연결돼있는 일부 중국 기업의 활동을 제한하고 있기 때문이다. 러시아는 이러한 기업들이 유럽과 미국의 금융 기관으로부터 받은 대출을 상환하는 것과, 러시아와 '우호적이지 않은' 국가의 지점으로 배당금을 송금하는 행위를 금지한다. 한편 서방의 제재를 충실하게 따르겠다는 방침을 가지고 있는 많은 중국 은행들은, 제재 대상이 아닌 러시아 기업들의 계좌 개설도 거부하고 있다. 화웨이의 우유부단한 태도는 한동안 러시아에서 말이 많았다. 세계적인 IT 기업인 화웨이는 러시아에 대규모의 R&D 투자를 감행했다가 돌연 중단한 뒤, 현재는 이를 비밀리에 다시 시작한 것으로 보인다. 더 구조적인 문제로, 취약한 인프라로 인해 동시베리아 지역에 물자보급이 어려운 상황 역시 양국 간의 경제 협력에 걸림돌로 작용하고 있다.

아마도 서방은 러시아에 대한 제재가 실패로 돌아가는 모양새를 보이자, 러시아와 중국 간의 관계가 불균형하다고 믿고 싶은 것일지도 모른다. 그러나 지금 단계에서 이러한 가정에 의지할 수는 없다. 몇 년 전부터 러시아의 영향력이 강해진 중앙아시아에 관해(카자흐스탄 제외), 러시아는 중국이 여전

히 공산주의를 지지해주고 또한 러시아가 집단안보조약기구(CSTO)를 매개로 이 지역에서 지속적으로 지배력을 행사할 수 있도록 놔둔다는 사실에 감사하고 있다.(12)

이제까지 러시아가 외부의 지정학적 주체들이 들어오지 못하도록 철통방어를 해왔던 북극 지방에서 양국 간의 협력 강화 문제는, 중국의 투자 규모에 따라 그 향방이 달라질 것이며, 러시아는 이 지역에 대한 주권을 절대로 포기하지 않을 것이다. 구소련이 해체된 뒤부터 서방 언론을 통해 주기적으로 제기되어 온 시베리아의 중국인들 문제는 근거 없이 꾸며낸 이야기에 불과하다.

러시아의 영토 일부가 포함된 중국의 공식 지도와 관련해서는 정작 러시아보다 유럽과 미국에서 더 많은 논란이 일었는데, 러시아는 중국이 쿠릴 열도 분쟁에 관한 입장을 최근에 변경한 것에 큰 만족감을 표하며 이를 크게 문제로 삼지 않았다. 중국은 러시아와 일본이 영유권 분쟁을 벌이고 있는 쿠릴 열도에 관해 이제까지는 일본을 지지했지만, 지금은 중립적인 입장으로 바뀌었다.

러시아는 중국과 문화적 코드가 달라

2022년 2월 24일 이후 러시아는 중국과 관련해서 협력이라고 할 만한 그 어떤 결정이나 행동도 보이지 않고 있으며, 중국 역시 러시아에 아무것도 강요하지 않고 있다. 우크라이나 전쟁과 서방의 제재가 비로소 효과를 보이고 있다고 일부 평론가들은 말하지만, 이는 러시아가 미국과 군사적으로 대립하는 상황이나 미국의 경제적 압박이 강화될 상황을 우려하는 경우에나 가능한 일이다.(13) 통신 분야 등 기술적인 의존에 관해서는 러시아가 서방보다는 차라리 중국에 의

(12) Giulia Sciorati, Central Asia: is China crossing Russia's red lines, IPSI, Milan, 2023년 7월 17일.

(13) Mikhail Korostikov, Is Russia really becoming China's vassal?, Carnegie Politika, 2023년 7월 6일.

존하는 것이 덜 위험하다고 판단한 것으로 보인다. 역설적으로, 서방과의 결별을 지지하는 이들이 오히려 러시아 문화의 유럽적인 특성을 더 내세우고 있다. 현재 러시아에서 가장 주목받는 정치학자 중 한 명인 세르게이 카라가노프는 러시아는 절대로 중국에 예속되지 않을 것이라면서, 그 이유로 러시아는 "남다른 문화적 코드"를 가지고 있어 문명의 매력과 감정에 쉽게 휘둘리지 않기 때문이라고 설명했다.(14)

푸틴이 대통령직에서 물러난다면 러시아의 이러한 접근법이 바뀔까? 그러려면 두 가지 조건이 필요하다. 러시아가 '서방으로 돌아서'거나, 아니면 우크라이나 전쟁에서 대패하는 등 뭔가 결정적인 사건을 계기로 스스로 분열하는 것이다. 그러나 지금으로서는 이 두 시나리오 모두 현실성이 없다. 지금은 문을 닫은 러시아 카네기 센터의 대표는 2016년에 러시아와 중국 간의 관계를 두고

"서로 반대였던 적도 없지만 그렇다고 딱히 함께였던 적도 없는 사이"라고 정의했다.(15) 그리고 러시아가 앞으로도 계속 그러할 것이라는 데는 의심의 여지가 없다. 𝕃𝔻

(14) Sergej Karaganov: "My sbrasyvaem zapadadnoe igo"…, Biznes Online, Kazan, 2023년 5월 28일.

(15) Dmitri Trenin, SšA-Kitaj-Rossia : formula sošušest-vovanija, Russian Council of International Affairs, Moscou, 2016년 11월 9일.

글·아르노 뒤비엥 Arnaud Dubien
프랑스-러시아 연구소(모스크바) 소장, 국제전략관계연구소(IRIS) 준연구원, 슈아쥘 연구소 소장 고문

번역·김소연
번역위원

<유카탄 주, 누에보 엑스칸 근처, 마야 열차 제4구간 건설 현장의 노동자들>, 2022 - 호세 루이스 곤잘레스 _ 관련기사 64면

MONDIAL

지구촌

태국의 배신당한 표심 – "우리의 공약은 잊으라"

집권 세력의 주도권 유지를 위해 만들어진 태국 헌법이 얼마 전 그 역할을 톡톡히 수행했다. 2023년 5월 총선에서 승리를 거둔 당이 아닌 다른 당에서 신임 총리가 나왔기 때문이다. (총리 선출권을 가진) 임명직 상원에 막강한 힘을 부여하는 헌법 덕분에 생긴 일이다. 그런데 헌법을 이용한 이 같은 정치 공작이 과연 언제까지 가능할까?

외제니 메리오 ▮법률가

한바탕 난리가 났어야 하는데 신기하리만치 조용하다. 2023년 8월까지만 해도 집권 세력(군부와 왕실)은 탁신 친나왓의 귀환을 막는 데 주력했다. 2001년부터 2006년까지 태국 총리를 역임한 탁신 친나왓은 상당한 인기를 누렸음에도 쿠데타로 축출되어 망명길에 올랐다. 그가 감옥에 가지 않고 복귀할 수 있도록 여동생 잉락 친나왓이 총리 재임 시절 사면을 위해 힘썼으나, 2014년 또 한 번의 쿠데타가 일어나며 사면법 처리가 백지화됐다. 하지만 지난 30년간 정계 분열의 핵심에 있던 탁신이 2023년 8월 23일 다시 태국 땅에 발을 들였음에도 그의 행보에 관심을 두는 사람은 별로 없다. 특히 과거의 정적들마저 무덤덤한 분위기다. 왜 이렇게 상황이 급변한 것일까?

일단 가장 큰 이유는 2023년 5월 14일에 치러진 총선 때문이다. 진보 야당이 총선에서 돌풍을 일으키자 그에 대한 반대급부로 (탁신이 창당한 푸어타이당의) 세타 타위신이 총리에 임명됐고, 이로써 태국의 정치사에는 새로운 전환점이 마련된다. 사실 지난번 5월 선거는 태국 정치권의 대립 구도가 이전과 달라졌음을 확인시켜 주는 자리였다. 원래 태국의 정치권은 2000년대 초부터 줄곧 (탁신을 반대하는) 노란색과 (탁신을 지지하는) 빨간색으로 나뉘었지만, 이제는 그보다 세대 간의 갈등이 더 두드러지는 상황이다. 자유 민주주의 진영과 태국식 민주주의 진영으로 나뉜 것이다. 아울러 군부의 정치 개입을 반대하고 군주제를 폐지하려는 움직임까지 나타나

<태국 북동부 나사오 마을의 수호신 피콘난을 상징하는 버팔로 가면>,
2013-비치드 탐팁

고 있어 20세기 초 이후 이 나라의 권력을 장악한 두 세력인 군부와 왕실이 사라질 위기에 처해 있다.

'옐로 셔츠'와 '레드 셔츠'

사실 2023년 5월 선거에서 승리를 거둔 건 젊은 층이 지지하는 '전진당(MFP)'이었다. 전진당은 군주제와 군부 정치 모두를 반대할 뿐 아니라 탁신에 대해서도 은근히 반기를 들고 있다. 정당 색깔이 주황색인 이유다. 그런데 왕실을 지지하는 '옐로 셔츠'와 탁신을 지지하는 '레드 셔츠' 모두의 마음을 사겠다면서도 정작 중도적인 전략은 취하지 않는다. 오히려 왕실과 군부, 탁신 가문의 구태의연한 왕조 정치를 싸잡아 비난하며 국민 전체, 특히 청년의 적으로 삼았다.

1,400만 표를 획득하여 40%에 가까운 유효 득표율을 얻은 전진당은 하원 의석 500석 가운데 151석을 차지했다. 2005년 탁신 전 총리가 거둔 득표수(1,800만)에 뒤이어 태국 역사상 두 번째로 높은 기록이다. 푸어타이당은 10석 적은 141석을 획득했고, 군부 계열의 두 정당, 쁘라윗 웡수완 부총리의 빨랑쁘라차랏당(PPRP)과 2014년 쿠데타를 일으킨 쁘라윳 짠오차 총리의 루엄타이쌍찻당(UTN)은 각각 40석과 36석밖에 얻지 못했다. 전통적으로 왕실을 지지해오며 가장 역사가 오래된 민주당의 경우, 25석을 가져가며 완전히 힘을 잃었다.

전통적으로 '레드 셔츠'는 태국 북부 및 북동부 지역 서민층으로 구성되며, 탁신 정권에서 전 국민 의료 보험 제도를 시행한 후로는 탁신계 인사를 지지한다.(1) 1유로가 채 안 되는 30바트만 내면 태국인 누구든 의료 보험 혜택을 받을 수 있게 해주었기 때문이다. 방콕 엘리트 계층이 집결한 '노란 셔츠'는 사립학교나 외국에서 교육을 받은 사람들이 주를 이루고, 대부분 왕실을 지지하는 친군부 성향의 불교도들이다. 이들은 주로 (왕당파인) 민주당이나 군부 쪽 정당을 지지한다.

전진당의 경우, 이러한 세력 분열에 대한 인식이 없는 청년층을 지지 기반으로 한다. 전진당의 전신은 2018년 창립한 신미래당(Future Forward)인데, 2019년 의회에 입성한 이 당은 그러나 1년 후 헌법재판소의 결정으로 해산됐다. 군대와 왕실에 대한 예산 결의를 의회에서 반대했기 때문이다. 아울러 헌법재판소에서는 이 당을 세운 사업가 타나톤 쭝룽르앙낏과 입헌주의자 피야부트르 생카녹쿤에게 10년간 피선거권을 박탈했다.

2023년 총선으로 태국 정계에 대대적인 지각 변동이 일어나긴 했으나, 아직은 그 여파가 제대로 미치지 못하고 있다. 일단 민주주의를 지지하는 활동가들은 대체로 숨을 죽이고 있는 분위기다. 왕실모독죄로 기소되는 등 각종 법률 조치가 취해지고 있기 때문이다.(2) 게다가 총선에서 승리했음에도 전진당에 대한 반대 움직임이 만만치가 않다. 7월 19일에는 당 대표인 피타 림짜른랏이 헌법재판소로부터 의원 직무 정지 판결을 받았고, 지난 8월 22일에는 양원 합동 표결 결과 연립 정부 구성에 실패했다.

2017년 헌법을 기반으로 한 태국의 제도적 기틀 자체가 애초에 전진당의 당선을 막으려고 마련된 것이었다. 설령 당선이 되더라도 정국 운영 주도권은 갖지 못하게 하려는 의도도 있었다. 해당 헌법의 초안을 마련한 군부는 이로써 자신들의 권력 유지 수단을 확보한다. 상원 의원 250명을 전부 군부에서 임명하는 데다 경찰과 3군 수장 자리도 쥐고 있었기 때문이다. 태국의 상원은 선

(1) 'Les Chemises rouges de Thaïlande 태국의 레드 셔츠', 현대 동남아 연구소(Irasec), Bangkok, 2013년.

(2) 'En Thaïlande, les jeunes face à la monarchie et à l'armée 군부와 왕정에 맞서는 태국 청년들', <르몽드디플로마티크> 프랑스어판, 2021년 1월호.

출 의원으로 구성되는 하원과 동일한 비중의 총리 임명권을 가지며, 의회 선거를 할 수도, 엎을 수도 있다. 뜻을 같이하는 하원 의원 126명만 모으면 된다. 2022년에는 선거 규정도 수정됐다. 전진당의 기세를 누르고 군부 계열 정당의 권력을 확보하기 위해서다.

푸어타이당,
군부 결탁으로 비난 초래

이러한 '예방책'이 있음에도 2019년과 2023년 사이 이 젊은 당의 의석수는 줄어들지 않았다. 오히려 두 배로 늘었다. 이 정도면 군부에서 임명한 상원을 배제하더라도 탁신의 푸어타이당이 한 배만 타주면 얼마든지 내각 구성이 가능하다. 그런데 선거 기간 동안 그 어떤 경우에도 군부와 손을 잡지 않고 선거에 이길 정당을 지지하겠다던 푸어타이당이 결국 군부와 동맹하겠다는 뜻을 밝혔다. 세타 타위신 신임 총리는 의회 표결에 앞서 진행된 기자회견에서 "과거의 우리는 국민들에게 거짓말을 하지 않았다. 그러나 지금의 우리는 현실적이어야 한다. 우리의 공약은 잊으라"고 말했다.(3)

'태국 국민을 위한 정당'이란 뜻의 푸어타이당은 이로써 '기회주의 정당'이란 본색을 드러냈다. 민주주의를 추구하는 정당도, 세간의 표현대로 '서민'을 위한 정당도 아니었던 것이다. 이 당은 권력 내부에 한 자리 선점할 수 있는 길이라면 언제라도 군부와 손을 잡을 만반의 준비가 되어있었다. 2008년 부패 혐의 판결을 받고 두바이에 망명 중인 탁신을 다시 본국으로 데려와야 했기 때문이다.

물론 당에서 이런 입장을 공식 표명한 건 아니다. 그의 딸 패통탄도 "탁신 친나왓의

귀환은 정치권과 무관한 일"이라고 선을 그었다.(4) 지지층에 대한 배신을 정당화하기 위해 푸어타이당이 내세운 명분은 '왕실모독죄에 관한 저 유명한 형법 112조를 개정하려는 정당과 손을 잡는 건 윤리적 측면에서 불가하다'는 것이었다. 이는 왕실을 지지하는 '노란 셔츠'파나 군부에서 내세우는 명분과 동일하다. 유권자들에겐 총리 투표권이 없기에 총선 석 달 후 신임 총리로 임명된 건 대중들이 알지도 못하는 세타 타위신이란 인물이었다. 당초 후보 내정자는 탁신의 딸인 패통탄 친나왓이었으므로 그는 애초에 총리 후보로 거론조차 되지 않았다. 다만 친나왓 집안과 면식이 있는 인물이긴 했다. 탁신의 여동생으로서 2011년 총리에 선출된 잉락 친나왓과 "개인적으로 매우 친한 사이"였기 때문이다. 푸어타이당은 친나왓 집안의 가족정당이라 '외부인'으로서 선거에 입후보한 희망자는 배제됐다.

하지만 푸어타이당의 이 같은 행보는 상당한 오판일 수 있다. 태국 국민들은 이제 군부와 결탁하는 것을 더는 용인하지 않기 때문이다. 2019년 선거 후 군부와 연정을 구성한 민주당은 다음 선거에서 참패하고 방콕 시장 자리마저 잃었다. 아마 푸어타이당도 같은 전철을 밟을 가능성이 크다. 특히 "구태의연한 왕조 정치"에 집착한다면 더더욱 국민들로부터 외면당할 것이다.

'오렌지' 컬러 전진당,
전국에서 지지 얻어

75% 이상의 참여율을 끌어내며 막강한 유권자 동원력을 보유한 전진당은 비록 선거에서 승리했어도 2019년 선거 후와 마찬가지로 여전히 야권 세력이다. 이는 어찌 보면

(3) Panu Wongcha-um & Panarat Thepgumpanat, 'Thailand's Pheu Thai joins military rivals in bid to form 11-party government', Reuters, 2023년 8월 21일, 및 'Srettha says has had to eat his words so Pheu Thai can form a government', Thai PBS World, 2023년 8월 21일.

(4) 'Thaksin's return has nothing to do with poli-tics, says daughter Pae-tongtarn', <The Star>, Petaling Jaya (Malaisie), 2023년 8월 21일.

지금까지 꽤 비싸게 값을 치른 급진 전략으로 인해 세력이 위축되지 않으면서 당이 존속할 수 있는 좋은 방법이기도 하고, 2027년 선거에서 승부수로 작용할 수도 있다. 북부와 북동부 농촌 지역에서 벼농사 짓는 농민을 지지 기반으로 한 푸어타이당의 경우, 교육 수준이 높은 도심 엘리트층의 마음을 사는 데는 실패했다.

그러나 '오렌지' 컬러의 전진당은 전국에서 다양한 계층의 지지를 얻고 있다. 심지어 방콕 지역 선거구는 - 군인들의 투표 지역을 포함하여 - 100% 전진당이 의석을 가져갔다. 물론 2011년 푸어타이당 역시 방콕 외곽 지역을 중심으로 몇 개 선거구에서 승리한 적이 있긴 하다. 하지만 방콕 전체가 왕실과 군부에 만장일치로 반기를 든 건 이번이 처음이다. 수도에서 부는 이 '오렌지' 열풍은 쿠데타가 거듭되는 태국 정치의 악순환을 끊는 의미심장한 신호일 수 있다. 그동안 태국에서는 지방 유권자의 힘으로 총리를 선출하면 도시 유권자들이 시위를 벌여 이를 뒤집어놓고 군대가 개입하는 구조였다. 따라서 맨 처음 태국 헌법이 제정된 1932년 이후, 평균 6~7년마다 한 번씩 쿠데타가 일어났다.(5)

새로 구성된 정부를 군인들이 무너뜨리면 도심 지역에서는 환호와 갈채로 군부를 맞이한다. 2006년 탁신 친나왓 정권이 무너졌을 때도 마찬가지였다. 군인들이 무혈 혁명으로 독재정권을 무너뜨린 포르투갈 카네이션 혁명 때와 비슷하게 도시 전체가 환희에 들떠 탱크를 맞이했고, 구경 나온 사람들은 꽃으로 포병들을 장식하며 만면에 웃음이 가득한 병사들과 함께 장갑차 앞에서 사진을 찍었다. 2014년 잉락 친나왓 정권을 몰아낸 쿠데타 때는 환호의 열기가 다소 줄어들었지만, 그래도 잉락 친나왓 정부에 대한 반대 시위가 크게 불거진 다음에 일어난 쿠데타이기는 했다.

하지만 또다시 쿠데타가 일어난다면, 왕실에도 반기를 들고 군부에는 완전히 등을 돌린 방콕 시민들이 거리로 몰려나와 쿠데타를 반대할지도 모른다. 그렇게 되면 쿠데타가 실패로 돌아가거나, 아니면 미얀마에서처럼 극심한 폭력 진압이 이뤄질 수 있다.

최근의 선거 결과로 봤을 때, 태국에서 왕실을 지지하는 세력은 이제 거의 없는 듯하다. 왕실에 대한 그 어떤 비판이라도 입에 올리는 순간 3년에서 15년 징역형을 살 수도 있는 지금의 태국에서 왕실모독죄를 강화하자고 제안한 왕당파는 선거에서 거의 0점에 가까운 성적을 거뒀다. 반면 제1당인 전진당은 창당 이후 줄곧 왕실모독죄와 군주제 개혁을 당의 핵심 과제로 두고 있다. 전진당은 헌법, 예산, 사회 부문에서 일련의 조치를 취하여 태국의 군주제를 영국식 입헌군주제로 바꾸겠다고 공언했다.

걸림돌은 '왕실모독죄'

이러한 변화는 기존 체제는 물론 신임 국왕 마하 와치랄롱꼰에 대한 반감하고도 어느 정도 관련이 있다. 부친이었던 라마 9세 푸미폰 아둔야뎃의 경우, 다르마자(진리의 왕)의 현신으로 군림하여 70년의 재위 기간 중 별다른 스캔들 없이 왕좌를 유지했다. 그나마 문제가 되었던 건 1946년 즉위 직후의 형이 (의도적인 죽음인지 사고사였는지 모를 의문사로) 사망한 사건에 대한 가담 여부, 그리고 1976년 군대가 탐마샷 대학교에서 공산주의를 지지하는 학생들을 대량 살상했을 때 이를 독려 혹은 묵인하여 어느 정도 영향

(5) David Camroux 다비드 캉루, '태국에서의 열두 번째 쿠데타', <르몽드디플로마티크> 한국어판, 2014년 11월호.

(6) Kao Tom 카오 톰, 'Le coup d'État donne plus de consis-tance à l'opposition de gauche 쿠데타로 보다 견고해지는 좌파 야당', <르몽드 디플로마티크> 프랑스어판, 1976년 11월호 참고. 군주제에 대한 젊은 층의 반감에 대해 알아보려면 'Une nuit de manifestation à Bangkok : ce qui a été tagué puis effa-cé reste dit 방콕에서 밤샘 시위 - 청년들의 사라진 아우성', Politika, www.politika.io/fr

을 미쳤는지 여부 정도다.(6) 2016년 즉위한 아들은 왕세자로서 공식 행보를 이어온 몇십 년간 주기적으로 성 추문에 휘말렸으며, 그에 대한 국민의 반감은 시간으로 해결되지 않았다. 정치에 개입했다가 문제가 되기도 하고, 공무에 관심이 없어 태국으로부터 멀리 떨어진 독일(바이에른 주), 스위스 등지에서 체류할 때도 많았기 때문이다.

이번 선거 결과의 여파로 군부와 왕실이 정치에서 배제되고 그에 따라 주기적인 쿠데타도 사라진다면, 태국 헌재의 미래도 밝아진다. 사실 전진당의 구 총재 피타 림짜른랏와 관련한 재판이 점점 쌓여가는 상황인데, 의원 직무 정지 판결을 초래한 혐의에 대해 올해 1월 24일 헌재가 무혐의 처리하긴 했지만, 그 외에도 판결이 이뤄져야 할 건이 한두 개가 아니다. 왕실모독죄 개정과 관련한 공약이 위헌인지 여부도 재판을 받아야 한다. 만약 헌재에서 이를 위헌이라 판단하면, 정당이 다시 해산될 수 있고 이와 함께 피타 역시 오랜 기간 피선거권을 박탈당한다. (올해 1월 31일, 태국 헌법재판소는 전진당의 왕실모독죄 개정 공약이 위헌이라고 결정했다-역주)

과거 헌법재판소는 내각을 뒤엎는데 별로 개의치 않았다. 때로는 사소한 이유로도 정권을 뒤집었는데, 2008년 사막 순다라벳이 태국 요리 방송에 출연했다는 이유로 그에게서 총리직을 박탈했을 때가 대표적이다. 당시 헌재는 그의 이러한 활동이 적절한 공무 수행으로 볼 수 없다고 판단했다. 일각에서 '사법 쿠데타'라고도 부르는 이 같은 헌재의 결정은 군부가 쿠데타를 일으키는 기반이 되었고, 그 결과 2006년 탁신 친나왓 정권과 2014년 잉락 친나왓 정권이 무너졌다.

전진당에서는 존재론적인 질문을 던지고 있다. 왕실모독법은 태국 헌법 정체성의 주축인가? 2012년, 판사들은 이에 대해 긍정적인 답을 내놓았다. 2024년의 재판부는 어떨까? 태국에서 아직 왕정주의자로 남아있는 이들이 오래전 퇴역했거나 갓 퇴역한 군 고위급 인사뿐이라는 사실을 판결로써 확인시켜줄까?

글·외제니 메리오 Eugénie Mérieau
정치가 및 법률가. 『Constitutional Bricolage : Thailand's Sacred Monarchy Vs. the Rule of Law』 (Hart Publishing, Oxford, 2021) 등의 저서가 있다.

번역·배영란
번역위원

'넬슨 만델라'의 나라로 가는 위험한 이주 여정

남아프리카에 위치한 잠비아는 남아프리카공화국행 이주 경로의 중심에 자리한다. 남아프리카공화국은 아프리카 이주민들이 유럽에 이어 두 번째로 많이 선택하는 목적지다. 이들은 분쟁이나 가난을 피해 온갖 위험을 무릅쓴다. 유럽과 국제사회의 압력으로 잠비아는 인신매매를 근절하고 합법적인 이민 통로를 마련하기 위해 노력 중이다.

폴 부아예 & 레미 카르통 ▌〈르몽드 디플로마티크〉 특파원, 기자

잠비아 수도 루사카 남부의 한 주차장을 수십 명의 젊은 남성들이 하릴없이 배회한다. 16~30세의 이 청년들은 에티오피아, 소말리아, 수단 혹은 콩고민주공화국 출신이다. 여권을 주머니에 넣은 채 가방을 등에 멘 이들은 남아프리카공화국 도시들로 정기 운행하는 버스들이 오가는 모습을 뚫어지게 쳐다보고 있다. 이들 중 얼굴에 수 센티미터 길이의 흉터가 있고 오른쪽 눈이 찢어진 한 명이 인터뷰에 응했다. "나는 모가디슈에서 공격을 받았다. 소말리아를 떠난 이유는 폭력 때문이다." 20대의 이 청년이 기억하는 조국 소말리아는 언제나 분쟁으로 분열된 상태였다. 1991년 1월 모하메드 시아드 바레 정권 전복 후 무정부 상태에 빠진 소말리아는 군벌들의 손아귀에 들어갔다.(1)

"강한 자만 살아서 도착한다"

매일 수십 명이 화물차 적재함에 몰래 올라탄다. 밀수업자에게 돈을 지불하는 이들도 있다. 주차장에서 만난 익명의 소식통은 "이 트럭들은 요하네스버그에 식료품을 운송

한다. 하지만 일부 차량들은 속임수를 쓴다. 밀수업자들은 트럭 내부에 수십 명이 누울 공간을 만들어 단속을 피한다. 숨 쉴 공기가 부족하다. 강한 자만 살아서 도착한다"라고 설명했다. 미성년자로 보이는 한 청년은 두려움에 떨고 있었다. 하지만 그는 결심이 선 듯 1970년대 산 낡은 세미 트레일러를 가리켰다. "남아공에 갈 다른 방법은 없다. 이대로 저 차를 타고 가겠다."

남아프리카 지역의 이주민 이동은 특히 규모가 크고 경로가 복잡하다. 번창한 일부 지역들은 때때로 과도한 희망을 품게 한다. 남아프리카공화국은 사하라 이남 아프리카 제2위 경제 대국으로 2021년 국내총생산(GDP) 4,190억 달러(3,890억 유로)를 기록했다. 이는 역내 GDP의 2/3 이상에 해당하는 수치다. 그렇다 보니 인근 남아프리카 국가들뿐만 아니라 아프리카의 뿔(소말리아 반도) 출신 이주민들 역시 케이프타운, 더반, 요하네스버그를 꿈의 행선지로 여긴다. 이로 인해 남아프리카공화국으로 향하는 길은 유럽으로 건너가기 위해 북아프리카로 향하는 경로 다음으로 아프리카 역내 이주의 두 번

(1) Gérard Prunier, 'Terror -isme somalien, malaise kényan 소말리아의 테러, 케냐의 불안', 〈르몽드 디플로마티크〉 프랑스어판, 2013년 11월호.

째 주요 경로를 구성한다.

역내 4위 경제 대국(2021년 GDP 220억 달러(200억 유로)) 잠비아는 아프리카 내 인구 이동의 영향을 3중으로 받는다. 이주민이 출발, 경유, 도착하는 국가에 모두 해당하기 때문이다. 2023년 7월 31일 기준,(2) 잠비아가 받아들인 난민, 망명 신청자 및 기타 실향민은 8만 9,109명에 달했다. 대부분 콩고민주공화국, 브룬디, 르완다, 앙골라 출신이다. 이들 모두가 루사카를 거쳐 남아프리카공화국으로 향하는 것은 아니다. 요웨리 무세베니 대통령이 40년간 집권 중인 우간다, 이슬람주의 단체의 공격에 시달리는 모잠비크 등 주변 국가의 권위주의나 정치적 불안정을 피해 탈출한 이들에게는 잠비아가 최종 목적지다. 반면 잠비아가 경유지에 불과한 이들도

(2) Ministry of Home affairs and Internal security, Office of the commissioner for refugees, 'Zambia Country stastistical Report', Lusaka, 2023년 7월 31일.

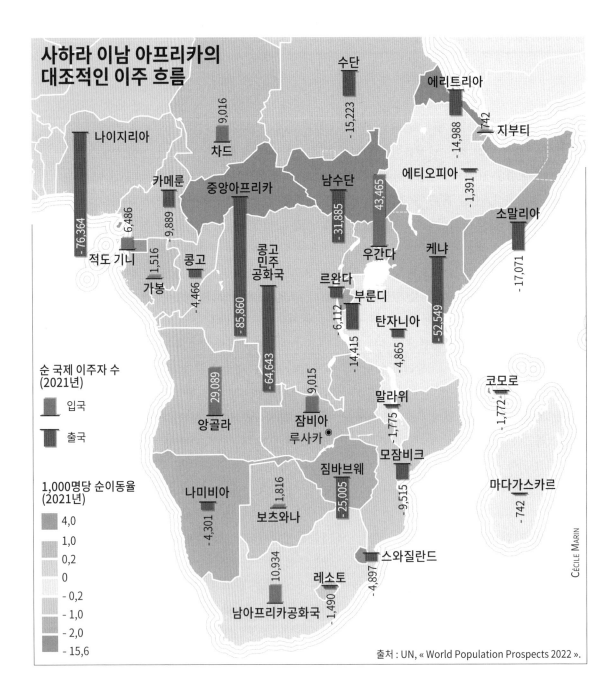

사하라 이남 아프리카의 대조적인 이주 흐름

순 국제 이주자 수 (2021년)
- 입국
- 출국

1,000명당 순이동율 (2021년)
- 4,0
- 1,0
- 0,2
- 0
- − 0,2
- − 1,0
- − 2,0
- − 15,6

나이지리아 − 76,364
카메룬 6,486
적도 기니 1,516
콩고 − 4,466
가봉
중앙아프리카 − 85,860
차드 9,016
수단 − 15,223
남수단 − 31,885
에리트리아 − 14,988
지부티 742
에티오피아 − 1,391
소말리아 − 17,071
우간다 43,465
케냐 − 52,549
콩고민주공화국 − 64,643
르완다 − 14,415
부룬디 − 6,112
탄자니아 − 4,865
앙골라 29,089
잠비아 루사카 9,015
말라위 − 1,775
모잠비크 − 9,515
코모로 − 1,772
마다가스카르 − 742
나미비아 − 4,301
보츠와나 1,816
짐바브웨 − 25,005
스와질란드 − 4,897
레소토 − 1,490
남아프리카공화국 10,934

CÉCILE MARIN

출처 : UN, « World Population Prospects 2022 ».

있다. 이들은 체력을 회복하거나 충분한 돈을 모으는 즉시 짐바브웨 국경을 넘어 남아프리카공화국으로 향할 것이다.

루사카의 한 주요 도로변에 있는 작은 카페 겸 레스토랑에서 매니저로 일하는 알리는 12년 전 소말리아에서 왔다. 그는 허름한 가게 테이블에 앉아있는 손님들에게 음식을 내오며 "하루하루가 지옥 같았다. 나는 아이들과 함께 조국을 떠났다. 셰밥(Shebab, 에티오피아가 소말리아를 침공한 2006년 창설된 소말리아 이슬람주의 단체)이 집 근처에서 사람들을 죽였다"라고 악몽을 떠올렸다. 알리는 소말리아보다 환경이 나은 잠비아를 떠날 생각이 없다. "이제 직업도, 합법적인 거주 허가증도 있는데 남아공으로 떠날 이유가 없다. 이제 루사카가 내 집이다."

알리는 아주 특별한 경우에 속한다. 더 나은 미래를 꿈꾸는 이들 대부분이 남아프리카공화국으로 향하는 남아프리카 지역에서 아주 예외적인 사례다. 국제이주기구(IMO)에 따르면 2023년 5월, 매일 190명의 이주민이 잠비아에서 짐바브웨로 넘어갔다.(3) 잠비아 남쪽에 있는 짐바브웨와 남아프리카공화국 사이의 국경은 남아프리카에서 가장 붐비는 이주 통로로 동기간 하루 평균 613명이이 국경을 넘었다. 프랑스 국립과학연구센터(CNRS) 연구책임자인 카테린 위톨 드 웬덴은 "남아공이 주요 이주 대상국인 것은 사실이다. 다만 이는 적도 이남 영어권 아프리카 국가 출신 이주민에게만 해당하는 사실이다"라고 강조했다.(4)

'넬슨 만델라의 나라'라는 환상

북아프리카 지역에서는 인종차별적 공격이 증가하고 있으며 때로는 국가 최고위층

에서 이런 폭력을 정당화한다.(5) 이런 상황에서 남아프리카공화국행을 선택하는 이들이 더욱 많아졌다. "남아공으로 향하는 이들은 그곳에서 더 나은 대접을 받으며 살 수 있을 것으로 기대한다. 남아공은 무지개의 나라, 넬슨 만델라의 나라로 불린다. 아프리카에서 이런 상징성이 가진 힘은 크다."

2022년 12월 11일, 잠비아 경찰은 루사카 외곽에서 굶주림과 탈진으로 사망한 에티오피아인 26명을 발견했다. 20~38세 청년 남성들의 시신은 밀수업자들이 길에 버린 그대로 방치돼 있었다. 시신들 사이에서 발견된 생존자 1명은 병원으로 후송됐다. 2023년 5월 9일, 현지 경찰은 에티오피아인 12명의 국경 통과를 돕던 잠비아 밀수업자 2명을 체포했다. 2017년, 잠비아는 1~5년간 구금 중이던 에티오피아 출신 이주민 150명을 대통령 사면으로 석방한 뒤 추방했다. 2008년, 잠비아는 불법 이주를 막기 위해 IOM의 지원을 받아 "인신매매" 근절법을 채택했다.

이 노력에는 역효과도 따랐다. 최근까지 잠비아 내 불법 체류자는 "인신매매에 동의"한 혐의로 무거운 징역형을 선고받을 위험을 감수해야 했다. 2022년 11월, 잠비아 의회는 유엔(UN)자유권위원회와 자국 단체들의 압력으로 2008년 법을 수정했다. 이 법의 새로운 조문은 인신매매 대상자를 피해자로 간주한다. 수정된 법률과 잠비아 당국의 태도에는 여전히 우려스러운 점이 있다. 2023년 3월 3일, 자유권위원회 전문가들은 "난민의 이동과 노동의 자유를 제한"한다고 지적하며 "국제 인권 기준에 위배되는" 잠비아의 난민 구금 상황을 비난했다.(6)

아프리카 이주민의 흐름은 각국의 정치적·경제적 상황에 따라 달라진다. 에리트레아, 수단과 국경이 맞닿은 에티오피아에서

(3) Organisation internatio-nale pour les migrations, 'Southern Africa – Monthly Flow Monitoring Registry Report (May 2023)', Genève, 2023년 7월 5일.

(4) Catherine Wihtol de Wen-den, 『Atlas des migra-tions. De nouvelles solida-rités à construire 이민 지도. 새로운 연대 구축 필요성』, Autrement, Paris, 2021.

(5) Thierry Brésillon, 'Indési-rables Subsahariens en Tunisie 튀니지에서 환영받지 못하는 사하라 이남 출신 이주민들', <르몽드 디플로마티크> 프랑스어판, 2023년 5월호.

(6) 유엔난민기구(UNHCR), 'Zambie : le Comité des droits de l'homme salue l'abolition récente de la peine de mort et porte notamment son attention sur le statut du droit coutu-mier, les conditions de vie en détention, la jouissance des droits politiques, le droit de réunion et d'expre-ssion 잠비아: 사형폐지를 환영하며 특히 관습법 현황, 구금 생활 환경, 정치적 권리, 집회 및 표현의 자유 보장을 주시하는 자유권위원회', 제네바, 2023년 3월 3일, www.ohchr.org

(7) Laura Maï Gaveriaux & Noé Hochet-Bodin, 'Le Tigré, victime de la réconciliation entre l'Éthiopie et l'Éry-threé(한국어판 제목: 티그라이, 에티오피아·에리트레아 화해의 희생양)', <르몽드 디플로마티크> 프랑스어판 2021년 7월호, 한국어판 2021년 9월호.

(8) 'Éthiopie : l'ONU dénonce la "brutalité extrême" et des possibles "crimes de guerre" dans le conflit au Tigré 에티오피아: 티그라이 분쟁의 '극심한 폭력'과 '전쟁범죄' 가능성을 규탄하는 유엔', <ONU Info>, 2021년 11월 3일, https://news.un.org

(9) 'DR Congo: Killings, rapes by Rwanda-backed M23 rebels', <Human Rights Watch>, 2023년 6월 13일, www.hrw.org

(10) 'Crise au Soudan: le conflit a fait près de 4 millions de déplacés et réfugiés 수단 위기: 내전으로 약 400만 명의 이재민 및 난민 발생', <ONU Info>, 2023년 8월 2일, https://news.un.org

는 티그라이 자치지역에서 벌어진 내전으로(7) 수십만 명이 전투와 기근을 피해 피난길에 올랐다.(8) 콩고민주공화국의 북(北)키부주(州)에서는 2004년부터 무력 충돌이 이어지고 있다. 국제인권감시단체 휴먼라이츠워치(Human Rights Watch)에 따르면 친르완다 반군 단체 M23은 "즉결 처형, 강간, 강제징집 등 대규모로 전쟁범죄"를 저질렀다.(9) 2023년 4월 15일 분쟁이 발발한 수단에서는 집권 군부와 반군이 대치중이다.(10)

이 모든 상황은 인구의 이동을 유발하고 아프리카대륙에서 가장 안정적인 지역에 속하는 남아프리카가 피난처 역할을 한다. 유엔난민기구(UNHCR)의 2023년 7월 31일 자 보고서에 의하면 잠비아에서 집계된 8만 9,109명 중 64%는 콩고민주공화국 출신이었으며 앙골라(15%), 브룬디(11%), 르완다(6%), 소말리아(4%) 출신이 그 뒤를 따랐다. 이들의 89%는 메헤바, 마유콰유콰, 만타팔라 난민캠프에 거주 중이다. UNHCR 잠비아 사무소 대표 프레타 로는 "잠비아의 난민캠프는 과밀 상태는 아니다. 하지만 물, 에너지, 의료서비스 접근 제한으로 어려움을 겪고 있다. 현지 주민들도 같은 어려움을 겪고 있다. 우리는 정부와 파트너들의 지원을 받아 학교와 병원에 전기를 공급하기 위해 노력 중이다"라고 강조했다.

세 개의 위험한 경로

사하라 이남 출신 난민 10명 중 9명은 아프리카를 떠나지 않으며 대부분 주변국에 머문다. 프랑스국제관계연구소(IFRI) 중·남아프리카감시단 코디네이터 티에리 비쿨롱은 "지난 4월 분쟁이 시작된 이래 100만 명 이상이 수단을 떠났다. 사람들은 전쟁을 피해 도망칠 수밖에 없다"라고 설명했다. 2014~2023년, 남아프리카 불법 이주 과정에서 478명이 사망했다.

데이터 분석가 메르나 압델아짐은 아프리카의 뿔 지역에서 남아프리카공화국으로 이어지는 이주 경로 전문가로 세 개의 주요 경로를 설명했다. 탄자니아 항구도시 탕가에서 만난 압델아짐은 "첫 번째는 소말리아와 에티오피아에서 출발해 남아공으로 향하는 경로다. 두 번째 경로는 콩고민주공화국, 우간다, 브룬디에서 탄자니아와 남아공으로 이어진다. 세 번째는 말라위, 짐바브웨를 필두로 한 남아프리카 지역에서 남아공으로 넘어가는 방법이다"라고 덧붙였다.

몇 개월, 심지어 몇 년이 걸릴 수도 있는 이 세 개의 경로에는 인신매매, 성폭행, 식량과 물 부족이 도사리고 있다. 압델아짐은 "집계된 수치는 과소평가됐다. 유기되는 시신은 빠져있기 때문이다. 알려진 바와 같이 이 주민들은 탱크로리 차량에 숨어 국경 통과를 시도한다. 여기서 많은 이들이 질식사한다. 밀수업자들은 이들의 시신을 불태워 버린다"라고 전했다. 이주의 현실은 가장 낙관적인 이들이 품고 있는 희망과는 거리가 멀다. 남아프리카 지역에서 이주민들은 인종차별뿐만 아니라 현지 주민들의 거부감에도 직면한다. 잠비아에서는 외국인 혐오 폭력 사건이 아직 드물다. 그럼에도 불구하고 몇 년 전 시위는 비극으로 발전했다.

2016년 6월, 루사카는 폭동에 휩싸였다. 절단된 사체가 발견되자 주민들은 르완다 공동체의 인신 공양 의식을 의심했다. 2일 만에 상점 60여 개가 약탈당하고 불탔다. 2명은 산채로 불에 타 숨졌다. 남아프리카공화국에서는 최근 몇 년 전부터 외국인에 대한 분노가 커지고 있다. 2022년 4월, 요하네스버

그 교외의 딥슬루트에서는 주로 짐바브웨 출신을 겨냥한 공격이 잇달아 발생했다. '범죄와의 전쟁'을 내세운 남아프리카공화국 자경단체들이 이들을 표적으로 삼은 것이다.

프랑스개발연구소(IRD) 연구책임자 실비 브레델루에 따르면, 아프리카 국가 정상들은 경제적 어려움으로 인해 더 엄격한 이민 정책을 채택하고 있다. 사회인류학자 브레델루는 아프리카 역내 이주 전문가로 "2013년, 아프리카인의 78%는 다른 아프리카 국가에 입국할 때 비자가 필요했다. 역내 자유로운 이동을 보장하기 위한 협정들의 유용성에 의문이 제기되는 부분이다. 지난 20여 년 동안 우리는 아프리카의 국경이 유럽만큼 강화되는 것을 지켜봤다"라고 지적했다.(11)

아프리카 국가들은 국경을 더욱 옥죄고 있다. 남아프리카공화국도 예외는 아니다. 지중해 이주 위기가 절정에 달한 2015년 몰타의 수도 말레타에 모인 유럽과 아프리카 국가 정상들은 '개발 계획'을 대가로 인구 이동 통제를 강화하기로 합의했다. 지난해 10월 4일, 브뤼셀에 모인 유럽연합(EU) 27개국도 국경 감시를 강화하기로 결정했다. **LD**

(11) Sylvie Bredeloup, 'Migrations intra-africaines : changer de focale 아프리카 역내 이민: 초점을 바꾸다', <Politique africaine>, Paris, vol. 161-162, n° 1-2, 2021.

글·폴 부아예 Paul Boyer, 레미 카르통 Rémi Carton
<르몽드 디플로마티크> 특파원, 기자

번역·김은희
번역위원

인도네시아의 무자비한 파푸아 식민 지배

"궤멸이 우선, 인권은 나중 문제"

필리프 파토 셀레리에 ▌언론인

2023년 9월, 또다시 끔찍한 일이 벌어졌다. 브라사 강 하구에서 15~18세의 파푸아 청년 시신 다섯 구가 발견된 것이다. 시신에는 곳곳에 총탄 자국이 나 있었다. 발견 장소는 데카이 시 치안 초소로부터 그리 멀지 않은 곳으로, 인도네시아군이 관리하는 중앙고원파푸아 주(일명 라 파고)의 야쿠히모 도내 소재 지역이었다.(1) 사실, 석 달 전에도 (파푸아 주 은두가 지역에서) 이와 비슷한 일이 있었다. 17세의 청년 작곡가 위티 위뉘가 참변을 당한 사건이었다. 군인들로부터 고문을 당한 그는 상자에 버려져 산 채로 불태워졌다. 같이 심문받은 또 다른 파푸아인 다섯 명은 결국 풀려났지만, 거의 사람이 아닌 처참한 몰골이었다.(2)

인도네시아 의회인 '국민평의회(MPR)' 의장 밤방 수사툐는 "궤멸이 우선, 인권은 나중 문제"라며 진작부터 강경한 어조를 내비쳤다. 2021년 4월 25일, 서파푸아 주를 관할하던 인도네시아 정보국(BIN)(3) 책임자 구스티 푸투 다니가 사망한 지 얼마 안 된 시점에서 한 말이었다. 매복해 있던 서파푸아 민족해방군이 고위급 장교를 살해한 건 인도네시아로서도 처음 겪는 일이었고, 이에 고위급 정치인인 국회의장까지 나서서 살인을 독려했다.

1965년에 창설된 서파푸아 민족해방군은 자유 파푸아 운동의 무장 세력으로, 1963년 뉴기니섬 서부를 피로 병합한 인도네시아를 몰아내는 것만이 그들 조직의 한결같은 목적이었다. 과거 외무부 장관이었던 수반드리오(1957~1966)는 "파푸아 사람들을 나무에서 떨어뜨릴 것"이라는 발언을 한 적이 있었는데, 그로부터 60년이 흐른 지금은 밤방 수사툐 국회의장이 그 뒤를 이어 살인을 호소하고 있다. 과거와 달라진 점이 있다면 파푸아인의 규모 정도인데, 한때 다수였던 파푸아인들은 오늘날 자신들의 고향에서 소수민족으로 살아간다.(4)

정보국장이 피살된 그다음 날 인도네시아군 당국은 조코 위도도 대통령의 지시로 중앙파푸아 주 푼착 지역의 네 개 마을에 헬기를 띄워 기관총을 난사했다. 이어 2021년 4월 29일에는 아예 서파푸아 민족해방군을 테러 조직으로 선포했다. 이렇게 되면 해당 조직은 2018년 제정된 무자비한 테러방지법의 적용을 받고, 군대는 거의 무제한의 재량권을 갖는다. 단순한 혐의나 추측, 혹은 막연한 의심에 대해서도 인도네시아 군부가 (대통령 승인하에) 마음껏 권력을 행사할 수 있는 것이다. 이에 국제 앰네스티에서도 "온갖 인권 침해를 자행하고도 처벌받지 않을 이례적인 토양이 만들어진 셈"이라고 지적했다.(5)

(1) 'Australian advocacy group condemns killing of 5 West Papuans - challenges Canberra', <Asie Pacific Report>, 2023년 9월 17일.

(2) 'The kids had all been tortured : Indonesian military accused of tar-geting children in West Papua', <The Guardian>, London, 2023년 9월 25일.

(3) John Saltford, The United Nations and the Indonesian takeover of West Papua, 1962-1969, Routledge, New-York, 2003.

(4) '파푸아 독립운동에 나선 소수민족 파푸아인', <르몽드디플로마티크> 한국어판, 2015년 4월호.

(5) 2018년과 2020년 사이 인도네시아 군경이 저지른 불법 살인의 피해자 수는 80명 이상이다. "Terrorist' designation shows govt's failure to address root of Papua's problems', Amnesty International, 2021년 4월 30일.

사실, 현 정권 집권 1기(2014~2019) 때만 해도 정부의 태도 완화에 대한 기대감이 있었다. 파푸아 깃발을 흔들었다는 이유로 2004년 15년형에 처한 필렙 카르마를 포함하여 정치범 다수가 석방되었기 때문이다. 그 시절 위도도 대통령이 노린 건 인도네시아 정부의 주요 시책인 파푸아 지역 경제개발 계획에 대한 지역 원주민의 지지를 얻는 것이었다. 그 중 첫 번째 사업이 파푸아 횡단 고속도로 건설로, 장장 4,500km에 걸쳐 서뉴기니 지역을 관통하는 도로를 닦아 이 지역의 무수한 자원(야자유, 삼림, 광물 등)을 캐기 위해 여러 진입로를 마련하겠다는 것이었다. 그로 인해 막대한 국부가 창출되고 풍부한 일자리가 생기겠지만, 이는 대개 파푸아 원주민에 대한 약탈을 기반으로 한다. 따라서 서파푸아 민족해방군은 이에 대해 그 어느 때보다도 격렬하게 반대하는 상황이며, 2018년 12월 1일에는 인도네시아 인부 스무 명을 공사 현장에서 무참히 살해하기도 했다.(6)

인권감시 기구의 심각한 경고

그에 따른 여파는 상당했다. 파푸아 문제를 중심으로 정계에서 포퓰리즘 경쟁이 가속화되며 정치권과 종교계가 논란에 더욱 불을 붙였기 때문이다. 재선에 성공한 위도도 대통령이 집권 2기(2019~2024)를 맞이하자 곳곳에서 강경화의 징후가 보였다. 가장 당혹스러웠던 것은 국방부 장관 인사였다. 지난 두 차례의 대선에서 가장 강력한 라이벌

(6) 'Massacre in Nduga : Indonesia's Papuan Insurgency', The Diplomat, 2018년 12월 24일.

<인권 모니터, 뉴기니 서부 키위록 지구> 2022/2023 - 지역 활동가

(7) 'What ever happened in Kraras, Timor Leste, 'Pak' Prabowo ?', The Jakarta Post, 2013년 12월 20일.

이었던 프라보워 수비안토가 국방부 장관으로 임명됐기 때문이다. 수비안토는 인도네시아군 출신 정치인으로, 동티모르 학살의 주범이었던 독재자 수하르토의 전 사위였던 인물(7)로 이번 대선에서 당선이 유력하다. 인도네시아 헌법에서는 대통령의 세 번 연임을 금하여 위도도 대통령의 임기는 이번에 만료된다.

어쨌든 그간의 행보로 드러난 인도네시아 정부의 의중은 분명하다. 인권은 더 이상 대통령의 큰 관심사가 아니다. 수비안토의 국방부 장관 임명에 더해 2022년 말에는 유도 마르고노 제독을 인도네시아군(TNI) 수장직에 앉혀 파푸아 지역의 치안 강화를 명했다. 이로써 폭력이 또 다른 폭력을 낳는 악순환의 상황이 펼쳐졌으며, 이를 우려하는 비정부기구의 목소리도 커지고 있다.

인권 감시 기구 '휴먼 라이츠 모니터(HRM)'를 비롯한 일각에선 이미 경고의 목소리를 높이며 관련 기록 자료를 내놓는 상황이다. 심지어 HRM 측에선 보고서 제목을 아예 "궤멸이 우선, 인권은 나중 문제"라고까지 썼다.(8) 이러한 비정부기구의 실태 조사는 더없이 중요한데, 현장 보도가 엄격히 제한된 지역 내에서 민간인이 처한 상황을 보기 드물게 조명하고 있기 때문이다.

(8) 'Destroy them first… discuss Human rights later', Human Rights Monitor, 50 pages(PDF), Wuppertal, 2023년 9월.

HRM의 보고서는 위성 사진을 근거 자료로 제시하는 한편 다양한 조직망이나 현지 독립 언론(Jubi, Suara Papua)을 통한 자료로 내용을 보강함으로써 파푸아 지역 은가룸(페구눙간 주 키위로크 지역)의 상황을 자세히 전해준다. 파푸아 횡단 고속도로 건설 현장으로 쑥대밭이 된 이곳에선 서파푸아 민족해방군과 대치하던 인도네시아 치안군이 여러 차례 공중 폭격을 퍼부었는데, 동 보고서는 당국의 지속적인 위협에도 불구하고, 이

러한 내용을 상세히 기술했다.

2021년 9월 중순에서 10월 말, 5km² 이상 되는 구간의 마을 여덟 곳은 헬리콥터에 장착한 대형 기관총과 박격포(세르비아제 81 mm)의 공격으로 건물 206채가 붕괴됐다. 폭격의 주된 표적은 교회나 성당이었는데, 이 지역의 인권 침해 현황을 자료화하고 외부에 알리는 데 주된 역할을 해온 이들이 바로 신부나 목사들이었기 때문이다. 학교는 물론, 그동안은 위성 사진에 노출되지 않도록 지붕에 대한 직접 사격은 피해왔던 민가의 가옥도 이 폭격의 대상이 됐고, 마당이나 논밭, 가축우리 같은 곳도 공습의 피해를 받았다. 파푸아 주민 2,252명은 마을을 빠져나와 열대 우림으로 피신했는데, 피난민들은 궂은 날씨에도 먹을 것이나 덮을 것 하나 없이 당국의 철저한 무관심 속에 방치되어 있다.

하지만 극한의 생존 환경임에도 마을로 다시 돌아갈 엄두를 내는 사람은 거의 없다. 표적을 찾는 저격수나 드론 레이더망에 걸리고 싶지 않기 때문이다. 고원 지대라도 의료 시설은 몇 곳 있었지만 대개 군인들 차지였고, 아직 형태가 남은 건물 몇몇도 주위의 모든 통행을 통제하는 치안 초소로 활용됐다. 여기저기에서 치안대가 돌아다녔으며, 파푸아 주민은 시도 때도 없이 불려가 폭언을 듣거나 죽도록 매질을 당했다. 지난 10월 12일 사망한 아미네랄 카바크도 그중 하나로, 강간을 당한 뒤 신체까지 훼손된 이 여성은 매질 속에서 목숨을 잃었다.

인도네시아의 무관용 정책, 갈등 증폭

인니 정부의 이 같은 무관용 정책은 식민 정책에 맞선 소수 민족의 분노를 자아내며 무력 분쟁이 중앙고원 지대 너머로 확산

하는 추세다. 파푸아 지역은 최근(2022년 11월)의 행정 분할에 따라 6개 주로 나뉘었는데, 이에 병행하여 관련 시설과 함께 현지 공무원도 대거 늘고 군사 시설과 무력 분쟁도 동반 증가했다. 인도네시아 정부가 현지 자원의 신규 채굴 허가권을 '치안' 병력에 부여함으로써 군사 갈등이 기하급수적으로 늘어난 결과다.(9)

그 후 마을을 벗어나 피난처에서 살아가는 주민은 7만 6,228명에 달했고, 2021~2022년 사이 745명이 이미 목숨을 잃었다. 고원 지대라 먹을 게 부족한 상황에서 기후 변화 문제까지 겹치니 현지 주민들 상황은 더욱 악화되고 있다. 그런데 한 가지 풀리지 않는 의문은 이러한 현상이 왜 서뉴기니 지역에서 60년째(1963~2023) 지속되느냐는 점이다.

인도네시아의 서뉴기니 식민 지배를 주의 깊게 살펴본 (몇 안 되는) 사람들은 대부분 이곳에서 해마다 살인이 거듭되는 인종 청소 작업이 진행되고 있다는데 주시한다. 이미 집계된 피해자만 해도 (낮게 잡아) 30만 명 이상이다. HRM이 (보고서를 통해) 상세히 조사한 키위로크 지역에서 벌어진 인권 유린 상황만 하더라도 국제형사재판소에 관한 로마규약(7조)에서 정하는 '인도에 반한 죄'에 해당한다. 심지어 세 개의 범죄 구성 요건을 성립하는데,(10) 첫 번째는 '살해'고 두 번째는 '절멸'로, 이는 "주민의 일부를 말살하기 위하여 계산된, 식량과 의약품에 대한 접근 박탈과 같이 생활조건에 대한 고의적 타격"을 말한다. 세 번째는 '주민의 추방 또는 강제이주'인데, 이는 "국제법상 허용되는 근거 없이 주민을 추방하거나 또는 다른 강요적 행위에 의하여 그들이 합법적으로 거주하는 지역으로부터 강제적으로 퇴거시키는 것"을 의미한다.

이 정도의 심각성으로 보건대 이러한 반인도적 행위는 '강행 법규'의 적용을 받는다. 인도에 반한 죄는 모든 국가에 구속력을 갖는 강제 규범으로서 다스리기 때문이다. 따라서 로마 규정을 비준하지 않은 것은 물론 국제형사재판소의 관할권도 인정하지 않는 인도네시아라 해도 예외가 되진 않는다. 그런데 인도네시아도 인권에 대한 부분이 신경은 쓰이는지 이스라엘의 대팔레스타인 정책에 대해 비난의 목소리를 높이는 것은 물론 유엔 인권이사회 이사국(임기 2024~2026)에도 입후보했다. 이번에도 뽑히면 여섯 번째 선임이다. 인도네시아가 인권 이사국으로 재선임되는 것은 감히 상상도 할 수 없는 일이지만, 놀랍게도 이는 이미 현실이 됐다. 유엔 192개 회원국 가운데 186개국의 승인을 얻었기 때문이다.(11) 인도네시아로서는 기록적인 성과이나 파푸아로서는 또 한 번의 국제적인 참사이다. 하지만 누군가 이미 말하지 않았던가? "궤멸이 우선, 인권은 나중 문제"라고 말이다. ID

(9) 'Displaced and Disempo-wered : Military expansion-ism at the cost of civilian lives'(PDF), TAPOL, 2023년 10월. 아울러 '미국 기업, 파푸아 구리 약탈', <르몽드디플로마티크> 한국어판, 2023년 2월 기사도 함께참고.

(10) 유엔 웹페이지 '반인륜범죄' 참고.

(11) Jayanty Nada Shofa , 'Indonesia Reelected at UN Human Rights Council with Most Votes', Jakarta Globe, 2023년 10월 11일.

글·필리프 파토 셀레리에 Phlippe Pataud Célérier
저널리스트 겸 작가, 아시아 현대예술 전문가.

번역·배영란
번역위원

아이티는 지금 생지옥

구덩이 속에서

갱단이 국토 대부분을 장악한 아이티의 폭력 사태가 공포와 굶주림과 살인으로 치닫고 있다. 아리엘 앙리 아이티 총리가 케냐를 방문한 사이 갱단들은 지난 3월 2일, 교도소에서 수감자 4,000여 명을 탈옥시켰고, 대통령궁과 내무부 청사를 비롯한 주요 정부 기관들에게 총격을 가하며 공격했다. 학교, 은행, 병원 등 대부분의 공공시설이 문을 닫았고, 경찰서 곳곳에 갱단이 불을 질렀다. 거리엔 시신이 나뒹굴었다. 지난해 갱단의 폭력으로 아이티의 수도 포르토프랭스에서만 1,400명 이상이 납치되고 2,500명이 사망했다. 아이티에서는 지진, 폭풍우, 콜레라, 국제 구호 단체의 착취라는 재앙적 상황에 이제는 범죄 단체의 폭력까지 더해지고 있는 상황이다. 세르주 쿠아드루파니 작가가 아이티에 머물며 오랫동안 지옥이 돼가는 모습을 관찰한 시기가 1999년이었는데 이 상황은 현재도 지속되고 있다. 작가는 당시에 쓴 메모를 다시 보며 아래 이야기를 썼다.

세르주 쿠아드루파니 ▌소설가

고통은 끔찍했고 그는 더워서 정신이 없었다. 하수구, 짐승 사체, 썩은 채소, 상한 음식 냄새에서 올라오는 악취가 대기 속에 그대로 쌓여 갔다. 역한 냄새로 인해 구역질이 났고 아무것도 보이지 않았다. 아래쪽 바닥이 캄캄했다. 끈적이는 무언가에 발이 파묻혔다. 위도 어두웠다. 그의 위에 희미한 빛이 짧게 비쳤고 누군가 말을 더듬으며 외쳤다.

"아… 아… 안 돼요! 여기선 안 된다고요!"

"가서 콧수염 좀 불러줘요…"

그러자 폴이 뒤로 고개를 들며 말했다.

"시몽! 그러면 일어나서 멀리 도와줄 사람이 있는 곳으로 가요…. 아파 죽겠어요…."

"이러케 기… 기픈 구덩이… 안에… 도고… 두고 갈 순 없어요, 폴. 내가 내려갈게요…."

"안 돼요! 취했잖아요. 그러다 저처럼 자빠진다니까요. 여기 엄청 미끄럽고 내려온다 해도 저를 못 올려

요…. 저 확실히 어디 다쳤어요. 젠장, 다리 아파 죽겠네…."

"제가 멀리 가는 건 좋은 생각이 아… 아닌데요…."

"길에 아무도 없어요…. 가세요, 시몽. 제발 도움받을 수 있는 곳으로 가서 콧수염 좀 불러 줘요…."

폴은 앉으려 했고 고통스러운 소리를 내질렀다. 그 순간, 여태까지는 술기운에 혀가 꼬여도 또박또박 침착하게 말하려 했던 노력이 무색하게 정신이 무너져 내렸다.

"하라는 대로 할 거냐고요. 네?"

폴이 소리쳤다.

"알겠어요, 알겠어요, 짜증 내지 마세요, 가, 가, 갈게요…."

"빨리요."

폴은 고통과 짜증으로 얼굴을 찡그렸다. "콧수염, 콧수염을 불러야 하는데…." 그는 투덜거리며 말했다. 아이티에 사는 프랑스인들은 툭하면 '도와줘요, 콧수염 아저씨!'라고 말했다. 폴이 헌병단을 소개받았을 때, 그는 내심 웃었다. 헌병단의 검은 콧수염이 아나키스트를 새

긴 19세기 판화에 등장하는 경찰들의 콧수염과 닮았기 때문이다. 폴은 활짝 웃으며 악수하면서도 속으로는 '짭새와 경찰에게 죽음을(20세기 초 아나키스트들이 부르는 노래 '카엔'의 후렴구 가사 – 역자주)'을 떠올렸다. 이제 폴에게 이 콧수염은 아이티에 있는 프랑스인 수백 명의 눈앞에 이미 헌병단원들이 있음을, 즉 프랑스가 국가 차원에서 전 세계에 있는 자국민을 보호한다는 것을 상징하게 됐다. '쟁글랭도(1)'들이 프랑스 교민들의 저택을 포위했을 때. 포위되어 막 강도를 당했을 때, 인적 드문 언덕에서 지프차를 뺏겼을 때, 어려움에 처한 프랑스 교민들을 돕는 것이 그들의 의무였다. 그들의 급여는 높았다. 대사관에서 재외국인 보호를 맡은 '콧수염'은 투치족 학살 당시의 르완다, 훈센 총리의

쿠데타 당시의 캄보디아처럼 20세기 말 인권을 중시하는 프랑스의 외교가 이름을 빛냈던 다양한 장소에 있었다. 헌병은 첫 근무지에 대한 질문에 침통해했고 두 번째 근무지에 대해서는 얄궂은 표정을 지었다(캄보디아 쿠데타가 일어나 집무실에 로켓이 도착했던 순간 프놈펜에 있어야 할 대사가 자리를 비웠던 이 기막힌 타이밍에 대해 그가 무관하지 않다는 소문이 있었다). 그는 자신의 멋진 저택의 정원에서 바비큐를 했다. 그리고 아이티에 교민이 새로 올 때마다 언제나 핸드폰을 24시간 켜 두었다고 강조했다.

폴은 다리에 다시 통증이 느껴져 움직여야겠다고 생각했다. 양손으로 어둠 속을 더듬는데 손가락에 축축하고 단단한 표면이 만져져 그것이 통이라는 것을 알아챘다. 그가

(1) 무장 강도. 모든 각주는 집필진이 첨부했다.

<자크멜 카니발>, 2001 - 크리스티나 가르시아 로데로

통에 앉자 다친 다리에서 느껴졌던 고통이 순식간에 가라앉았다. 임시 의자에 앉으니 전날 보스메탈들의 마을에 방문했던 일이 떠올랐다. 보스메탈은 드운(dwoun)이라 부르는 연료통의 뚜껑과 바닥으로 부두 사원의 인물들을 조각한 뒤 니스를 칠해 완성하는 훌륭한 조각품을 만드는 장인들을 말한다.

이런 곳에 방문을 할 땐 시몽이 폴을 안내했다. 프랑스 문화원 직원인 시몽은 아이티 문화와 "세계 시장에서 판매 가능한 다른 모든 진귀한 물품들보다 더 많은 작가와 예술가들을 육성해야 할 것으로 보이는 아이티인들의 탁월한 능력과 창의력"에 대한 애정을 드러내곤 했다. 시몽은 일로서 해야 할 일 외에도, 문화

원을 자주 오는 작가 지망생들 사이에서 아이티의 대표적인 작가로 활약 중인 라페리에르, 프랑케티엔, 트루이오 같은 인재를 찾으려 했고 이들을 프랑스인 편집자들과 연결하려 노력하며 때때로 그들의 중개인 역할을 했다. 이제 막 아이티에 온 관광객들에게 보일 '순박한 화가들'의 연작 중 파리 화랑에서 앞 다퉈 욕심낼 예술가들을 구분해 놓고 수공예 작품 중 프랑스 도시 아를이나 미국 도시 마이애미의 상점에서 10배, 100배 높게 되팔 수 있는 작품들을 찾는 데 열심이었다. 물론 자신의 노고에 대해 1%의 수수료를 받으면서 말이다. 시몽은 "상업이 예술과 문화에 도움이 되도록" 하고 싶다고 말했으며 그것이 가능하다고 믿는 듯했다.

민중을 지켰던 성직자가 부패한 독재자로

폴의 심경은 복잡했지만 외교부 지원으로 여행 중인 만화가로서, 완전히 낯선 동시에 사랑스러울 만치 친숙한 나라를 다니는 데 가이드가 있다는 사실이 흡족했다. 그는 비행기 안에서부터 아이티와 도미니카 공화국을 구분하는 것이 어렵지 않았다. 도미니카 공화국과 아이티, 두 국가가 자리한 이 섬에서 도미니카 공화국은 섬의 2/3를 차지하며 거의 모든 영토가 푸른 숲과 들판으로 이

<부두교와 천주교가 결합된 종교 의식에서 중요한 행사인 소도 성지 순례>, 2001- 크리스티나 가르시아 로데로

뤄져 있었다. 나머지 1/3을 보유한 아이티에 착륙했는데 거의 모든 곳이 맨땅이었다. 폴이 택시 안에서 시몽에게 "아이티의 풀과 나무는 그래서 어디로 간 건가요?"라고 묻자 시몽은 "곧 보게 될 거예요"라고 답했다. 그리고 영원히 무질서한 도로에서 십여 분 동안 수다를 떨던 도중 시몽이 말했다. "자, 아이티 목초지는 여기서 끝나요." 폴과 시몽은 흑인들이 어두운 곳에서 고생하며 일하는 곳을 지나갔다. 그들의 피부는 햇볕에 그을리고 땀을 흘려 빛이 났으며, 석탄을 담은 자루를 구부린 등에 메고 윗면을 이마에 고정한 상태였다. 화로에서 나오는 연기로 인해 상당히 어두운 시야 속으로 거무스름한 윤곽이 희끗희끗 보이는 을씨년스러운 분위기로 인해 폴은 완전히 새로운 불안에 사로잡혔고 해결책으로 그림 수첩을 꺼냈다. 시몽이 폴에게 아이티에서는 목탄 생산 때문에 나무를 베는데 가난한 계층, 즉 아이티 국민 대다수에겐 목탄이 유일한 연료라고 말하는 동안 폴은 크로키를 하기 시작했다.

그때부터 폴은 더 이상 멈추지 않았다. 아이티에 대해 진심으로 애정을 갖고 있고 분명 박학다식한 시몽은 자발적으로 수다스러워졌다. 시몽이 마약의 지정학적 특성에 대한 이야기, 미국산 핑크 돼지 사육을 위해 토종 흑돼지를 멸종시킨 일, 부패한 독재자에 대항해 민중을 지킨 성직자가 부패한 독재자로 전락한 이야기(2), 1825년 프랑스가 과거 식민지였던 아이티를 독립 국가로 인정하는 대신 요구한 배상금으로 인해 아직도 그 여파가 극심하다는 이야기, 메드릭 루이엘리 모로 드 생메리(3)의 분류법에서 비롯된 피부색에 따른 계급이 현재에도 존재한다는 사실을 말하는 동안 폴은 흘려들으며 아이티인들의 삶 속에서 구체적인 토대가 되는 그들의 생활용품을 그리는 데 집중했다.

불안에 빠져 몸이 마비돼

현재 폴은 다리의 통증이 약화되면서 술기운에 다시 어지러워지자 자신이 빠진 검은 구덩이 바닥에서 지루함을 느꼈다. 그는 티셔츠 안에 있는 크로스백을 더듬었다. 무의식적으로 하게 된 행동이었다. 백에는 구르드(아이티 화폐-역자주) 한 뭉치, 신분증, 신용 카드 그리고 무엇보다도 그림 수첩이 있었다. 폴은 수첩을 훑어보고 크로키를 세밀하게 보완하고 그림에 남긴 설명을 다시 읽고 싶은 듯했다.

노상에서 판매되는 기다란 비누. 인구 대부분이 개별적으로 물을 구할 수 없는 상황에서 강과 석호에서 씻고 세탁하는 일은 야외 활동이나 마찬가지다. 밤색 종이봉투에 담긴 설탕. 티스푼으로 30여 개 분량인데 아이티인 한 명이 마시는 커피 여섯 잔에 넣는 양이다. 낱개로 파는 통마늘과 조미료 큐브. 두 남성이 밀고 당기는 거대하고 무거운 인력거. 어쩔 수 없이 노예 지지자들의 시대를 떠오르게 한다. 머리 위에 물건들을 얹기 위해 놓는 작은 쿠션. 이 사람들은 머리 위에 가능한 그리고 상상할 수 있는 모든 것을 얹어 옮긴다. 흰 플라스틱 통과 뚜껑. 도로를 따라 길게 줄을 서 물을 뜨러 갈 때 사용한다. 여자아이에게 우선적으로 맡겨진 잡일이며 여자아이가 안 되면 성인 여성이, 그도 안 되면 남자아이가 한다.

시골 한가운데 있는 무덤. 때때로 커피를 말리는 데 사용된다. 등굣길 여자아이들의 머리에 알록달록하게 꾸민 플라스틱 리본, 나비, 공 등등. 녹슨 깡통 안에 담겨 팔리는 목탄. 고독한 농민의 커다란 칼. 만화가를

(2) 장베르트랑 아리스티드 신부의 이야기에서 따왔다. 그는 1991년부터 1996년까지, 2001년부터 2004년까지 아이티 공화국의 대통령이었으며 프랑수아 뒤발리에(1957~1971년)와 그의 아들 장클로드(1971~1986년) 정권 당시 민병대인 '마쿠트'의 폭력을 비판한 인물로 알려져 있다.

(3) 메드릭 루이엘리 모로 드 생메리(1750~1819년)는 노예제 지지 법관이다. 그의 저서 『Description topo -graphique, physique, civile, politique et histori -que de la partie française de l'isle Saint-Domingue 생도맹그섬 내 프랑스령의 지형적, 신체적, 세속적, 정치적, 역사적 기술』(1797)은 백인과 흑인 혼혈을 128가지로 나눠 9개 카테고리로 분류해 계급을 나눴다.

태우고 지나가는 지프차를 우울하게 바라본다. 우아하고 품위 있는 여성들의 모자. 이들은 각각 개보다 겨우 조금 더 큰 당나귀를 타고 있다. (두 사람씩 이동한다.) 카파이시앙 시에 위치한 호텔의 사장이 쓴 터번과 헌 신발. 새벽부터 저 신발이 바닥을 쓸고 다니는 소리가 들린다. 맛있는 주스용 오렌지로 쌓은 피라미드. 자몽처럼 크고 푸르스름하다. 오렌지 껍질로 완벽하게 공 모양을 만들어 쌓은 피라미드. 도로와 여러 시장을 따라 줄지어 있다. 오렌지 껍질은 잼을 만들 때 사용한다. 수출 상품이기도 하다. 리큐어 제조 기업 쿠앵트로가 최대 구매사다. 주문하면 껍질을 벗겨 주는 사탕수수 토막. 파리가 윙윙대는 햇볕 아래 말린 알루미늄 빛깔의 아주 작은 물고기. 과속방지턱. 아주 위험한 과속 방지기. 거기다가 차도와 인도를 아주 위험하게 하는 자갈과 구멍이 한 무더기가 있어 밤에 특히 위험하다….

술에 취한 밤에 특히 위험하다. 그날 밤 시몽은 폴을 찾으러 호텔로 가 주 2회씩 반복된 일정에 따라 자기 집으로 데려가 저녁을 함께했고 술을 몇 잔 마시며 저녁 시간을 보냈다. 매번 폴은 저녁 식사 초대를 수락하는 데 죄책감을 느꼈다. 그는 여러 알리앙스 프랑세즈에서 자신이 운영한 아틀리에가 진행되는 동안 구상했던 그래픽노블 일을 했어야 했다. 그렇지만 저녁 6시가 되자마자 까만 밤이 내려앉고 폴이 머무는 안전한 숙소에는 죽음 같은 고요가 덮쳐왔다. 소음이라고는 길가에서 강아지가 헥헥대고 작게 낑낑거리는 소리뿐이었다. 수많은 벌레는 소리 없이 치열하게 모기장에 붙어 있었다. 그리고 이런 요소들로 인해 폴은 불안에 빠져 몸이 마비됐다. 시몽의 활기찬 자동차 경적에 따르는 게 나았다. 시몽은 더 이상 낮 동안 폴에게 정식으로 저녁 식사를 제안하는 수고를 들이지 않았다.

"우리 교민들은 여기에 하등 도움이 안 돼"

제레미 지역 출신 복음주의 신도인 요리사 카퓌신이 내놓은 음식의 재료는 늘 그렇듯 유엔과 비정부기구 관료 및 대사관 직원들이 이용하는 마트에서 사온 것들

이다. 먼저 노르웨이산 연어와 캘리포니아산 아보카도를 곁들인 유기농 샐러드가 나온 뒤 호주산 소고기로 만든 뵈프 부르기뇽이 상에 올랐고 마지막으로 카망베르는 우리 프랑스산이었다. 식사 내내 칠레산 보르도 와인을 곁들였으며 이탈리아 브랜드의 커피를 마셨다. 현지 식음료로는 유일하게 바르방쿠르라는 아이티산 럼을 몇 잔 마셨다. 그러고는 자리에서 일어났다. 저택 경비원은 총으로 머리를 쏴 자살하는 것 같은 자세로 총신에 이마를 기댄 채 오두막으로 된 경비실에서 졸고 있었다. 경비원에게 인사한 뒤 - 민주 사회에서 통용되는 예의 바른 행동이면서 그를 깨우는 용도이기도 했다. - 폴과 시몽은 숨 막히는 더위가 이어지는 정원을 지나 외교관 차량 번호판을 단 흰색 지프차에 탔다. 그리고 바로 얼음처럼 차가운 에어컨을 쐈다. 지프차는 400미터 떨어진 페티옹빌 중심지로 가고 있었다. 차 안에서의 대화는 평소보다 화기애애하지 않았다. 시몽이 운전을 하며 마리화나에 불을 붙이는데 폴이 불쾌한 질문을 던졌다.

"아이티 음식은 전혀 안 먹나요?"

시몽이 담배를 빤 뒤 연기를 내뱉고 냉소를 지으며 말했다.

"이게 말이죠, 토란이랑 지로몽 호박은 빨리 지겨워지거든요. 제가 아침 댓바람부터 토마토소스 스파게티를 먹었으면 좋겠어요?"

시몽이 말하는 어조가 상당히 공격적이라 폴은 당황했고 아무 말도 하지 않았다. 시몽이 말했다.

"무슨 생각을 하는지 알아요. 우리 교민들은 우리끼리 살고, 여기에 하등 도움이 안 된다고, 이 정도 월급이면 아이티 가족 20명 이상은 먹고살게 할 수 있다고 생각하잖아요. 무슨 말이 하고 싶은 거예요? 여기 사람들이 부패한 지도자들이나 쟁글랭도, 국제 범죄단 문제를 스스로 해결하게 내버려두라는 거예요?"

폴은 대답하지 않았다. 페티옹빌의 어두운 밤거리. 아직 영업 중인 매장의 쇼윈도에 비친 난폭한 빛이 점점이 조금씩 더 멀어져갔다. 폴은 전날 경찰서에 갔던 일을 생각했다. 폴에게 멘토링을 하는 지인이 폴에게 아이티 민간 사절단 '미시비'의 대표 한 명을 소개한 적이 있는

<제르멜>, 2001- 크리스티나가르니에

데 그 대표가 폴에게 경찰서에 동행할 것을 부탁했다. 대표는 어떤 단체의 간부 한 명이 어떤 상황에 처했는지 알아봐야 했다. 이 간부는 서민 주거 단지를 조성하기 위해 넓은 대지를 마련해 두었었다. 명백한 주택 부족 문제를 해결하기 위함이었다. 처음에 이 단체는 친'아리스티드'계 시장의 도움을 받았다. 그렇지만 그 이후 시장이 사직했고 땅 주인이자 아이티 최고 부자 중 하나인 뫼즈 가는 아리스티드의 도움을 받을 줄 아는 사람들이었다. 결국 그 간부는 누명을 쓰고 수감됐다. 구치소의 최대 구금 기간은 6개월이었다. 구치소는 밀집도가 너무 높아 재소자들이 결코 누울 수 없었으며 하루 종일 쭈그려 앉아 있었다. 수감된 흑인 모두가 쇠창살 너머로 그 간부를 보고 있었지만, 폴은 그가 백인이라는 이유 하나만으로 어떤 서류도 요구받지 않고 서양의 인권 대표부 직원을 동반할 수 있게 됐음을 깨달았다. 같은 이유로 폴은 그 간부가 저지를 수 있는 법 위반이 무엇

이든 그가 자신을 쳐다봤던 이들과 같은 상황에 놓이는 일은 절대 없다고 확인했다. 아이티 독립운동가 투생 투베르튀르의 저항이 있고 200년이 지난 지금 비인도적인 환경에서 수감된 검둥이들 앞에 흰 피부의 자유로운 내가 있다. (그리고 아이티인들은 내가 견딜 수 있는 한도 이상으로 탑탑이라 부르는 버스나 합승 택시에 꾸역꾸역 타는 법을 알았는데 그 모습을 회상했을 때 내 마음이 더 편했다고 말할 수는 없는 노릇이다.)

유엔에 실망한 아이티 시민들

폴은 이 모든 것을 일체 말하지 않았다. 폴은 그저 마리화나를 피웠고 프티 파리에 도착하자 일단 진토닉을 주문한 뒤 시몽에게 '로아(4)'에 대해 얘기를 꺼냈다. 그렇지만 이내 둘은 옆 테이블로 관심이 쏠렸다. 여자 넷이 잔을 들고 발기한 남근 모양의 케이크를 둘러싸고 다른 한 여성을 축하하고 있

(4) '로아(loas)'는 부두교의 신령들을 일컫는 말이다.

었다. 이 젊은 여성을 위한 처녀 파티였다. 피부가 아주 하얗진 않은 이 여성들은 모로 드 생메리의 계급 분류법으로 봤을 때 명백히 아주 높은 계급에 속해 있었다. 우아한 옷차림을 보니 이들이 아이티에서 지배 계급에 속한다는 것이 확실했다. 머리숱이 많고 조금 부자연스럽게 우아한 행동을 하는 이 혼혈 여성들은 아름다웠고, 긴 손톱 사이로 웃음을 터뜨리며 폴과 시몽을 오래 쳐다봤다. 시몽이 말했다. "저 여자들은 우리를 게이라고 생각해요." 폴은 "아닌가요?"라는 질문을 속으로 삭였다. 그 뒤로는 어디서나 볼 수 있는 웃긴 상황이 펼쳐졌다. 시몽이 팔을 들었고 사장이 —콧수염을 기른 또 다른 프랑스인이었다.— 여성들에게 옆 테이블에서 사는 거라며 샴페인을 담은 통을 가져다줬다. 서로 떨어진 상태에서 잔을 들었다. 합석하는 일은 결코 일어나지 않았다. 아름다운 숙녀 다섯이 갑자기 레스토랑을 나가는데 그들 곁을 지나갈 때에서야 겨

우 인사를 했다. 돌출된 두꺼운 아랫입술은 화려했고 태도는 상당히 거만했다. 두 남자는 직원이 문으로 안내할 때까지 화가 난 채 계속해서 술을 마셨다. 그나저나 내가 차를 어디다 댔지? 젠장. 아이티의 밤을 발길 닿는 대로 걸었다. 그러다….

'주님만이 희망 미용실'

그러다 이렇게 구덩이에 빠졌다고 폴은 회고했다. 이렇게 낙후된 곳에서는 핸드폰이 터지지 않기 때문에 폴의 핸드폰은 가방 바닥에 있다. 폴은 몇 시인지 알 길이 없어 지겨움을 느끼기 시작했다.

"유엔 표시가 붙은 차량이 자유로운 분위기를 가져다줄 것 같았지만 이제 거리의 시민들은 더 이상 그렇게 보지 않아. 시민들은 바늘 하나 들어갈 틈 없이 폐쇄적인 집단에 속한 이들의 거만함만 볼 뿐이야."

그는 시몽이 있다고 상상하며 말했다. 시몽의 부재로 인해 정말로 짜증이 나기 시작했다. 불안이 밀려오자 폴은 수첩을 다시 훑어봤다. 10대 학생들 수백 명의 손에 들린 학교 노트. 이 학생들은 달달 외울 생각으로 수업 내용을 낮은 목소리로 읽고 또 읽기 위해 상점이나 알리앙스 프랑세즈의 불빛을 찾아갔다. 펌프 연사식 12구경 총. 은행, 상점, 개인 주택, 심지어 빵집에도 있는 경비원의 무기다. 간 얼음에 시럽을 넣어 파는 상점 주인의 빙수 컵. 여기에는 '주께서 구원하신다'라는 글귀가 쓰여

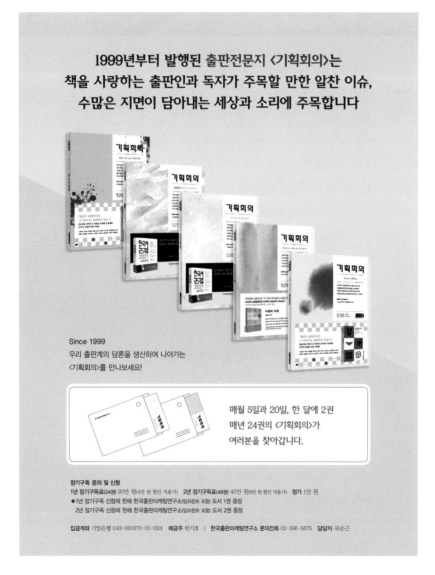

있다. 도처에서 볼 수 있는 믿음을 선포하는 글귀. '나를 기다리시는 주님 익스프레스'라는 이름의 배, 탑탑 버스 곁에는 '주님만이 희망 미용실'과 '주님 감사합니다'. '주님이 최우선, 복사, 문서 처리, 화장품'이 쓰여 있다. 사랑하는 사람에게 전화하기 위한 MCI 카드(애틋한 통화에 1달러)….

생각이 여기까지 미치니 폴은 볼을 타고 흐르는 눈물이 느껴졌다. 그가 울부짖으려 하는데 누군가 그를 불렀다. 그는 단번에 누구의 목소리인지 알아봤다. 콧수염이었다! 콧수염은 침착하게 "거기서 꺼내 줄게요"라고 말했다.

비참한 상황에도 희망을?

안도감이 해일같이 몰려오면서 오만가지 생각이 넘실거렸다. 폴은 섬의 어둡고 깊숙한 구덩이에서 구출된 뒤 대사관 지프차에 앉아 계속 상충되는 생각을 했다. 지금 이 순간 자신이 아이티를 미친 듯이 사랑하는지, 아니, 증오하는지 말하지 못할 것이다. (프랑스어에서는 haïtie-아이티와 haïr-증오하다의 철자가 비슷하다-역주) 생각들이 뒤섞였다. 엉덩이에 주사를 맞는데도 폴은 생각에… 많은 생각에 빠져 있었다. 어쩌면 진통제의 영향일지도. 그렇지만 어쨌든 그는 자신이 틀렸다고 생각했다….

아이티에 호의를 갖고 있는 콧수염들, 많은 콧수염들, 수많은 시몽, 그리고 인도주의 또는 평화 유지 단체들의 약어가 적힌 흰색 차량들과 함께라면 아이티는 곧 구덩이에서 나오게 될 것이다. 물론 도벽이 있는 정치권이 특권을 포기하고, 국제 마피아가 영향력을 포기하고, 높은 급여를 받는 북미권 유엔 간부들이 남들보다 월급이 100배 낮은 판사들에게 부패에서 벗어나라고 설득하는 데 성공하고, 농촌을 망가트렸던 세계 경제 지도자들이 해결책을 받아들이도록 하는 일은 어려울 테지만, 해낼 것이다. 20세기의 마지막 해였다. 폴은 유엔과 비정부기구가 저지른 모든 잘못에도 불구하고, 21세기 첫 10년 동안 이 기관들의 지원이 마침내 치안이 안 좋고 비참

한 상황을 완전히 몰아낼 것이라는 데 희망을 걸었다. 폴은 이 아름다운 희망을 품은 채 잠이 들었다. ⓓ

**크리티크M 6호
『마녀들이 돌아왔다』**
권당 정가 16,500원

글·세르주 쿠아드루파니 Serge Quadruppani
번역가, 소설가, 에세이스트. 최근작으로는 『Maldonnes 잘못』(Métailié, 2021)과 『Une histoire personnelle de l'ultragauche 극좌파의 개인적 이야기』(Divergences, 2023)가 있다. 이 가상의 이야기는 1999년 아이티 체류 당시 쓴 메모에서 시작됐다.

번역·김은혜
번역위원

중동에서 중앙 아프리카, 사헬, 아프가니스탄까지

다시 건재함을 과시하는 IS

이슬람국가(IS)는 2019년 국제 공조 덕분에 패배한 듯 보였으나 산발적으로 각종 테러와 유혈 사태를 일으키면서 건재함을 과시하고 있다. 경제 불황, 정치 위기, 오래된 지역 분쟁을 기회로 삼아 이 변화무쌍한 악의 무리는 세계 곳곳에서 여전히 막강한 지하디즘의 세력을 보여준다.

장 미쉘 모렐 ▌기자, 온라인 신문 〈오리앙XXI〉 편집 위원

다에시(Daech)라고 불리기도 하는 이슬람 극단주의 조직 IS(이슬람국가)는 올해 1월 3일 이란 남동부 케르만에서 가셈 솔레이마니 추모식 도중 일어난 테러(103명 사망)가 자신들의 소행이라고 주장했다. 솔레이마니는 이슬람 혁명수비대 산하 쿠드스군 사령관이었던 2020년 1월 미군 드론 폭격으로 사망했다. 시리아와 이라크에서 이슬람 공화국의 해외 작전을 지휘했던 가셈 솔레이마니는 바샤르 알아사드 시리아 대통령 군대와 이라크 시아파 민병대를 지원하면서 수니파 무장단체와 전투를 벌였다. IS는 〈텔레그램〉 채널을 통해 이번 추모식 테러 공격은 2017년 이래 이란에서 벌인 4번째 테러로 시아파를 포함한 '배교자들의 대형 집회'에서 "팔레스타인의 무슬림을 지지하기 위해" 자행했다고 밝혔다.

이 성명을 통해 IS는 가자 지구에서 팔레스타인인 학살에 관여하려는 의도를 보인다. 물론 IS는 이런 유사 상황은 비일비재하며 무슬림 세계에서 벌어지는 수많은 '재앙' 가운데 하나일 뿐이라고 말한다. 그러나 "발견하는 즉시 죽이라"는 시아파에 대한 폭력적 슬로건을 보면 IS는 이스라엘을 지칭하는 '시온주의 집단'뿐만 아니라 '배교자' 전체를 적으로 명시하고 처단하려는 것이다.

IS가 세력을 확장하는데 유리한 환경들

2014년 여름 IS가 선포한 '칼리파국'의 쇠퇴 이후 2019년 이 무장단체는 와해되는 듯했으나 오히려 내부 반란 조직은 독단적 행동의 폭을 넓혔다. 게다가 중동을 비롯한 전 세계의 지정학적 불안정성, 기후 변화, 식량부족, 팬데믹, 지역 분쟁, 일부 무능한 정부, 그리고 튀르키예 보안군 철수는 IS가 다시 세를 확장하는데 유리한 환경을 조성했다. 사실 14개국의 군사 공조, 지하디스트 격퇴를 위한 아랍, 쿠르드, 시리아 군사동맹인 시리아 민주군(SDF)의 지원, 그리고 이란의 매우 효과적이었던 개입 덕분에 5년간 이어진 전쟁 끝에 결국 IS는 패했다. 그러나 이 패배가 그들의 회복력과 해악성까지 훼손하지 못했다.

2023년 8월 3일 시리아 이들립 지역에서 하야트 타흐리흐 알 샴 시리아 반란군과 교전에서 IS의 4대 칼리프 아부 알후세인 알후세이니 알 쿠라시가 사망하자 이 무장단체는 즉각 아부 하프 알하시미 알쿠라시를 6번째 지도자이자 5대 칼리프로 지명했다. 이 5대 칼리프의 성은 예언자 무함마드 출신 부족인 쿠라이시에서 따 온 것이다. 언론에서 크게 다루지 않았지만 IS의 위협은 사라지지 않았다. 2023년 12월 이스탄불과 앙카라를 비롯한 튀르키예의 7개 도시에서 보안군과 정보국은 유대교 사원, 교회, 이라크 대사관 테러를 모의한 IS 조직원 32명을 체포했다.

시리아에서도 지하디스트 단체들이 중부 광활한 사막 지역인 바디아에 은신하고 있다. 그리고 이 비밀기지에서 오토바이나 트럭을 기관총으로 무장하여 베두인족을 기습 공격한다. 2023년 봄, 송로버섯을 채취하던 베두인족 주민 150명 사살하고 수확물을 탈취했다. 이 버섯은 맛과 향이 좋아 매우 비싸게 팔리는 품종이다. 뿐만 아니라 이들은 목동들을 공격해서 가축들도 훔친다. 많은 무슬림들은 이 이슬람 극단주의자 지하디스트를 '타크피리'(다른 무슬림을 배교자라고 비난하며 파문하는 사람)라고 부르며 두려워한다.

시리아 알 아사드 정부 군대도 IS의 공격을 피하지 못하고 있다. IS는 데이르 에조르, 아사카, 라카, 알렙 주에서 시리아 민주군(FDS)을 24차례나 공격했다. 또한 지난 10년 동안 IS에 가담한 죄목으로 수감 중인 조직원들의 탈옥을 감행하기도 했다. 이 조직원들 대부분은 자국 정부가 본국 송환을 거부한 외국인들이다.

IS, 갈등이 심한 나라들에서 연이어 세력 확장

그리고 이라크에서도 IS의 활동이 감지되었다. 2003년 미국의 침공으로 황폐화된 이 나라는 정세가 불안정하고 지역 간, 종파 간 갈등이 이어지고 있다. 이 상황에서 이란 혁명수비대가 지원하고 훈련시키는 시아파 민병대도 이곳에서 IS와 대립하고 있다.(1) 그리고 쿠르드자치부(KRG)의 두 거대 정당 PDK와 UPK는 서로 적대적 관계로 각자 군사조직 페슈메르카를 양성한다. 이렇듯 정치적 분열이 지속되고 고위층의 만성적인 부정부패가 끊기지 않는 상황에서 이라크 정부는 키르쿠크

<죽음의 승리>, 15세기 - 작자 미상

(1) Adel Bakwan 'L'emprise croissante des milices en Irak 커져가는 이라크 용병의 장악력', <르몽드 디플로마티크> 프랑스어판, 2023년 10월.

(2) Lauren Perpigna Iban, 'En Irak; le retour de Daech 이라크, 다에시의 귀환', <르몽드 디플로마티크> 프랑스어판, 2021년 12월.

(3)'"Si vous craignez pour vos vies, quittez le Sinaï" Exactions des forces de sécurité égyptiennes et d'un groupe affilié à l'Etat islamique au Sinaï Nord. Résumé et recom-mandations 생명이 위태롭거든 시나이를 떠나세요!", 시나이 북부 이집트 보안군과 이슬람 정부 조직의 수탈. 개요와 권고안', Human Rights Watch, 2019년 5월. http://www.hrw.org/sites/defaut/files/report_pef/egypt0519fr_sumrecs.pdf

(4)'République démocra-tique du Congo, l'avenir incertain. Provinces de l'Est, la prolifération des groupes armés 콩고민주공화국, 불확실한 미래. 동부지역, 무장단체의 확장', <France Culture>, 2023년 12월 12일.

지역을 중심으로 보안군, 민간인, 그리고 시설물을 공격하는 이슬람 극단주의자들을 제압하기에는 역부족이다.(2)

IS는 중앙 정부와 배척당하는 민족 간 갈등이 심했던 나라에서도 세력을 키우고 있다. 이집트의 시나이 북부 지역의 경우 낙후 지역으로 실업률과 빈곤율이 높다. 그래서 이 지역 베두인 주민은 여러 범죄(무기, 마약 밀수, 이스라엘로 향하는 에리트리아, 수단인 이주민 납치)에 가담하고 결국 IS의 조직원이 되기도 한다. 물론 이 지역에서 2014~2018년에 일어났던 도발적인 분쟁은 사라졌다. 다행히 IS에 대항하여 베두인 부족이 결집하고 이스라엘의 군사 협력을 지원했기 때문에 이집트 군대는 성공적으로 IS 소탕작전을 펼쳤고 하마스도 지하디스트를 진압하는 데 일조했다. 그렇다고 해서 이 지역에 평화가 찾아온 것은 아니다. 국제인권감시기구(Human Rights Watch)의 보고서는 "시나이의 주민들이 민병대와 교전을 벌일 때, 이집트 보안군은 주민들을 보호하기보다 오히려 업신여기면서 주민들의 일상을 끝없는 착취로 고통받는 지옥으로 만들었다."고 폭로했다.(3) 이러한 태도 때문에 이집트 정부에 대한 불신은 깊고 테러리스트의 선전 문구는 지지를 받고 있다.

IS는 내부 분열을 이용하기도 한다. 리비아는 2022년 3월 유엔의 군사 개입을 받아들이면서 혼란에 빠졌다. 그러자 IS의 조직원들은 지중해 연안 지역에 있는 수르트와 주변 지역을 장악하기 시작했다. 결국 이들은 주민들에게 종교적 폭정을 벌이다가 추방당했지만, 차드 국경 근처 키레나이카에 자리를 잡고 리비아 내전 주동자 칼리파 하프타르 총사령관이 이끄는 리비아국민군(ANL)과 빈번히 충돌하고 있다.

IS는 또한 콩고 민주 공화국에도 눈독을 들이고 있다. 특히 콩고의 동부 지역을 노리는데 이 지역은 킨샤사 군과 무장단체 연합 민주군(ADF)를 포함한 여러 민병대 간 전투로 초토화된 곳이다. ADF는 우간다군의 동맹군으로 '정글 속에서 고군분투'하기로 유명하다.(4) 모잠비크에서도 IS의 행보가 이어지고 있다. 카보 델가드는 가스 개발로 인한 경제적 이득을 누리지 못하자 알쉐밥(아랍어로 '젊은이'라는 뜻) 운동이 거세지면서 시민들이 폭동을 일으켰다. IS는 이 폭동 단체들과 연대하기 위해 이슬람국가 중앙아프리카 지부(ISCAP)를 설립하고 부룬디, 탄자니아, 케냐 출신 조직원을 모집했다.

나이지리아 북동부는 하루 2달러 미만으로 살아가는 빈곤층이 인구의 절반이나 된다. 이곳에서 IS는 이슬람국가 서부아프리카 지부(ISWAP)라는 이름으로 빈민층 조직원들을 영입하고 자신들의 건재함을 알리고 있다. 나이지리아에서는 ISWAP와 더불어 이슬람 극단주의 무장세력 보코하람 산하 두 개의 조직이 활동하고 있다. 한 조직은 이미 IS에 가입했고 또 다른 조직은 차드 호의 연안에 자리를 잡고 낚시꾼들을 갈취하고 카메룬 북쪽 지역에서 약탈을 일삼는다. 게다가 주거지를 침입하거나 가축을 훔치면서 주민들을 겁박한다. 그래서 2015년 아프리카 연합은 베냉, 카메룬, 니제르, 차드의 군대로 구성된 다국적 연합군(FMM)을 창설했다. 그러나 국제인권감시기구(Human Rights Watch)는 차드 호 연안 지역에서 FMM이 임의적 처형을 집행하고 독단적인 체포와 고문을 자행하고 있다고 폭로했다.

다른 아프리카 지역도 마찬가지다. IS는 사헬 지역을 주요 본거지로 만들고 있다. 이들은 알카이다 소속 군조직을 장악한 다음

이슬람국가 그레이트사하라지부(ISGS)를 설립하고 말리, 부르키나파소, 니제르가 접한 '세 개 국경' 지역에서 살해와 약탈을 일삼았다. 그런데 이 지역에서 쿠데타가 반복되자 프랑스군이 활동을 중단했고 주민 대부분의 지지를 받은 신정부 당국이 결국 프랑스 군대의 철수를 요구했다. 이 어수선한 상황을 틈타 IS는 더욱 활개를 쳤다. 마침내 2023년 6월 16일 말리의 요구로 유엔은 유엔평화유지군(Minusma)을 철수하기로 결정했다. 유엔평화유지군과 프랑스 특수부대가 떠나자 지하디스트는 기회를 잡았다. 그때까지만 해도 IS가 본격적으로 침투하지 않았던 이웃 니제르에서 적극적으로 활동을 개시했다. 지난해 8월부터 IS는 공격을 이어가고 있고 보안군, 방위군 28명이 목숨을 잃었다.

IS는 아프가니스탄과 아라비아반도까지 영역을 확장했다. IS는 도하 협상에서 미국에게 이슬람국가 호라산(ISIS-K)의 해산을 약속했지만, 탈레반 정부는 아직 시아파 소수민족 하자라족에 대한 광적인 폭력 사태를 막지 못하고 있다. 게다가 ISIS-K는 소수민족 타지크인을 다수민족인 파슈툰인으로부터 보호하면서 민족 간 대립을 부추기는 전략을 쓴다. 그리고 중앙아시아, 코카서스 출신 전투병과 무장단체 하카니 네트워크의 급진성향 심복들을 조직원으로 차출하고 있다. 알카이다와 친분이 두터운 하카니 네트워크의 수장 시라주딘 하카니는 아프가니스탄 신정부의 내무부 장관으로 임명되었다. 아프가니스탄 탈레반 정권은 하자라족을 보호하는 데 성공하지는 못했으나 지하디스트가 '칼리파국'을 재건하려는 계획은 막았다. 그러나 1인당 국민 소득이 전 세계에서 가장 낮아서 유엔의 보조금으로 겨우 연명하는 이곳에서 IS는 사회와 안보의 붕괴 속에서 힘을 키우고 있다.

'외로운 늑대' 테러 뒤에는 IS의 그림자가…

예멘에서도 IS와 알카이다 아라비아반도지부(AQAP)가 아라비아해 연안과 예멘 북부지역에서 대립하고 있다. 8년간 이어진 분쟁 끝에 '평화도, 전쟁도 없는' 상태가 되었고 대통령이 지지하는 동맹군(사우디아라비아가 주도)과 이란이 지지하고 있는 후티 반군이 어렵게 협상을 시작했으나 끊임없이 싸우는 IS와 AQAP가 존재하는 한 평화와 안전이 보장되는 과거의 '행복했던 아라비아'를 되찾을 수 없을 것이다.

IS는 동쪽으로 영역을 확장하기 위해 중앙아시아의 구소련국가(카자흐스탄, 키르기스스탄, 타지키스탄, 투르크메니스탄, 우즈베키스탄)에 게릴라 조직을 설립했다. 그러나 이 국가들의 강압적인 체제를 상대하기 만만치 않았고 중국과 러시아가 이슬람 극단주의자들이 국경을 넘지 못하게 막아서자 IS는 주춤했다. IS는 그 대신 조직원 모집에 박차를 가했다. 우즈베키스탄 이슬람운동(IMU)은 IS에 충성을 맹세했고 위구르, 체젠, 우즈벡, 타지크, 키르기스, 카자크, 투르크엔 지원자들을 적극적으로 모집했다. 그리고 이 지원자들은 2017년 시리아-이라크 '칼리파국'의 가장 용맹한 전투부대 요원들이 되었다. 그리고 2년 뒤 이 조직이 와해되자 몇몇은 시리아 이들립의 반란군 부대에 가담했고 또 몇몇은 아프가니스탄으로 가서 전투를 이어갔다.

IS는 동남아시아도 손에 넣으려는 시도를 했다. 필리핀의 민다나오섬에서는 이미 오래전부터 소수 무슬림이 인구의 다수를 차지하는 기독교인의 권력을 빼앗기 위해 투쟁하고 있다. 2017년 IS는 민다나오의 유격병을 영입하여 필리핀의 최대 무슬림 도시인 마라위를 장악하기도 했다. 하지만 필리핀 정부군이 이들을 마라위 남쪽 호수 근처 지역으로 내쫓는 데 성공했다. 유럽의 경우 지하디스트의 마지막 테러는 2020년 오스트리아 비엔나에서 일어났다(사망 4명, 부상 23명). 이후 자생적 테러리스트 '외로운 늑대들'이 계속 테러 공격을 자행하고 있지만, IS가 배후에 있는지 없는지는 알 수 없다. IS는 항상 사태가 수습되고 나서야 성명을 통해 독단적인 테러였다고 발표하기 때문이다. **LD**

글·장 미셸 모렐 Jean Michel Morel
기자, 온라인 신문 <오리앙XXI> 편집 위원

번역·정수임
번역위원

누구를 위해, 무엇을 향한 열차 노선인가?

멕시코, 논란 속의 "마야"라는 이름의 열차

안드레스 마누엘 로페스 오브라도르 현 멕시코 대통령은 큰 인기를 누리고 있음에도 불구하고 2024년 6월 대통령 선거 후보로 나설 수 없다. 멕시코 헌법의 연임 금지조항 때문이다. 안드레스 마누엘 로페스 오브라도르 대통령 임기 중, 멕시코는 화려하게 국제 정치 무대로 귀환했다. 그러나 그의 최대 역점 사업인 멕시코 남부 지방을 잇는 열차 기반 시설을 구축하는 프로젝트는 많은 논란을 불러일으켰다.

루이스 레이가다 ▮〈르몽드 디플로마티크〉 특파원

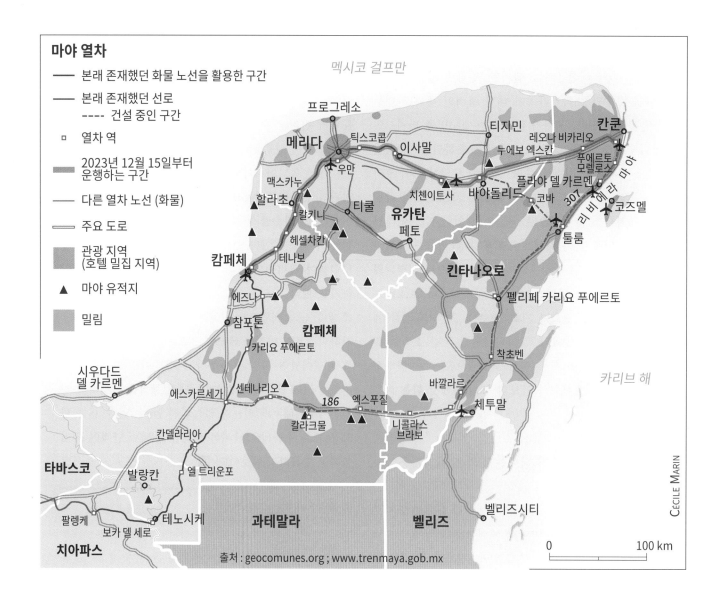

출처 : geocomunes.org ; www.trenmaya.gob.mx

2022년, 승객은 3,000만 명 이상이었다. 기록을 경신했다. 멕시코의 칸쿤 공항은 하루 평균 뜨고 내리는 비행기가 500편에 이른다. 라틴 아메리카 행선지 중 선두에 있다. 시카고, 마드리드, 프랑크푸르트, 보고타, 토론토, 이스탄불 등 수많은 도시에서 도착하는 비행기가 줄을 선다. 미국 관광객이 가장 많고, 세계 각지에서 관광객들이 몰려든다. 이곳은 봄 방학을 보내기 좋은 도시다. 멕시코 카리브 해안과 리비에라 마야 해변에 즐기려고 오는 방문객들이 많다. 게다가 칸쿤은 유카탄반도에 접근할 수 있는 입구다. 유카탄반도는 열대 기후의 광활한 고원인데 자연이 아름답고 문화유산이 풍부하기로 유명하다.

관광뿐만 아니라
사회문제와 환경문제 고려해야

여기서부터 몇 걸음 떨어진 곳에 '칸쿤-공항' 역이 들어설 예정이다. '마야 열차'라고 이름 붙여진 철도 네트워크의 미래 중심지가 될 장소다. 2018년부터 멕시코 대통령이 된 안드레스 마누엘 로페스 오브라도르 대통령이 추진하고 있는 이 거대한 프로젝트는 190억 유로 이상이 투입될 것으로 추산된다. 이번 2024년에 1,554km의 철도 노선이 개통된다. 이 철도는 고리 모양으로 이어져 있는데, 멕시코 유카탄반도의 3개 주(캄페체, 유카탄, 킨타나로오)를 가로지르고 타바스코주를 거쳐 치아파스주에 도착한다.

지역의 주요 도시들을 연결해 연간 최대 300만 명의 승객을 정기적으로 수송할 42개 열차를 운영할 예정이다. 이 마야 열차는 현재 해안가에 집중된 관광객의 동선을 분할하려 한다. 역사적으로 국가에서 방치했던 지방의 발전을 도모하기 위해서다. 요컨대 멕시코 정부의 말에 의하면 "경제를 촉진하고 결과적으로 거주민들의 삶의 질을 개선하고자" 진행하는 프로젝트다.(1) 그러나 여기서 말하는 "결과적으로"에 모두가 동행하는 것은 아니다.

50여 년 전, 관광진흥기금(Fonatur)은 "완전히 계획형으로 건설되는" 새로운 해수욕장을 칸쿤에 만들기로 약속한 바 있다. 이전에는 순수한 정글과 텅 빈 해변으로 둘러싸여 있던 어부들의 섬이었다. 지금은 매년 관광객으로 인해 수십억 유로를 벌어들이고 있지만, 고급 호텔이 즐비한 지역에서 보내는 아름다운 엽서 이미지 뒤에는 이 프로젝트가 특히 사회적 측면에서 명백하게 실패했음을 보여주는 요소가 숨어있다.

호화로운 호텔의 뷔페나 항구에 드나드는 화려한 크루즈 선박과 거리가 먼 곳에서는 200개 이상의 불법 주거 지역이 띠처럼 이어져 형성돼 있는 빈곤 지대가 있다. 이 지역은 인접해 있는 정글을 갉아먹으며 확장 중이다. 여기서 거주하는 250만 명의 사람들 대부분은 수돗물이나 하수 처리 시스템은 물론, 때로는 전기도 없이 임시로 지은 낡은 집에서 살고 있다. '모든 것을 갖춘' 완벽한 호텔은 이 원주민들의 노동력을 착취한다. 2023년 르노 라리아공 감독이 만든 〈마야폴리(Mayapolis)〉(2023)(2)라는 다큐멘터리 영화에서 보여주듯 이곳에서는 "하는 일이 인종별로 분리"돼 있다. 멕시코 역사상 첫 좌파 대통령인 안드레스 마누엘 로페스 오브라도르 대통령은 마야 열차 프로젝트를 관광진흥기금에 맡겼는데, 이는 그의 진영에서도 우려하고 있는 부분이다.

"관광만 고려할 것이 아니라 우리는 사회 문제와 환경 문제도 고려해야 합니다."

(1) 멕시코 정부 공식 사이트 내 마야 열차 관련 페이지, https://www.gob.mx/

(2) 유튜브에서 시청 가능.

2019년부터 당시 관광진흥기금 총괄 이사였던 로젤리오 히메네스 폰스는 칸쿤 사례를 언급하며 절대 따라서는 안 되는 선례라고 강조했다.(3)

"재규어만 토실토실, 아동들은 굶주려"

정부는 선한 의도로 프로젝트를 진행하고 있다는 사실을 입증하기 위해 국제연합의 다양한 기구와의 긴밀한 협력을 진행하고 있다. 국제연합은 이번 프로젝트가 "토지 개발, 기반 시설 건설, 경제 성장 그리고 거주민들의 사회적 복지를 목표로 지속 가능한 관광 개발 등 전반적인 영역을 아우르는 프로젝트"임을 보증한다.(4) 그리고 80%가 식물로 덮인 지역에서 진행되는 프로젝트인 만큼 환경적 영향을 우려하는 이들에게 히메네스 폰스 이사는 "사람이 우선"이라며, "재규어만 토실토실하고, 아동들은 굶주리는 이 나라에는 균형이 절실하다"라고 말했다.(5)

연방 고속도로 307노선을 타고 남쪽으로 가면 리비에라 마야 해변이 우리를 맞이한다. 외부인 출입제한 주택지의 장점을 나열한 광고판이 가득하다. 입구에서부터 위풍당당함을 경쟁하느라 정신없는 고급 주택가와 5성급 리조트들이 보인다. 그 가운데 2023년 12월에 문을 연 로얄톤 스플래쉬 리비에라 호텔이 있다. 1,000개의 객실과 12개의 레스토랑, 휴양객들만 이용할 수 있는 워터파크 시설을 자랑한다. 내륙으로 더 들어가면 마야 철도망 제5구간이 간선도로와 평행하게 110km까지 뻗어있다. 환경 단체로부터 가장 많은 비판을 받는 구간이다. 이 노선을 만들기 위해 60m 폭의 산림 지대를 훼손해야 했다. 관광진흥기금에 따르면 220만

그루의 나무가 "베어지거나 이동"됐다고 한다.(6) 그린피스는 이를 두고 "멕시코의 다양한 환경법과 국제 협약을 위반한 것"이라고 목소리를 높였다.(7)

몇 달 후에 이 구간의 첫 번째 기차역이 위치할 장소는 현재 그저 먼지가 잔뜩 낀 거대한 공사 현장일 뿐이다. 수십 헥타르에 달하는 빽빽한 숲을 목재 절단기로 싹 다 밀어버렸다는 사실을 우리는 어렵지 않게 짐작할 수 있었다. 수십 대의 덤프트럭과 노동자를 실은 소형 트럭들이 태양이 쨍쨍하게 내리쬐는 가운데 스쳐 지나갔다. 향후 철도 노선이 깔릴 구간을 따라 크레인들이 쭉 줄지어 나열돼 있었다. 우리는 '북부 제5구간'에 도달했다. 멕시코군 공병대 색상으로 '북부 제5구간'이라고 쓰여 있는 현수막이 휘날리고 있었다. 기존의 대형 프로젝트에서도 그랬던 것처럼 대통령은 이번 건설 프로젝트 책임을 멕시코 국방부에 위임했다. 국방부에서는 이 프로젝트의 3분의 1, 즉 550km에 해당하는 구간 건설과 6개의 대형 호텔 건립을 담당하게 됐다. 이 건설 현장에서는 약 3만 명의 사람들이 일하고 있고 2,000개 이상의 굴착기와 불도저가 투입됐다.

마야 열차가 초래할 '생태계 파괴'

공중에서 철도를 지탱하게 될 고가 도로 공사가 한창이었다. 공사 현장 사진을 몇 장 찍자마자 한 군인이 달려와 우리에게 현장을 떠나라고 명령했다. 현재 마야 열차 건설은 국가 안보 문제에 속하는 프로젝트다. 미국 정부가 "'가짜 환경보호론자' 그룹으로부터 재정을 지원받았다"고 비난하며 간섭하려는 움직임을 보이자 이에 대한 경계가 높아졌기 때문이다.(8) 국가 안보 프로젝트로 분류되

(3) Juan Luis Ramos, 'Será el Tren Maya polo de desarrollo: Jiménez Pons', <El Sol de México>, 2019년 1월 19일.

(4) 'El trabajo de la ONU en relación con el proyecto del Tren Maya', 2020년 7월 18일, www.unesco.org

(5) 'Fonatur: "Obvio" que habrá daño al medio ambiente', <Diario de Yucatán>, Mérida, 2019년 2월 6일.

(6) 관광진흥공사의 공개 정보에서 발표한 수치, 2023년 2월 21일.

(7) Greenpeace Mexico, 'Análisis técnico de la Manifestación de Impacto Ambiental Regional tramo 5 norte del Tren Maya', 2022년 8월 16일.

(8) 'Tren Maya fue decla-rada obra de seguridad nacional por intervención de EU, afirma AMLO', El <Financiero>, Mexico, 2022년 7월 25일.

자 마야 열차 건설 계획은 행정 절차를 면제받았고, 이 프로젝트를 저지하기 위해 나선 환경운동가들이 내세운 법적 절차 역시 피해 갈 수 있었다.

또한 열차 운행이 시작되면, 군대가 공기업에 준하는 기업을 통해 철도망 전체 운영 관리를 담당할 예정이다. 멕시코는 부패로 유명한 국가다. 그런데도 2021년 말, 안드레스 마누엘 로페스 오브라도르 대통령은 "국방부를 이용하면 좋은 관리 운영을 보장받을 뿐 아니라, 민영화 위험을 방지할 수 있다"고 말했다.(9)

여기서 몇 킬로미터 떨어진 곳에서 한 그룹의 노동자들이 타마린드 주스나 부서진 얼음으로 가득 찬 오르차타 음료를 한껏 마시며 갈증을 풀고 있었다. 국방부와 계약을 체결한 기업에서 일하는 가브리엘라 레예스 건축가는 의심의 기색이 없었다. 마야 열차 건설이 환경에 미칠 영향을 최소화하기 위해 모든 노력을 다하고 있다는 것이었다. "공사를 시작하기 전부터 우리는 환경부에서 파견

한 팀과 함께 동·식물 목록을 작성했습니다. 악어, 거북이, 뱀, 개구리 등이 있었습니다. 동물들을 보호 구역으로 옮기기 위해 수의사 팀도 동원했습니다."

그의 동료도 환경보호론자들의 요구를 수용하기 위해 철도 노선을 여러 차례 수정했다고 강조했다. "게다가 여기 이 구간은 식물들이 잘 자라게 하기 위해 철길을 한층 높이기로 했습니다. 그리고 철도망 중 상당히 많은 구간이 기존 철도 노선을 그대로 이용할 예정입니다. 그러므로 산림을 파괴할 필요도 없습니다."

그러나 멕시코 환경법 센터(Centro Mexicano de Derecho Ambiental, CEMDA)는 이 프로젝트가 전반적으로 "2,500헥타르의 열대우림"을 파괴하고 자연 보호 지역에 직접적으로 영향을 미친다고 비난했다.(10) 열차에 반대하는 이들은 "생태계 파괴"라고 목소리를 높이면서 멕시코 우파 정당이 환경보호에 관한 목소리를 내주길 기대한다. 멕시코 정부는 이들 비난에 맞서기 위해 과거

(9) Emmanuel Carrillo, 'Entrega de obras de infraestructura al Ejército es para evitar su privatización: AMLO', <Forbes México>, 2021년 11월 4일.

(10) www.cemda.org.mx/tren-maya (2023년 11월에 참고한 사이트).

<캄페체주, 아로(Haro) 마을, 마야 열차 제1구간 건설 때문에 살고 있던 집이 파괴되어 쫓겨난 거주민들이 임시로 거주하고 있는 9번 지구>, 2022 - 호세 루이스 곤잘레스

대선 후보였던 에콰도르 원주민 운동가인 야쿠 페레스 같은 국제 인사들의 지원 사격을 받으며 자신이 얼마나 환경보호에 적극적인지 상기시키고자 노력했다. 현재 정부가 약 5억 그루의 나무와 과수를 45만 헥타르에 심는 프로젝트를 진행하고 있으며, 이는 세계 최대 규모의 재조림 프로젝트라는 사실을 강조하고 있다.

"자연보호구역을 확장하고 심지어 새롭게 자연보호구역을 만든 건 사실입니다. 그러나 그 자연보호구역이 생태통로와 연결돼 있지 않아서 특정 고유종을 보호하는 데 쓸모가 없습니다." 환경 교육 전문 기관인 '재규어 야생동물 센터(Jaguar Wildlife Center)'의 공동 책임자인 라울 파딜라는 이렇게 주장했다. 그는 '셀마메 델 트렌(Selvame del Tren, 열차에서 나를 구해달라는 의미)' 단체와 함께 정부 당국이 환경 영향 평가를 왜곡하고 있다고 비난했다.

예를 들자면 멸종위기종 중 하나이자 생태계 균형을 조절하는 데 중대한 역할을 맡고 있는 재규어의 존재를 연구에서 누락시켰다는 것이다. 혹은 바다에 뚫려있는 해저 동굴에 서식하고 있는 생태계나 멕시코의 자랑이자 전 세계 동굴 탐험가로부터 찬사를 듣고 있는 세노테(Cenote, 카르스트 지형)에 마야 열차가 미치는 영향을 최소화하고 있다 한다. 파딜라는 지역 전반적으로 벌어질 환경 재앙을 염려하고 있다. "열차는 통제하기 어려울 정도로 도시를 발전시킬 겁니다." 그는 야생동물 촬영용 카메라로 최근에 찍은 동물 사진들을 컴퓨터 화면에 펼쳐 놓았다. 퓨마, 노루, 회색 담비, 주머니쥐 등 다양한 동물이 찍혀 있었다. "정부가 뭐라고 하든 간에, 산림 파괴는 심해질 수밖에 없습니다."

"'범죄의 해변'이 되기를 원치 않아"

푸에르토 모렐로스의 평화로운 해변의 중심에 위치한 광장에서 우리는 레이문도 알마르테를 만났다. 그는 쿼드 바이크를 타고 정글을 안내하는 투어 관광 가이드다. 그는 "결과적으로 멕시코인을 돕는" 프로젝트에 항의하는 이들에게 분노를 표했다. 20년 동안 관광업계에

있었던 그는 200km 해안지대를 속속들이 안다고 자부했다. "유럽인과 '그링고(Gringo, 멕시코에서 미국인을 뜻하는 속어)'가 모든 것을 파괴하러 왔을 때는 아무도 불평하지 않던데요." 그는 화난 목소리로 투덜거리면서 말을 이었다. "스페인 대형 호텔 경영자들이 거의 전 해안을 소유하고 있습니다. 수십 년 동안 숲을 파괴하고 해안가에 건물을 건설하고 오염수를 카리브해에 방출하고 있습니다. 그 사람들이 벌써 파괴한 맹그로브 숲이 수천 헥타르는 될걸요?"

레이문도의 걱정은 따로 있었다. "우리는 여기가 '플라야 델 크리멘(범죄의 해변)'처럼 되기를 원치는 않습니다." 그는 인근의 '플라야 델 카르멘'에 붙여진 별명을 들먹였다. 리비에라 마야의 중심지라고 할 수 있는 도시 플라야 델 카르멘은 실제로 폭발적인 인구 증가를 경험했다. 1980년에 1,000명도 안 되던 주민 수가 오늘날 무려 30만 명 이상이 됐다. 관광객이 쇄도하자 탐욕에 눈먼 이들이 폭력적인 카르텔을 형성했다. 신나는 전자 음악이 들리는 해변에서 자동소총을 눈에 띄게 들고 다니는 군인을 마주치는 일은 일상이 됐다.

푸에르토 모렐로스에서 남쪽으로 15km 떨어진 곳에서 우리는 케트살 차브를 만났다. 그는 소외된 공동체를 위해 활동하는 운동가다. 그는 우리를 지프차에 태우고 먼지 낀 길을 돌아다니며 안내해 줬다. 갓길에서는 형광 노란색 삼각대에 장착된 측량기 주변에서 지형학자들이 측량 작업을 하느라 바쁘게 움직이고 있었다. 케트살 차브는 "대다수의 지역 사회 사람들은 열차가 건설된다는 사실에 기뻐하고 있다"고 말했다. "거주민들이 소유권 증명서를 갖고 있지 않다고 하더라도 정부는 거주민들 의견을 고려해야 할 의무가 있습니다."

2023년 이 지역에서 진행된 사회 프로그램에 투입된 금액은 연금, 장학금, 다양한 보조금과 장려금 포함해서 39억 유로가 넘는다. 철도 노선과 직접적으로 연관된 130개 지역 주민은 "388개 건설 현장과 사회적 활동"으로 인해 혜택을 받았다. 차도와 고속도로 복구, 공공장소 보수, 전기·보건·생산 시설 및 주택 재개발 등이 포함됐다.(11)

'비다 이 에스페란사'라는 마을의 사례 역시 이와 비슷하다. 향후 건설될 철도에서 몇 분 떨어진 장소에 있는 작은 마을인데 이곳엔 기적적인 효능을 갖고 있는 나무도, 복음주의 교회도 많다. 미겔 공고라는 이곳에서 허름한 천막으로 덮어놓은 구멍가게를 운영하고 있다. 대체 무엇을 판매하고 있는 곳인지 알쏭달쏭한 곳에서 그는 우리에게 꿀에 절인 야자나무 열매 씨앗을 대접했다.

"환경보호론자들은 대중의 지지를 받지 못한다"

"지역사회가 발전하는 것을 막을 순 없습니다." 그는 말을 이었다. "다만 우리 역시 그 혜택을 받아 누릴 수 있는가, 그것이 가장 중요한 문제입니다." 열차가 다니게 되면 (관광용이 아닌) 일반용 대중교통 서비스도 제공된다는 의미다. 그는 그렇게 되면 젊은 세대들이 교육받고 "공학자가 되는 것도 가능할 것"이라며 기대의 목소리를 높였다. "도시 사람들은 아무것도 없는, 모든 것으로부터 떨어진 곳에서 성장한다는 것이 어떤 의미인지 알지 못합니다."

조금 더 걸었더니 이번엔 지역 커뮤니티 비서관인 알베르토가 우리를 맞이했다. 그는 돌보던 닭들을 둔 채 우리를 채소밭으로 직접 안내했다. "열차가 건설되면 우리 마을도 전력 공급망에 연결될 수 있을 겁니다." 그는 이웃 지역의 지도자들과 함께 국방부와 관광 진흥기금으로부터 "길을 새롭게 만들고 포장"하기로 한 약속을 받아냈다고 설명했다.

멕시코 배우나 가수 같은 인사들은 소셜미디어와 국제 언론을 통해서 환경보호론자들이 이 프로젝트를 얼마나 염려하고 있는지 내용을 공유한다. 그러나 이런 환경보호론자들의 의견은 우리가 만난 대다수 사람의 의견과 달랐다. "우선 이것은 몇몇 단체에 의해 촉발된 미디어 운동일 뿐, 사회 운동이 아닙니다." 에티온 본 벨트라브 멕시코 교수가 해명하듯 말했다. 그는 유니버시티 칼리지 런던(University College London, UCL)에서 환경 정치학을 담당하는 전문가이자, 마야 열차 영향에 관한 학제 간 연구 그룹의 공동 창립자기도 하다. "환경보호론자들은 대중의 지지를 못 받고 있어요."

안드레스 마누엘 로페스 오브라도르 대통령의 정책에 대놓고 지지를 보내는 에티엔 교수에게 있어서, "명백하게 매우 큰 영향을 미치는 거대 기업의 프로젝트"임에도 불구하고, 유카탄반도가 분쟁의 중심지가 되지 않은 것은 놀라운 일이다. "우리는 이보다 더 작은 규모의 프로젝트에서조차 매우 강력한 사회적 저항에 부딪히는 일을 종종 겪었습니다. 그러나 마야 열차 프로젝트에서 시민들이 우려하는 부분은 다르다는 것을 우리는 고려할 필요가 있습니다." 곧 기차역이 들어서게 될 도시 주변에서는 실제로 많은 사람들이 식품 가격과 임대료가 상승했다고 불평하고 있다. 중기적으로 사람들이 가장 많이 우려하는 부분은 마약 밀매와 부동산 투기로 인해 치안이 불안해지는 것이다.

그런 관점에서 보면 툴룸 해변도 걱정되기는 마찬가지다. 플라야 델 카르멘과 칸쿤의 자매 격이라고 할 수 있는 이 관광지는 과거 어부들의 마을이었지만 오늘날 관광객 숙소가 1만 1,000개에 이른다. 작년에는 180만 명의 휴가객이 툴룸 해변을 찾았다. 해변의 분위기, 독자적인 비치 클럽, 네오샤머니즘이 섞인 영적 체험 서비스에 이끌려 온 것이다. 청록색으로 빛나는 바다가 내려다보이는 절벽 정상에는 한때 마야 요새 도시였던 유

(11) Communiqué du Fonatur, 2023년 6월 26일, www.gob.mx

적의 잔해가 남아있다. 툴룸 해변은 의심의 여지없이 인스타그램 사용자와 부동산 개발업자들의 천국이다. "꿈같은 해변, 반짝반짝 빛나는 문화, 눈부신 성장, 툴룸은 고수익을 얻을 수 있는 이상적인 투자처입니다." 멕시코 부동산 전문가 협회(AMPI)는 지역 방송으로 자랑스럽게 광고했다.(2023년 6월 5일, 페이스북)

"관광업 촉진은 새로운 식민정책"

이렇게, 자연을 파괴하고 본래 주인으로부터 토지를 빼앗는 무질서한 성장이 진행 중이다. 친환경적이라는 이미지를 덧씌운 호텔 경영자들의 압박 속에 도시는 주변 정글을 짓밟으며 점점 확장되고 있다. 도로, 전기, 배수, 교통과 같은 공공 서비스는 이런 발전 속도를 따라가는 데 어려움을 겪는다. 그러나 지방 당국은 열차가 들어오면 달라질 것이라고 기대를 걸고 있다. 열차가 들어오면 연간 550만 승객이 오가는 새로운 국제공항도 함께 연결되는 셈이다. 그뿐만 아니라 도시 개발이 원활하게 진행되기 위해 여러 가지 토지 개발 프로그램이 동반될 예정이다. 지방 정부 관계자는 개발업자들의 "좋은 의도"를 믿고 있으며 "그들에게 환경 기준을 지키며 계속 투자하기를 요구"했다고 설명했다.

그러나 모든 것을 돈으로 살 수 있는, 심지어 돈으로 법망을 피하는 것조차도 가능하다고 여겨지고 있는 국가에서 아무리 정부가 야심차게 계획을 세운다고 해도 토지가 상품화되는 것을 막는 일은 어려워 보인다. "정부는 이 지역에서 자본주의의 가장 잔인한 본능을 통제하기 위해 큰 노력을 기울이고 있습니다. 그러나 이미 경험해 봐서 알겠지만, 좋은 의도만으로는 절대 충분하지 않습니다." 본 베르트라브의 분석이다. "특히 포식성이 강한 관광 산업을 앞에 두고 좋은 의도를 믿는 것은 순진한 태도 아닌가 싶습니다."

남쪽으로 이동하면 펠리페 카리요 푸에르토라는 도시가 나온다. 3만 명의 시민이 거주하고 있고 기차역이 들어설 예정인 이 도시 근처에서 앙헬 수루브가 우리를 맞이했다. 그는 "땅 문제도 있지만 지금 무엇보다 가장 심각한 문제는 우리의 언어, 우리의 관습, 우리의 사회적 조직, 다시 말해 우리의 문화적 정체성에 미칠 영향입니다."라고 강조했다. '형식적으로' 마야 열차에 반대하는 일부 환경론자와는 달리, 수루브는 국립 원주민 위원회(CNI)의 위원으로서 "반자본주의, 반식민주의 입장"을 피력했다.

"이것은 단순히 관광 문제에서 끝날 사안이 아닙니다. 열차를 이용한 화물 운송도 시작되겠죠. 그들이 원하는 것은 지협을 가로지르는 통로를 만드는 겁니다." 그는 이 거대한 프로젝트가 목표로 하는 것은 오악사카주와 베라크루스주를 횡단하는 철도 노선을 만들어 대서양과 태평양을 연결하는 것이라고 설명을 덧붙였다. 파나마 운하와 견줄 정도의 철로를 만들겠다는 것이다. "이런 프로젝트를 반기는 것은 새로운 시스템을 도입하려는 급진주의적 사람들이나 다국적 기업뿐입니다."

대부분의 사람이 마야 열차 도입을 환영하는 현실에 그는 놀라지 않았다. 멕시코 정부가 '동화 정책'을 펼친 지 100년이 지났으니 당연한 결과가 아니겠는가. 카스트 전쟁(1847~1901) 동안 저항했던 마야 후예들의 역사를 보여주는 포스터가 잔뜩 있는 방에서 그는 관광업의 발전이 "새로운 식민정책(Néocolonisateur)"이나 마찬가지라고 설명했다. "관광은 진보의 수단으로 여겨지지만, 시골은 과거에 머물러 있는 곳이라고 다들 생각합니다. 청년들은 리비에라에서 일하기 위해 학업에 힘씁니다. 어찌 그들을 탓하겠습니까? 국가를 위해 교육을 받았고, 그 국가가 기업을 위하고 있습니다. 청년들은 자연 속에서 공동체를 이루어 독립적으로 살던 우리 선조들의 삶의 방식보다는 대도시 칸쿤 빈민가에 사는 것이 더 낫다고 생각합니다."

'진정한 마야인'은 누구인가?

연방 고속도로 186노선을 타고 우리는 캄페체주에 도착했다. 자동차와 대형 트럭이 칼라크물 자연 보호지역을 통과한다. 칼라크물은 중남미 대륙에서 아마존 다음으로 넓게 펼쳐진 열대 우림 지역이다. 이 정글 안에는

100여 개의 선사 시대 유적이 잠들어 있다. 그중에는 오늘날 세계문화유산 목록에 등재된, 가장 오래된 마야 도시도 있다. 당당하게 위엄을 자랑하는 고대 마야문명의 유적지가 있는 곳이 바로 칼라크물이다.

에레사르 이그나시오 드시브 에크는 여기서 멀지 않은 곳에서 자랐다. 자신이 마야 출신임을 자랑스러워하는 그는 법학 학위를 취득하고 고향에 남기로 결정했다. 지금은 지역 사회 활동에 적극적으로 참여하고 있다. "마야 열차가 끼칠 영향에 대해 걱정하는 원주민 형제들의 마음을 이해하고 존중합니다. 그러나 우리는 세계화된 사회에 살고 있습니다. 외부 세계와 단절된 채 살아갈 수는 없습니다."

연방 고속도로, 새로운 철도, 인터넷 연결 없이 과연 살아갈 수 있겠냐고 그는 반문했다. 마야족, 초칠족, 사포텍족 등 어느 종족 할 것 없이 "칼라크물 84개 공동체는 대통령의 프로젝트를 지지"하고 있다고 했다. 모레나 당(로페스 오브라도르 대통령이 2014년 창당한 당)의 지지자이기도 한 그는 마야 열차가 모든 악의 축으로 비난받는 모양새에 질린 것 같았다. 불법적인 산림 파괴, 과도한 광산 채굴, 유전자 조작 식품과 살충제 문제로 점철된 농업 산업, 끊임없이 늘어나고 있는 도시 문제를 언급하며 그는 목소리를 높였다. "열차가 건설되든, 되지 않든 간에 그런 문제는 이미 옛날부터 있었다고요!"

마르코 알메이다 푸트에 따르면 마야 열차를 두고 두 개의 세계가 충돌하고 있다. 진정한 '마야인'이 누구인가를 두고 일어난 싸움이다. "관광업에 종사하는 마야인이나 장사를 시작하는 마야인이 땅을 경작하는 마야인보다 덜 마야인답다는 건 대체 누가 정한 건가요?" 멕시코의 수도권 자치 대학교(Universidad Autonoma Metropolitana, UAM)에서 박사학위 과정을 밟고 있는 그가 질문을 던졌다. 일부 원주민들이 관광업으로 인해 고통받고 있는 것은 사실이지만 자발적으로 관광업계에 취업하는 원주민들도 있다고 그는 덧붙였다. 이들은 본인의 선택으로 관광업계에 들어가서 자신의 사업을 발전시키려고 노력하는 사람이라는 것이다.

관광 공동체는 대규모 관광 사업이 지속적이고 사회적으로 책임질 수 있는 방향으로 나아가기 위해 대안을 제시했다. 이들은 토지 공동 소유, 자원의 수평적 분배, 지역 방어 같은 가치를 내세웠다. 초기에 관광진흥기금은 마야 열차가 지역에 들어오면 지역 공동체가 누구보다 우선으로 혜택을 받는 주인공이 될 수 있도록 이런 대안에 따르겠다고 약속했다. 일은 척척 진행돼 관광 공동체를 위해 유카탄반도 연합과의 협약까지 잘 이루어진 찰나, 갑자기 모든 것이 중단됐다. 2022년 초, 당시 관광진흥기금 총괄 이사였던 폰스가 공사 진행이 지체된다는 이유로 자리에서 쫓겨났기 때문이다. 안드레스 마누엘 로페스 오브라도르 대통령에게 있어선 기반 시설 구축이 최우선 과제였던 셈이다.

정치적 이슈의 우선순위 때문에 잠시 중단된 것일까, 아니면 야심 찬 계획이 결국 꺾여버린 것일까? "우리는 아무런 공식적 답변을 듣지 못했습니다." 마리오 투스 메이는 분통을 터뜨렸다. 그는 관광 협동조합의 회계다. 유카탄반도 동쪽에 위치한 에크 발람의 마야 유적지 입구 쪽에 있는 전통 농촌 마을에서 숙박 서비스를 제공하는 방안을 제안한 사람이다. "우리가 아는 것은 새로운 총괄 이사가 전임자와 맺은 협약을 지키지 않는다는 겁니다. 그 협약은 유카탄반도가 '칸쿤화'되지 않는 이상적인 방법이었는데도 말이죠."

마야 열차는 안드레스 마누엘 로페스 오브라도르 대통령의 6년 임기의 유산으로 남게 될 것이다. 이 유산이 독이 든 선물이 될지, 남동부 지역의 거주민 나아가 미래 세대를 위한 해방의 수단이 될지는 더 지켜봐야 알 수 있을 듯하다. 🅛🅓

글·루이스 레이가다 Luis Reygada
기자. <르몽드 디플로마티크> 특파원.

번역·이정민
번역위원

대치중인 두 진영과 외세의 간섭

수단, 과도정부에서 국가 붕괴로

학살, 고문, 강간, 약탈…. 2023년 4월 15일 시작된 수단 내전으로 2만여 명이 사망하고 700만 명 이상의 이재민이 발생했다. 수십만 명의 민간인 난민이 유입된 인접국 차드는 식량 비상사태를 선포했다. 국제 무기 밀매가 악화시킨 이 분쟁은 수단 역사의 굴곡진 실태를 여실히 보여준다.

제라르 프뤼니에 ▮역사학자, 아프리카 전문가

2023년 4월 15일, 수단의 수도 하르툼에서 수단정부군(SAF)과 준군사조직인 신속지원군(RSF) 사이에 격렬한 전투가 벌어졌다. 언론은 이 위기사태의 원인을 경쟁 관계에 있는 두 '군벌', 압델 파타 알부르한과 모하메드 함단 아갈로, 일명 '헤메티(Hemetti, '나의 수호자'를 뜻하는 수단 아랍어)'의 충돌로 압축했다. 알부르한 장군과 헤메티는 군사정권인 주권위원회에서 각각 의장과 부의장을 맡았던 인물이다. 하지만 이 분쟁은 사실 수단을 피폐하게 만든 끝없는 경제·사회 위기와 이 지역의 오랜 역사에 뿌리를 두고 있다. 해외에서 수입된 무기가 대거 유입되면서 교전의 횟수와 폭력성은 10배나 급증했다. 아랍에미리트는 RSF에, 이집트는 SAF에 무기를 공급하고 있다. 현재 수단 내 피난민과 이집트, 차드 등의 해외 체류 난민의 수는 무려 700만 명이 넘는다.

좀처럼 타협점을 못 찾는
국제기구의 분쟁 조정

국제연합(UN)과 아프리카연합(AU)의 분쟁 조정 시도는 실패했다. 미국과 사우디아라비아의 주도로 2023년 5월 제다에서 열린 평화회담으로 성사된 휴전은 얼마 가지 못했다. 이제 평화회담은 정치·군사적 조정을 포기하고 오직 인도적 지원에 집중하는 상황이다. 다르푸르 지역의 주도인 니알라, 알주나이나, 잘링게이가 함락된 후 이제 알파시르에서 격렬한 전투가 이어지고 있다. 100만여 명의 주민과 최소 30만 명의 난민이 거주 중인 이 도시를 SAF가 계속 통제하느냐 아니면 RSF가 점령하느냐가 수단 내전의 분수령이 될 것으로 보인다.

이 피비린내 나는 분쟁은 역사적 뿌리가 깊다. 에티오피아와 수단을 제외한 아프리카 국가들은 식민 지배국들이 자의적으로 분할한 인위적 산물이다.(1) 에티오피아는 1936~1941년 이탈리아에 잠시 점령당한 적은 있어도 식민 지배를 받은 적은 없다. 수단은 1821년 오스만제국의 반(半)자치 지역이었던 이집트가 빌라드 앗수단(Bilād as-Sūdān, '흑인의 땅'을 뜻하는 아랍어) 지방 일부를 정복하면서 탄생한 국가다.

이집트 총독 무함마드 알리 파샤가 수단

(1) Anne-Cécile Robert, 'Que reste-t-il des frontières africaines? 아프리카 국경에는 무엇이 남았나?', <르몽드 디플로마티크> 프랑스어판, 2012년 12월호.

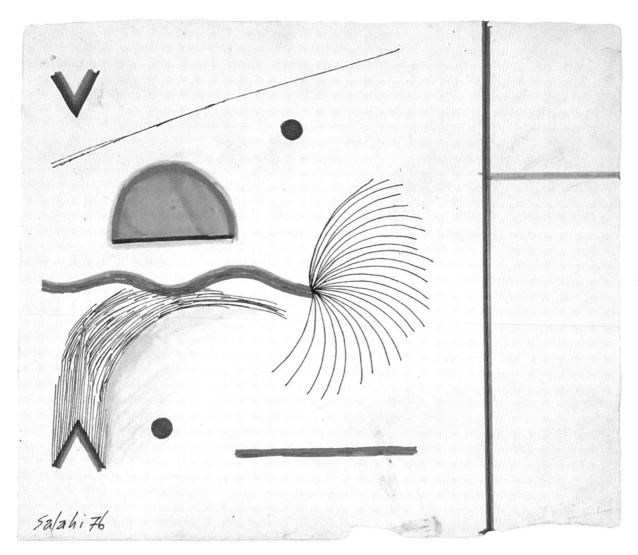

<무제>, 1976 - 이브라힘 엘 살라히

원정에 나선 이유는 흑인 노예 병사와 금을 확보하기 위해서였다. 당시 이집트가 정복한 영토는 대략 일종의 '오스만식' 식민지, 즉 무분별하게 약탈이 자행되던 지역과 반(半)통제 상태에서 제도적 약탈이 이뤄지던 지역으로 나뉘었다. 아프리카 대륙의 나머지 지역에서는 국경 지역의 민족통일운동에도 불구하고 식민 지배국들은 이질적인 민족들이 거주하는 지역들을 한 국가로 강제 통합했다. 수단은 골라주 상태로 남았다. 1955~2005년, 수단 북부와 남부 간 분쟁으로 50만~100만 명이 사망한 것으로 추정된다. 수단 정부가 완전히 방치한 다르푸르는 식민지 속의 식민지로 남았다.

오늘날 수단을 분열시키는 대립의 근원은 바로 이러한 불균형이다. 이를 이해하기 위해서는 2011년으로 거슬러 올라가야 한다. 당시 수단에서는 남수단이 분리 독립하고 북부 무슬림 인구의 게릴라 운동이 확산됐다. 이로 인해 1989년 6월 30일 쿠데타로 집권한 오마르 알바시르 수단 대통령의 권위는 약화됐다. 부정부패가 만연한 이슬람 정권은 점차 민심을 잃었으며 지리적으로 떨어진 이란과 사우디아라비아의 소극적인 지원으로 간신히 버티는 중이었다. 이에 더해 알바시르 대통령은 다르푸르 대학살로 2009년 국제형사재판소(ICC)에 기소된 상태였다.(2)

(2) Mahmoud Mamdani, 'Qui veut sauver le Darfour? 누가 다르푸르의 구원을 바라는가?', <르몽드 디플로마티크> 프랑스어판, 2009년 8월호.

궁지에 몰린 알바시르 대통령은 2013년 잠재된 내전을 조직적으로 합리화하는 작업에 착수했다. 가장 먼저 그는 아랍계 리제가트족(Rizayqat)으로 구성된 잔자위드 민병대를 제도화했고 이 결정은 심각한 결과를 초래했다. 여기서 짚고 넘어갈 부분은 수단에서 통용되는 '아랍계'라는 표현은 민족적 의미보다 문화적 의미가 더 강하다는 점이다. 예를 들어, 집에서 (부족어 방언인) 로타나(Rottana)어를 쓰지 않고 아

랍어를 사용한다면 이 가족은 '아랍계'로 간주된다. 리제가트족은 '이슬람 근본주의' 정권의 군대 역할을 했지만 실제로는 정식 군대도, 이슬람 근본주의도 표방하지 않으며 정부가 국토 전역에서 지배권을 확립하기 위해 활용한 (국내) 식민지 부대일 뿐이다. 알바시르 정권은 잔자위드를 예멘 내전에 파견해 사우디아라비아에 힘을 보탰으며(사우디아라비아는 잔자위드 전투원에게 상당한 대가를 지급했다) 다르푸르뿐만

아니라 수단 전역의 북수단인민해방운동(SPLM-N) 게릴라 진압 작전에도 투입했다.

SAF와 RSF 군벌, 반독재세력으로 서로 정당성 주장

자유를 열망한 수단 시민들은 평화 시위를 이어갔다. 당국의 무자비한 탄압으로 수백 명이 사망했지만 시위대는 굴하지 않았다. 2019년 4월 11일, 시위대의 전폭적인 지지를 등에 업고 합동 쿠데타를 일으킨 SAF와 RSF는 마침내 알바시르 정권을 타도했다. 하지만 두 세력의 협력은 일시적인 동맹에 불과했다. SAF는 대부분 아울라드 알바흐르(Awlad al-Bahr, 나일강 유역 주민을 뜻하는 아랍어) 출신의 아랍계로 구성된 반면 RSF는 리제가트족으로 구성됐다. RSF의 수장 헤메티는 다르푸르에서는 '아랍계'로 통했지만 하르툼에서는 식민지 주민으로 치부됐다. 두 세력 간에는 쿠데타 직후부터 긴장감이 감지됐다. SAF와 RSF는 서로 민중을 대변하는 반독재 세력으로서의 정통성을 주장하며 민주화 운동을 회유하려 했지만 성공하지 못했다.

그럼에도 불구하고 동맹 관계를 유지한 SAF와 RSF는 2021년 10월 25일 정치적 통제를 강화하고 거리 시위를 종식시키기 위해 제2차 합동 쿠데타를 일으켰다. 주권위원회를 장악한 두 세력은 과도정부

의 민간 지도자들을 축출하고 알바시르 정권 전복에 기여한 민주화 운동 세력을 대거 체포했다. 이슬람주의 군사 독재 정권이 저지른 범죄에 대한 조사는 전면 중단됐고 알바시르 정권의 관료들은 석방됐다. SAF와 RSF는 2023년 7월 선거를 실시하겠다고 약속했다. 하지만 노동조합과 직업단체들이 해산됐고 해외 주재 수단 대사 6명이 해임됐다. 과도정부의 압달라 함단 총리는 강제 망명길에 올랐다. 2022년 1월, 상징적 제스처로 메리 캐서린 국무부 아프리카 담당 차관을 수단에 파견한 미국 정부는 쿠데타 세력과 표면적인 대화를 나눔으로써 쿠데타의 정당성을 인정했다. 10월 21일 이후 비무장 시위대 64명이 사망했다. 미국 대표단 방문 중 65번째 사망자가 발생했으며 그다음 날에도 3명의 시위대가 목숨을 잃었다. 2022년 2월 24일, 러시아가 우크라이나를 침공하자 수단의 대(對)러시아 금 수출이 막힐까 우려한 헤메티는 직접 모스크바를 방문했고 러시아 당국은 그를 안심시켰다. 수단산 금 수입은 러시아 정보총국(GRU)이 직접 관장한다. 수입된 금은 곧바로 크렘린궁으로 전달되고 푸틴은 이를 재량껏 사용한다. 2022년 3월 2일, 수단은 러시아의 우크라이나 침공을 규탄하는 유엔 총회 결의안 표결에서 기권했다.

수단 정권과 러시아와의 관계에도 불구하고 미국은 2022년 5월 9일 수단에 대한 경제 원조를 재개했다. 필요한 자원이 제공되면 수단이 위기를 극복할 것으로 믿었기 때문이다. 미국의 원조가 재개된 날, 중도 성향의 움마(Umma)당은 "민주화 과정이 교착 상태에 빠진 것은 전적으로 현 정권의 책임"이라는 성명을 발표하며 정계 복귀를 시도했다. 알바시르 정권 시절 배척당했던 움마당은 공산당과 더불어 유일하게 명맥을 유지한 야권 세력이다. 2022년 10월 21일, 유엔 안전보장이사회는 모든 정당에 "절제를 권고"했다. 국민의회당(NCP) 이슬람주의자들은 유엔 퇴출을 요구하는 시위를 조직했지만 목적을 달성하지는 못했다. NCP는 알바시르 정권 전복 후 금지된 정당이지만 당원들은 여전히 활동을 이어가고 있다.

합동 쿠데타 이후 내전에 들어간 두 진영

국내 차원의 대화 시도는 잇따라 실패했다. 2020년 6월, 유엔은 수단의 민주화를 지원하기 위해 수단 통합과도지원 임무단(UNITAMS)을 수립했다. UNITAMS는 2021년 10월 25일 쿠데타 이후에도 유지됐다. 동아프리카 지역 연합체인 정부간개발기구(IGAD)도 수단의 민주화 논의를 지원했다. 하지만 2022년 6월 3일, AU에 이어 야권 시민운동 단체인 민주화세력연합(FFC)역시 "정직성 결여"를 이유로 더 이상 민주화 논의에 동참하지 않겠다고 선언했다. 유엔 안보리는 이에 아랑곳하지 않고 UNITAMS의 활동 기한을 연장했다. 6월, 다르푸르에서 리제가트족이 김르(Gimr)족 수백 명을 학살했다. 2022년 12월, SAF와 RSF의 공개적인 불화가 처음 불거졌다. 10월 25일, 헤메티는 쿠데타가 잘못된 판단이었다고 선언했다. 반면 알부르한 장군은 계속해서 쿠데타의 정당성을 주장했다. 12월 12일, 러시아 정부는 수단의 모든 정치 세력과 등거리를 유지하겠다고 발표했다. '아랍계'도, '아프리카인'도 아닌 반정부 성향 부족인 베자족(Beja)은 RSF가 동부지역에서 불법적으로 진행하는 금 채굴에 공개적인 불만을 표시했다. 점점 더 유명무실해진 정부가 이에 아무런 반응을 보이지 않자 베자족은 2023년 2월 해상 무역에 필수적인 포트수단의 도로를 차단했다. 서쪽의 다르푸르에서는 리제가트족 사이에서 입대 열풍이 불었다. SAF는 RSF에 대항하기 위해 리제가트족과 적대적인 부족에서 병사를 모집했다. 안토니우 구테흐스 유엔 사무총장은 상황에 대한 전략적 평가 실시를 제안했지만 수단은 이를 거부했다. 2023년 11월 16일, 주유엔 수단 대표부 대사는 UNITAMS 활동 종료를 선언했다.

수단 경제는 금 생산에 전적으로 의존하게 됐다. SAF와 RSF는 점점 더 축소되는 국가 수입을 나눠 갖기 위해 수년간 불편한 협력 관계를 유지했다. 과거 부차적 자원이었던 금은 2010년대 들어 수단의 주요 자원으로 자리 잡았다. 2022년 생산량 1만 8,627kg을 기록한 수단은 아프리카 3위 금 생산국으로 부상했다. 실제 생산

량은 이보다 훨씬 더 많을 것으로 추정된다. 최대 규모의 금광 중 다수는 RSF의 통제 하에 있으며 생산량 대부분은 러시아로 불법 수출된다. 열악한 현지 통계 시스템과 극심한 부패로 인해 나머지 물량의 정확한 수치는 파악하기 어렵다. 하지만 수단 경제에서 금 채굴이 차지하는 상대적 중요성은 부정할 수 없는 사실이다. 오직 금 생산에 의존하는 경제 구조는 사회·경제적으로 치명적인 결과를 초래했다. 주요 유전이 존재하는 남수단이 2011년 분리 독립하면서 국가 수입의 부실한 관리는 더욱 악화됐다. 석유와 다르게 금은 반(半)수공업 방식의 채굴과 불법 무역이 가능하다. 불확실한 안보 상황 속에서 수단 경제가 창출한 부의 대부분은 점점 더 국가의 통제를 벗어나 군부의 손아귀로 넘어갔다.

두 군벌 뒤에서 대립한 UAE와 이집트

각 부족별 정치 세력은 점차 SAF와 RSF 중 한쪽을 선택해야 했다. 2021년 1월, 알주이나 지역에서 두 진영 간 첫 교전이 발생했다. 알주이나는 역사적으로 (식민 지배 시절에 영국에 적대적이었던 것처럼) 아랍계에 적대적인 흑인 부족 마살리트족(Masalit)이 주로 거주하는 지역이다. 이 전투로 200명 이상이 사망했으며 거의 같은 수의 부상자가 발생했다. 알부르한 장군은 이슬람 근본주의자가 아니다. 하지만 그가 알바시르 정권에서 요직을 차지했던 이슬람주의 관료들의 비위를 맞추고 더 나아가 이들 중 일부를 석방하기 시작하면서 상황은 더욱 복잡해졌다. 알부르한 장군은 부르주아 출신이라는 개인적인 배경 때문에 가라바(Gharraba, '서구의 쓰레기'를 뜻하는 속어)를 대변하는 시위대들보다 명문가 출신의 극단주의자들을 선호하는 듯 보인다. 헤메티는 이와 정반대 성향을 갖고 있다. 그가 이끄는 RSF에서는 코잔(Kozan, 이슬람주의자들을 경멸하는 표현)에 대한 적대감이 팽배하다.

2021년 10월 25일 쿠데타가 민주화 혁명에 제동을 건 것은 분명한 사실이다. 그런데 SAF와 RSF가 쿠데타를 도모한 동기는 각기 달랐다. 정규군인 SAF과 그들의

수장 알부르한 장군은 사회·정치적 이유로 쿠데타에 동참했다. 서민과 중산층의 상당수는 2019년 4월 '혁명'과 이슬람주의자 숙청을 수단의 사회·경제적 정의를 확립하는 수단으로 여겼다. 나일강 유역 부족들이 확립한 위계질서에서 밀려난 헤메티와 리제가트족은 아랍 귀족의 권력 독점을 타파하기 위해 쿠데타를 도모했다. 오스만 제국이 수단을 정복하면서 권력을 차지한 아랍 귀족은 영국의 식민 지배를 거치면서 영구적으로 권력을 독차지했다.

수단의 독립 이후 이들은 무장 부르주아의 형태를 띠었다. 헤메티는 이슬람주의자들을 적으로 간주했다. 알바시르가 1989년 쿠데타로 정권을 잡은 이후 아랍 부르주아들이 권력을 독차지했기 때문이다. 이들은 다르푸르와 예멘에서 자신들을 위해 싸운 헤메티를 자신들과 동등한 관계가 아니라 열등한 지위의 용병으로 취급했다. 억양 때문에 조롱받던 헤메티는 모호하고 난해한 입장에 처했다. 그는 하르툼에서는 경멸의 대상인 지방 출신 가라바 취급을 받았지만 다르푸르에서는 비아랍계 부족을 무자비하게 굴복시키는 중앙 정부의 철권통치를 상징하는 인물로 여겨졌다. 활동적이고, 명석하며, 거리낌 없는 성격의 헤메티는 법의 테두리 밖에서 때로는 완전히 불법적인 방식으로 채굴되는 금을 장악하면서 '금의 왕'으로 거듭났다. 이로써 마침내 그는 자신을 바라보는 이중적인 시각에서 탈피해 독립성을 확립했다.

일각에서는 폭력적인 면모 때문에 그를 두려워했고 다른 일각에서는 위계질서를 타파한 그를 우러러봤다. 2023~2024년 겨울이 시작된 이래 헤메티는 요웨리 무세베니 우간다 대통령, 아비 아흐메드 에티오피아 총리를 비롯한 동아프리카의 주요 국가원수들과의 연쇄 회동을 통해 자신의 정당성을 입증하기 위해 노력 중이다. AK-47 소총 외에는 다른 공통분모가 없는 두 진영의 대립 구도는 이렇게 형성됐다. 긴장이 고조되는 상황을 지켜본 대다수 국민은 비무장 민간인이다. 수단 국민은 스스로를 방어할 수단도 없이 두 군벌이 벌이는 싸움에 휘말렸다.

2021년 쿠데타 이후 격동의 시기, 수단은 정규군인

SAF와 비정규 무장단체인 RSF로 양분됐다. 하지만 두 세력은 도시 부유층까지 흔들리며 붕괴 직전 상태에 처한 국가에 남아있는 권력을 보존한다는 목표는 공유했다. (알자지라주의 농산품, 쿠르두판과 다르푸르 지역의 아라비아 고무, 사우디아라비아 수출용 소형·대형 가축 사육 등) 전통 경제의 붕괴로 수단은 심각한 사회적 위기를 겪고 있기 때문이다. 2021년 7월, 인플레이션은 422.78%에 달했다.(3) 2020~2022년, 세계은행과 EU는 600억 유로가 넘는 수단의 외채를 일부 탕감했지만 수단 경제의 붕괴를 막지는 못했다.

수단에서 분쟁을 부추기는 미국과 러시아

수단의 상황을 이해하기 위해서는 아랍에미리트와 이집트의 대립 관계에 대한 설명을 빼놓을 수 없다. 아랍에미리트는 역설적이게도 러시아가 수단에 행사하는 영향력의 매개체가 됐으며 이집트는 미국의 이익을 대변하고 있다. 오랫동안 미국이 중동 개입의 수단으로 활용했던 아랍에미리트는 1999년 두바이에 DP 월드(DP World)를 설립하면서 보다 독립적인 입장으로 전환하기 시작했다. DP 월드는 소말리아, 베르베라(소말릴란드), 보사소(푼틀란드)와 항만 건설 및 운영 계약을 체결한 후 대서양 연안의 세네갈, 앙골라, 콩고민주공화국 항만까지 진출했다. DP 월드가 이처럼 해상 운송 분야에서 비약적인 발전을 거듭하는 동안 지부티 항구 경영권을 둘러싼 대규모 법적 분쟁이 발생하기도 했다. 2023년 10월 26일, 탄자니아와 2억 5,000만 달러의 계약을 체결한 DP 월드는 다르에스살람 항만의 운영권도 확보했다.

DP 월드가 사업을 확장하면서 아랍에미리트와 러시아의 군사적 접촉이 점차 확대됐다. 이러한 상황은 수단에도 영향을 미쳤다. 포트수단에 자국 군사 기지를 건설하려는 러시아의 계획은 알바시르 집권 시절로 거슬러 올라간다. 2021년 2~4월, 하르툼의 무질서가 심화되는 틈을 타 러시아 선박들은 이론상으로만 존재하는 수단 해군의 플라밍고 기지에 군사 장비를 하역하기 시작했다. 미 해군이 이를 포착한 후 알부르한 장군은 2021년 4월 29일 러시아 선박에게 플라밍고 기지에서 철수할 것을 명령했다. 포트수단의 운영권에 눈독을 들이던 아랍에미리트는 이 기회를 놓치지 않았다. 2023년 4월 내전이 전면화되자 아랍에미리트는 바그너 그룹과 협력해 더 적극적으로 수단에 개입하기로 결정했다. 바그너그룹은 리제가트족 분열로 인한 혼란 속에서 중앙아프리카공화국 지부를 활용해 RSF에 (아랍에미리트가 대금을 지불한) 무기를 지원했다. 중앙아프리카공화국 방기에서 다르푸르로 무기를 이송 중 호송대가 공격을 받는 경우도 있었다. 탈취당한 무기는 최고 입찰자에게 팔려나갔으며 아랍에미리트 요원들이 구매자의 신원을 파악하지 못하는 경우도 잦았다. 예브게니 프리고진이 사망하면서 상황은 더욱 복잡해졌다. 푸틴은 아프리카 내 러시아 민병대를 재편성했다.

수단이 외교적으로 사망한다면…

아랍에미리트는 칼리파 하프타르 리비아 국민군 총사령관의 도움으로 재정 및 물류 분야의 불확실성을 해결했다. 하프타르 총사령관은 러시아 정부와 직접 협상을 벌여 러시아와 아랍에미리트 출자자들에게 벵가지에서 임시 공항이 건설된 다르푸르 북

(3) Moutiou Adjibi Nourou, 'Soudan : la transition visée par une tentative de coup d'État attribuée à des parti-sans d'Omar el-Béchir 수단: 오마르 알바시르 지지자들의 쿠데타 시도의 표적이 된 과도 정부', 2021년 9월 22일, www.agencecofin.com

서부까지 항공 운송 서비스를 제공하고 있으며 낙하산을 통한 물자 전달 방식도 운영 중이다. (폐허가 된 하르툼을 떠나) 포트수단으로 옮겨간 SAF는 해상 운송을 통해 이집트로부터 물자를 공급받고 있다. 하르툼 샴바트 다리 폭격에서 알 수 있듯이 이집트는 SAF에 공중 폭격도 지원하고 있다. SAF와 RSF는 막대한 양의 탄환을 쏟아붓고 있지만 국제사회는 전혀 개의치 않는 듯하다. 아무런 금수 조치가 취해지지 않았기 때문이다. 2024년 1월 22일, EU 이사회는 SAF 혹은 RSF를 지원한 혐의로 수단 기업 6곳에 대한 제재를 채택했다. 하지만 이는 아무런 정치적 효력이 없는 등거리 조치에 불과하다.

수단의 혼란은 점점 더 가중되는 듯 보인다. 2021년 7월 국제통화기금(IMF)이 지급한 14억 달러를 포함한 재정 지원은 수단 경제와 사회에 아무런 영향을 미치지 못했다. 다르푸르에서 자행된 대량 학살 수준의 아프리카계 주민 살해는(집계되지 않은 수천 명의 사망자가 존재) 더 이상 어떠한 정치적 논리에도 부합하지 않는다. 2021년 7월 21일, 하르툼 다음으로 큰 도시인 나일강 유역의 옴두르만에서 정규군의 절도와 강간에 저항한 남수단 주민들이 사망했다. 2022년 9월, 신원 불명 무장 괴한들의 공격으로 하우사족(Haoussa) 이주민 24명이 학살, 44명이 부상당했다. 거의 모든 약국이 문을 닫기 전, 전문 의약품 가격은 이미 600% 상승했다.

수단은 계속 국가로 존재할 수 있을 것인가? 무의미한 회담이 여전히 이어지고 있는 사우디아라비아 제다에서는 여전히 그 가능성을 믿는 척한다. 지금의 국제적 혼란 속에서 수단이 외교적 사망 선고를 받는다면 1990년대 소말리아 붕괴가 역내에 야기한 혼란보다 더 심각한 상황이 벌어질 것이기 때문이다. 바나디르주(州)를 벗어나면 아무런 권한이 없는 모가디슈의 통치 조직을 여전히 소말리아 정부로 인정하고 있는 유엔의 입장을 보면 수단 정부가 붕괴할 경우 닥칠 상황은 더욱 불길할 뿐이다. 식민지화가 뿌리내리지 않았던 아프리카의 뿔(Horn of Africa) 지역은 방치된 상태다. 그나마 에티오피아가 건재하지만 에티오피아 역시 국내 긴장 상황을 겪고 있으며(4) 이웃 국가들과의 관계 역시 경색됐다 (이집트는 르네상스 댐 건설에 반대하며 소말리아는 2024년 1월 체결된 소말릴란드 해안 임차 합의를 부정하고 있다). **lD**

(4) Laura-Maï Gaveriaux et Noé Hochet-Bodin, 'Le Tigré, victime de la réconci-liation entre l'Éthiopie et l'Érythée 티그라이, 에티오피아-에리트레아 화해의 희생양'. <르몽드 디플로마티크> 프랑스어판, 2021년 7월호.

글·제라르 프뤼니에 Gérard Prunier
역사학자. 아프리카 전문가. 저서에 『Cadavres noirs 흑인 시체들』(2021), 『La Guerre 전쟁』(2014) 등이 있다.

번역·김은희
번역위원

아르헨티나 신임대통령의 "카르텔 척결" 약속은 자기편 챙기기

급여를 우유나 고기로 받을지도 모른다? 기업은 하비에르 밀레이 아르헨티나 신임 대통령이 이해하는 자유를 반기는 반면, 위기를 타개하기 위해 대통령이 내세운 방안을 믿었던 유권자들은 그렇지 않았다. 아르헨티나 유권자들은 대통령이 약속한 "카르텔 척결"이라는 약속이 과두 정치를 하겠다는 의미임을 알게 됐다. 거리로 나온 시민들과 곤봉을 든 지도자 사이의 전쟁은 이제 막 시작됐을 뿐이다.

안도미니크 코레아 ▌언론인

가면은 빠르게 벗겨지게 될 것이다. 대통령 취임식이 열린 12월 10일 하비에르 밀레이 아르헨티나 신임 대통령은 밀레이 정부의 관료들을 찍은 공식 사진을 사회 관계망 서비스에 처음 올렸다. 장관이 20명이었던 알베르토 페르난데스 전임 대통령 때에 비해 밀레이 정부의 경우 인적자본부, 기반시설부, 보건부, 경제부, 법무부, 안보부, 국방부, 외교부, 내무부까지 9개 행정부로 그 수가 줄었다.

사진을 보면 아르헨티나 국민들에게 눈에 익은 인물 둘이 있다. 마우리시오 마크리 정부에서 국무 장관과 재정부 장관을 차례로 역임한 루이스 카푸토 신임 경제부 장관과 마크리 정부에서도 같은 장관직을 역임했던 파트리시아 불리치 안전부 장관이 그들이다. 불리치 장관은 늘 근엄한 표정을 짓는데 사진에서는 활짝 웃고 있다. (보수 연합 정당인 '변화를 위해 함께'의) 대선 후보였으나 대통령 예비 선거에서 탈락했던 불리치 장관은 어제의 경쟁자와 연대한 덕분에 이번 정부에서 한자리를 꿰찰 수 있었다.

카르텔의 집권, 공약 무산

대선 당시 '기존 체제에 반대하는' 후보이자 정치적 '카르텔'을 없애겠다고 공약을 내걸었던 대통령 치고는 내각 구성이 과거 내각과 크게 다르지 않다. 아르헨티나 전문가이자 세르지 파리 대학교 정치학 연구원인 다비드 코펠로는 사실 "카르텔이 집권한 것"이라고 분석하며 "현 정부 각료 중 여럿이 민간 분야 출신"인 점을 꼬집었다. 니콜라스 포세 대통령 비서실장과 마리아노 쿠네오 리바로나 신임 법무부 장관은 둘 다 에두아르도 에우르네키안 회장이 운영하는 금융·언론 거대 기업 코르포라시온 아메리카에서 근무한 적이 있다. 에우르네키안 회장은 밀레이 대통령으로부터 경제 문제에 있어 아낌없는 조언을 받았던 유력 사업가이다. 밀레이 대통령도 에우르네키안 회장 덕을 본 적이 있다. 그는 2016년 코르포라시온 아메리카 그룹 소유의 텔레비전 채널 〈아메리카 TV〉의 프로그램 '아니말 수엘토 (동물에게 자유를)'에 처음 출연하면서 이름을 알렸다.

고등 사회학에 대해 학제 간 연구를 하는 고등교

육기관(EIDAES)인 산 마르틴 국립대 정치사회학 교수이자 국립 과학기술연구위원회(CONICET) 연구원인 가브리엘 보마로 교수는 네스토르 키르치네르 대통령 재임 당시(2003~2007)와 크리스티나 페르난데스 데 키르치네르 대통령의 재임 당시(2007~2015, 네스토르 키르치네르의 아내, 재임 중 남편 사망)를 언급하며 "밀레이 대통령은 반카르텔주의자가 아닌 반키르치네르주의자다"라고 평가했다. 또한 카를로스 메넴 대통령(임기 1989~1999)과 마우리시오 마크리 대통령의 신자유주의 정부를 언급하며 밀레이 대통령의 첫 번째 조치들을 보면 결국 "지난 아르헨티나 역사에 이미 단행됐던 구조 조정 계획이 떠오른다"라고 밝혔다.

구조 조정 계획은 긴축과 경제 자유화, 두 가지로 요약된다. 페소의 화폐 가치가 50% 이상 절하된 후인 2023년 12월 12일 카푸토 경제부 장관은 약 200억 달러, 즉 아르헨티나 국내총생산(GDP)의 5%에 해당하는 막대한 예산을 삭감한다고 발표했다. 삭감되는 분야 중에는 특히 대중교통, 전기, 가스, 수도에 대한 보조금이 있다.(1) 밀레이 대통령은 대통령 취임식 연설에서 예산 조정으로 인한 "부담은 거의 전적으로 민간 분야가 아닌 국가가 짊어질 것"이라고 밝혔다.

충격 요법을 선택한 밀레이 대통령

그리고 10일 뒤 밀레이 대통령은 '필수 및 긴급' 대통령령 재가를 발표했다. 366개 개선책이 담긴 대통령령은 아르헨티나 전역에서 상업·서비스·산업 규제를 완화한다는 내용을 담고 있다. 언론이 '데크레타조(메가톤급 법령)'라고 규정한 이번 대통령령은 무엇보다 임대료, 공제조합, 필수품 가격, (아르헨티나 내에서 억만장자 일론 머스크의 기업 스타링크로 접속하기 위한) 인터넷 관련 서비스의 관리 감독을 중단한다는 내용이 담겨 있다. 또한 민영화를 용이하게 하고 노동법을 유연화하는 내용도 담겨있다. 예를 들면 신규 채용 시 수습 기간은 3개월에서 8개월로 연장되며 퇴직금도 삭감된다.

보마로 교수는 밀레이 대통령이 새로운 것을 도입할 때면 "폭력"과 "속도전"으로 일을 진행한다며 "과거 어떤 정부도 감히 의회를 거치지 않고 이렇게 많은 개혁을 실행한 적 없었다"라고 말했다. 마크리 전 대통령이 대대적인 폭동을 피하기 위해 "점진적" 전략을 썼다면 밀레이 대통령은 "충격 요법"을 택했다. 밀레이 대통령은 첫 연설에서 "점진적 진행을 위해서는 재정이 필요하다. 안타깝지만 한 번 더 말씀드린다. 나라에 재정이 부족하다"(2)라고 말했다.

그렇지만 밀레이 당시 후보의 대선 승리 이후 세계적인 언론들은 '헤드라인'에 밀레이 대통령이 속했던 자유전진당이 의석수를 과반 이상 확보하지 못했기 때문에 "자유지상주의자(3)"인 밀레이 대통령이 "속도를 줄이게" 될 것이라고 썼다. 페론주의자인 세르히오 마사 후보와 경합을 벌인 2023년 11월 19일 대선 결선 투표에서 자유전진당은 득표율 56%로 승리했지만 하원에서는 257석 중 38석(15%), 상원에서는 72석 중 7석(10%)만 차지했다. 이코노미스트지는 2022년 11월 23일 기사에서 "밀레이 대통령이 어려운 개혁안을 통과시키려면 의회의 도움이 필요할 것"이라며 "중도 우파 연립 정당인 '변화를 위해 함께' 및 온건 페론주의자들과 협상해야 할 것(4)"이라고 분석했다. 파이낸셜 타임스는 신임 경제부 장관으로 루이스 카푸토가 지명된 점에 "안도"했다고 밝혔다. 카푸

(1) Mar Centenera, 'Primer martillazo de Javier Milei: devaluación de más del 50% y paralización de la obra pública, El País, Madrid, 12 décembre 2023. 마르 센테네라, '하비에르 밀레이의 첫 번째 충격 요법: 페소화 가치 50% 절하와 토목 공사 중단', <엘 파이스>, Madrid, 2023년 12월 12일

(2) Gerardo Lissardy, '"No hay alternativa al ajuste": 5 frases del primer y duro discurso de Javier Milei como presidente argen-tino, BBC, Londres, 10 décembre 2023. 헤라르도 리사르디, '"예산을 조정함에 있어 대안은 없다": 하비에르 밀레이가 아르헨티나 대통령으로서 한 첫 연설의 다섯 단어', <BBC>, 2023년 12월 10일

(3) Lire 'En Argentine, la droite rugit mais innove peu, Le Monde diplomatique, octobre 2023. '아르헨티나의 트럼프' 밀레이, 예측불허의 극우 아웃사이더', <르몽드 디플로마티크> 프랑스판, 2023년 10월호, 한국어판 2023년 12월호 참고

(4) 'Javier Milei will be Argentina's first libertarian president', The Economist, Londres, 23 novembre 2023. '아르헨티나의 첫 번째 자유지상주의 대통령이 될 하비에르 밀레이', <이코노미스트>, London, 2023년 11월 23일

<하비에르 밀레이 대통령의 개혁안에 반대하는 노동총연맹 소속 시위대>, 2023년 12월 - 마리아나 네델쿠

토 선임을 밀레이 대통령이 "국가 원수"로 변모하기 위해 "엉뚱한 면"을 떨치려 하고 있음을 증명하는 "신호"로 해석한 것이다. 자유주의를 지향하는 신문 〈파이낸셜 타임스〉는 권위주의 정부가 친시장 정책을 펼칠 때 그런 정부를 기꺼이 과소평가한다.

실제로 밀레이 대통령은 결코 자신의 정책을 양보하고 싶어 하지 않았다. 그는 취임하자마자 본색을 드러냈는데, 상징적이게도 의회에 등을 지고 첫 연설을 한 것이다. 밀레이 대통령은 '데크레타조'를 재가하고 일주일 뒤인 12월 27일 '옴니버스' 법안을 발표했다. 이 법안은 공기업이 새로이 민영화(대형 석유회사 YPF와 항공사 아르헨티나 항공을 포함한 공기업 41개)하는 것 외에도 모든 권력을 행정부에 귀속하는 내용을 담고 있다.

아르헨티나 노동총동맹, "독재 정권 이후 처음 겪는 일"

664개 조항으로 이루어진 '옴니버스' 법안은 "2025년 12월 31일까지 경제, 재무, 세금, 행정, 사회 복지, 물가, 보건, 사회 분야에 있어 비상시국"임을 선포하는 법안이다. 이 법안이 통과되면 법령에 따라 최소 2025년 말까지 행정부가 아르헨티나를 다스린다. 심지어 밀레이 대통령의 임기가 끝날 때까지가 될 수도 있다. "비상사태"는 2년에 한 번씩 연장될 수도 있기 때문이다.

"자유와 아르헨티나 국민을 보호"하게 되어 있는 법안이 시위권을 제한한다. 법안은 3명 이상 모이는 모든 경우를 "시위"로 규정하고 적어도 48시간 안에 모임을 당국에 신고해야 한다. 시위로 인해 통행의 자유나 공공 서비스 제공에 지장을 주는 경우 시위 참가자 및 주최 측은 법안에 따라 6년 이하의 징역형에 처할 수 있다. 호르헤 솔라 아르헨티나 노동총동맹(CGT) 대변인은 "독재 정권 이후 이런 조치는 처음"이라며 우려를 표했다.

2024년 1월 31일까지 국회에서 특별 본회의를 연 데 이어 '옴니버스 법안'의 모든 조항을 검토한 하원이 2월 7일, 이 법안에 대해 재검토를 의결했다. 이에 따라 여러 조항, 특히 정치 시스템 개혁을 담은 조항들은 일단 제동이 걸렸다.

그럼에도 정치권에서는 현재 밀레이 대통령의 권위주의에 대해 그다지 반발하지 않는 실정이다. 진보 성향의 군소 정당인 '위대한 조국' 전선당의 후안 그라보이스 당 대표는 "야당이 불안정해졌고 쥐구멍으로 숨고 있다"라며 안타까움을 토로했다. 그라보이스 대표는 대통령 예비 선거에서 같은 페론주의 연립 정당인 '조국을 위한 연합'의 중도 성향 세르히오 마사 후보의 경쟁 후보로서 출마한 바 있다. 그는 "야당이 자신의 목소리를 언론에 드러내지 않는다. 야당은 의회 차원의 분명한 전략이 없다. 민주주의를 지키기 위한 초당적 연대가 없다"라고 밝혔다.

의회를 믿을 수 없게 되면서 노동총동맹은 데크레타조 내 특정 요소들이 헌법에 부합하는지를 가리기 위해 아르헨티나 노동법을 주관하는 법원인 국립 노동 법원에 데크레타조를 제소했다. 솔라 대변인은 "선택의 여지가 없었다"라고 말했다. 그러던 중 인터뷰가 한창이던 1월 3일 대변인의 스마트폰 메시지로 "희소식"이 날아들었다. 판사들이 대통령이 내세운 사안의 "긴급성"에 대해 실제로 그러한지 의문을 제기하며 데크레타조에서 노동법 관련 항목에 대해 일시적 시행

중지 결정을 내렸다는 내용이었다.

이 결정을 노동총동맹의 승리로 봐야 할까? 솔라 대변인은 "아직은 아니다"라고 밝혔다. 국립 노동 법원의 최종 결정이 어떻게 나올지는 아직 불확실하다. 법안의 법률적 검토 결과에 따라 결정될 것이다. 그런데 솔라 대변인이 메시지를 받고 몇 분 뒤 정부가 항소 의사를 밝혔다. 게다가 (진보 성향의) 크리스티나 페르난데스 데 키르치네르 전 대통령의 정계 복귀 가능성을 막기 위해 그녀를 사법 수단으로 괴롭히는 상황을 봤을 때 아르헨티나 사법 기관이 항상 법의 편에 서는 것은 아님을 알 수 있다.

파블로 세만 연구원은 밀레이 대통령을 향한 저항은 "기관들"이 아닌 "거리에서 비롯"될 것이라고 밝혔다. 이런 일은 과거에도 있었다. 메넴 정부(1989~1999)의 신자유주의 정책으로 인해 2001년 아르헨티나는 사상 최악의 경제 위기를 겪었다. 그러자 시민 수천 명이 거리로 나와 냄비를 들고 "정치인들은 모두 물러가라!"라고 요구했다. 군중의 압박에 카를로스 메넴 다음 대통령으로 취임한 (급진당 소속 중도 성향의) 페르난도 데 라루아 대통령과 도밍고 카발로 경제부 장관은 결국 2002년 1월 21일 헬기를 타고 도망가 버렸다.

그렇지만 당시 시위로 인해 사망자 39명과 부상자 500여 명이 발생했다. 그라보이스 의원은 "정치가 제 일을 하지 않을 때 투쟁 과정에서 다치고 피 흘리는 이들은 언제나 결국 가난한 사람들"이라고 말했다. 그라보이스 의원은 2001년 당시 시위에 참여해 경찰에 구금된 바 있다.

역사는 반복될까? 벌써 분노가 넘실대고 있다. 솔라 대변인은 "(밀레이 대통령의 임기가 시작된 지) 얼마 안 됐는데도 시민들

(5) Raúl Kollmann, 'La encuesta que muestra la caída de imagen de Javier Milei: la mayoría está en contra del DNU', Página 12, Buenos Aires, 24 décembre 2023. 라울 콜만, 하비에르 밀레이의 이미지 추락을 보여주는 여론 조사: 대다수가 필수 및 긴급 대통령령에 반대', <파히나 12>, Buenos Aires, 2023년 12월 24일

(6) À l'origine, elle s'élevait à 57 milliards de dollars, mais ce montant a été réduit à la suite de la rené-gociation de la dette sous le gouvernement de M. Alberto Fernández. 원래 570억 달러였으나 알베르토 페르난데스 정부 집권 중 부채를 재논의하여 금액이 감소했다.

(7) 'Argentine : le FMI adoube le plan "ambitieux" du président Milei avec une première tranche d'aide, LaTribune, Paris, 11 janvier 2024. 아르헨티나: 첫 번째 지원을 통해 밀레이 대통령의 '야심찬' 계획을 지지하는 IMF', <라트리뷴>, Paris, 2024년 1월 11일

(8) Jaime Rosemberg, 'Javier Milei pidió por carta a Xi Xin-ping que interceda por el swap con China, La Nación, Buenos Aires, 12 décembre 2023. 하이메 로센베르그, 서신으로 시진핑에 통화 스와프를 위한 개입을 요청한 하비에르 밀레이', <라 나시온>, Buenos Aires, 2023년 12월 12일

(9) Anaïs Dubois, 'Le FMI octroie une bouffée d'oxygène à l'Argentine de Milei', Les Échos, Paris, 11 janvier 2024. 아나이스 뒤부아, 밀레이의 아르헨티나에 숨구멍 틔워 준 IMF', <레제코>, Paris, 2024년 1월 11일

(10) 'En Argentine, Javier Milei présente la facture aux organisateurs d'une manifestation', France 24, 23 décembre 2023. 하비에르 밀레이 아르헨티나 대통령 시위 주최 측에 청구서 제시해, <France 24>, 2023년 12월 23일

의 불만은 이미 드러나 있다"라고 밝혔다. 여론 조사 기관에 따르면(5) 2023년 12월 22일 이미 대통령의 지지율이 6% 포인트 하락했다. 겨우 취임 12일 만의 일이다. 노조가 선언한 총파업 날인 1월 24일에는 엄청난 규모의 시위가 전국 단위로 펼쳐졌다.

밀레이 대통령이 마크리 정부와 페르난데스 정부(2015~2019) 임기 동안 서민층을 가난으로 내몰았던 인플레이션을 종식시키겠다고 약속하며 이들의 지지를 받는 데는 성공했으나 현재까지 밀레이 대통령의 '자유혁명'은 모든 것을 악화시키기만 하고 있다.

2023년 12월 또다시 인플레이션이 25% 상승해 연 211%를 기록했다. 향후 몇 달 안에 인플레이션이 하락할 조짐은 어디에도 보이지 않는다. 아르헨티나의 주요 자유지상주의자 중 한 명이자 밀레이 대통령 고문이었던 카를로스 마슬라톤 변호사는 "밀레이 대통령에겐 인플레이션의 주 원인인 아르헨티나의 부채를 축소시킬 방안이 없다"라고 밝혔다. (아르헨티나는 마크리 정부 당시 국제통화기금(IMF)과 자금 조달 계약을 맺어 발생한 부채가 있다.) IMF에 상환해야 하는 금액이 약 440억 달러(6)인데 반해 달러 보유분은 적어(7) 큰 부담을 안고 있는 실정이다. 이런 상황에서는 수출을 늘려 달러를 확보할 수밖에 없는데 그렇게 하면 페소화의 가치가 하락한다. 2023년 10월 18일 알베르토 페르난데스 정부는 부채 상환을 위해 65억 달러를 마련하고자 중국과 통화 스와프 계약 논의한 바 있다. 그러나 밀레이 당시 대선 후보가 "공산주의" 국가인 중국과의 "외교 단절"을 공약으로 내세우자 중국은 그해 12월 20일 통화 스와프 조치를 중단했다. 중단 조치 시행 일주일 전 시진핑 중국 국가주석은 밀레이 대통령이 재정 지원 유지를 요청하며 '아쉬움을 표한' 친서를 보냈음에도 냉담한 태도를 고수했다(8).

산적한 국가부채, IMF에 손 내밀어

그렇다면 달러는 어디서 조달할 것인가? 밀레이 대통령 입장에서 IMF를 실망시키는 일은 있을 수 없다. 밀레이 대통령이 대선 후보였을 당시 IMF 대표부와 회담을 한 뒤인 2023년 9월 14일 "(IMF 대표부에) 명확한 태도를 보였다. 부채는 상환될 것"이라고 밝힌 바 있다. 이 같은 태도에 IMF는 환영하고 나섰다. IMF는 밀레이 대통령의 권위적 행동을 비판하지 않고 1월 11일 대통령의 빠른 행동력과 확고한 태도를 높이 평가했다.(9)

데크레타조 발표 후 노동총동맹이 첫 번째 집회를 열었는데 수도인 부에노스 아이레스에 2만 5천 명에서 3만 명가량이 운집했다. 산드라 페토벨로 인적자본부 장관은 곧바로 감히 거리를 봉쇄한 시위대에 지원금 중지를 언급하며 위협했다. 마누엘 아도르니 정부 대변인 또한 5천 명에 달하는 경찰 및 헌병 배치 비용을 시위대에 청구하겠다고 밝혔다.(10) 이런 위협에도 노동총연맹은 굴복하지 않고 있다.

글·안도미니크 코레아 Anne-Dominique Correa
특파원
불법적인 쿠데타로 축출된 전 에콰도르 대통령 라파엘 코레아의 딸

번역·김은혜
번역위원

우주와 대중을 정복하기 위한 신화 '평범한 영웅'

우주비행사는 어떻게 영웅이 되었나?

우주비행사의 헌신적 모습, 무중력을 버텨내는 신체적 능력 등은 1950년대부터 검증된 성공 비결의 요인이다. 이 직업은 대중의 찬사를 받고 인류 모험의 필요성을 구현하지만, 사실상 당위성이 부족하다. 그런데도 AI 로봇을 우주로 보낸다는 전망까지 나오고 있다.

이레네 레뇨 & 아르노 생마르탱 ▌컨설턴트, 사회학자

1955년, 미국 〈ABC〉 채널에서 '맨 인 스페이스(Man in Space)'가 방영됐다. 4,200만 명이 디즈니 스튜디오가 제작한 이 다큐멘터리를 시청했고, 1956년 재방송 이후에는 미국 국민의 절반이 이를 시청했다. 인류가 달에 갈 수 있다고 믿는 미국인 비율은 1949년 15%에서 방송 이후 38%로 증가했다.(1) 쥘 베른의 소설부터 크리스토퍼 놀란 감독의 〈인터스텔라〉(2014년)까지, 공상과학은 우주 정복이 인류의 꿈인 것처럼 다뤘다. 자연적이고 보편적이며 시대를 초월한 욕망을 달성한 것처럼 말이다. 그러나 우주 정복에는 명분이 필요했다. 그래서 우주탐사로 얻은 과학적 성과를 내세우고, 위성에 찍힌 지구 사진을 이용해 행성의식(인류는 지구라는 행성의 구성원이라는 인식-역주)을 강조했다. 그리고 우주비행사를 영웅으로 조명하는 것도 한몫했다.

우주비행사는 단순히 우주로 탐사를 떠나는 역할뿐 아니라 자국의 가치를 구현하는 역할도 한다. 1961년 당시 소련의 유리 가가린은 인류 최초로 우주여행에 성공했다. 소련이 유리 가가린을 뽑은 이유는 그가 소박한 시골 출신이며 소련이 추구하는 남성상에 가장 부합하는 인물이었기 때문이다. 미국도 1959년부터 미국 국민상을 대표하는 우주비행사 7명을 선출했다. 훤칠한 외모, 아름다운 아내, 충성심, 애국심, 백인, 정서적 안정성, 위험을 기꺼이 감수하는 희생정신을 갖춘, 일명 '머큐리 세

븐'이었다. 노련한 전투기 조종사였던 이들은 국가를 위해 신성한 임무를 수행하는 기술적 능력, 의무, 용기의 상징이 됐다. 미국인들은 이들이 지상 1km도 올라가지 않았을 때부터 영웅처럼 떠받들었다.

의사와 교수를 빼고 전투기 조종사를 뽑은 이유

그런데 당시 우주비행사를 선발했던 생리학적 기준이 조금 애매했다. NASA의 전신인 NACA(미국항공자문위원회)가 1차로 실시한 신뢰성 테스트는 마치 그들을 최대한 조종하고 굴복시키려고 고안된 것처럼 보였다. 우주비행사들은 나체로 사진 찍히고, 온갖 실험과 침습적 장치의 대상이 됐다. 전투기 조종사만 뽑은 기준도 석연치 않았다. 드와이트 아이젠하워 대통령이 이 기준을 승인하기 전에는 선발 대상에 농구선수, 그네 곡예사, 등산가, 의사, 교수 등 온갖 직종이 포함돼 있었다. 그러나 1960년대 말, NACA는 제라르 드그루트의 공식에 따라 '평범한 슈퍼맨'을 찾기로 했다.(2) 너무 튀지 않으면서 모두가 납득할 수 있는, 단정하고 이상적인 사윗감 같은 인물을 말이다. 게다가 전투기 조종사는 보안이 확실하고 상명하복과 압박적 분위기에 익숙한 군인이었다.

우주비행사의 첫발은 녹록지 않았다. 우주시대(인류의 우주경쟁·탐사·기술과 연관된 시대. 대략 1957년

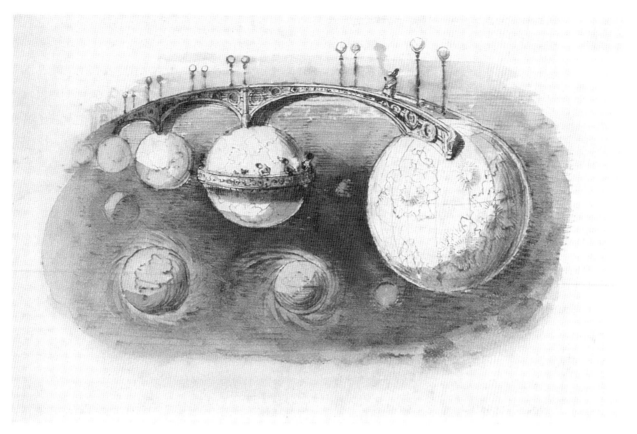

<무한의 신비>, 1843 - 장자크 그랑빌

스푸트니크 1호 인공위성 발사부터 현재까지를 이른다-역주) 초창기에 머큐리 세븐은 밖으로는 대중에게, 안으로는 과학자와 엔지니어 팀에게 자신의 쓸모를 증명해야 했다. 미국이 최초로 우주에 보낸 생명체는 원숭이였는데, 우주비행사들은 이 영장류보다 부가가치가 높다는 것을 보여줘야 했다. 이 직업의 현실은 궤도에 진입할 때까지 좁아터진 캡슐에 앉아 흔들림을 버텨내는 것이었다. 무중력 상태에 진입해서 시시덕거리는 모습은 아직 먼 이야기였다. 그리고 다시 귀환할 때, 흔들림을 참고 지구 대기권으로 진입하는 위험천만한 과정이 남아있었다. 과학자들은 우주선이 거의 자동으로 운항되는 와중에 생명유지시스템에 신경 쓰고 싶지 않았던 나머지, 우주비행사들에게 수면제를 먹일까도 고려했다. 그들의 안전을 위해서가 아니라, 잘못된 버튼을 누를까봐 걱정됐기 때문이다. 이를 두고 드그루트는 우주비행사가 '좌석, 테이블, 창문을 조절할 권한'이라도 있는 일반 비행기 승객보다 자율성이 없었다고 비꼬았다.

미국 언론, 우주비행사의 숱한 불륜에도 침묵

처음에 미 정부와 NASA는 우주비행사의 삶을 대중에게 공개하자는 제안에 시큰둥했다. 미숙한 모습을 대중매체에 내보내기가 망설여졌던 것이다. 그러나 이 방법이 대중의 관심을 유지하는 데 도움이 된다는 것을 깨닫고, 결국 승인했다. 1959년, 머큐리 세븐은 <라이프> 잡지에 본인의 사진을 팔아도 된다는 허가를 받았다. 단, 우주비행사의 사생활과 위험천만한 임무에 대한 가족과 아이들의 무조건적인 지지는 묻어둔다는 조건이 붙었다. 이에 기자들은 우주비행사와 관련해 많은 불륜 사건을 알고 있음에도 침묵을 지켰다. 우주비행사의 삶은 우상화됐고, 그들의 임무는 '홍보'로 확대됐다. 그들의 일정은 학교 연설과 회사 동기부여 세미나로 채워졌다.

우주비행사는 불과 몇 년 만에 문화적 아이콘으로 거듭났다. 미국의 높은 기술력은 물론, 남성성과 정력을 상징하는 새로운 영웅이 탄생한 것이다. 머큐리 프로그램의 우주비행사 유니폼은 미래적인 느낌을 주기 위해 은색 스프레이 칠을 했다. 1967년 영화 〈007 두 번 산다〉에서 제임스 본드는 전문적인 전투 실력을 선보였고, 1979년작 〈007 문레이커〉에서는 레이저무기를 든 영웅이었다. 한편, 미국에서 여성을 우주에 보내는 일은 여전히 시기상조였다. 여자의 신체 능력이 남자와 비슷한 수준이거나 더 뛰어난 경우도 있었는데 말이다. 소련은 1963년에 이미 발렌티나 텔레시코라는 최초의 여성 우주비행사를 배출했지만, 미국 최초의 여성 우주비행사 샐리 라이더가 등장한 것은 그로부터 20년이 지나고 나서였다.

우주정거장 건설이 만든 '우주 근로자'

1969년 달 정복 이후, 유명세와 영웅화만으로 우주비행사의 존재를 정당화하기 불충분해졌다. NASA는 최대한의 지지를 끌어내기 위해 새로운 스토리와 기존의 관습적 경계를 뛰어넘는 메타포가 필요했다. 1970~1980년대에는 우주왕복선을 타고 우주로 접근하는 일이 정례화됐고, 우주비행사는 우주정거장을 건설하고 그곳에서 과학실험을 수행하는 '우주 근로자'라는 스토리가 확립됐다. 역사학자 발레리 닐은 '우주에 가는 것이 곧 일하러 가는 것'이라는 공식이 성립됐다고 저서에 적었다.(3)

이 시기에 우주비행사는 정거장을 하나둘씩 지어나갔고, 그 모습을 담은 수많은 이미지가 제공됐다. 한편 소련은 동맹국 우주비행사들을 살류트 정거장에 초대했다. 그중에는 1980년 7월에 방문한 베트남인 팜뚜언도 있었는데, 그는 베트남 전쟁 때 미국 B-52 폭격기를 격추시킨 장본인으로 우주를 여행한 최초의 아시아인이 됐다. 그는 우주에서 미군이 1962~1971년에 베트남 숲과 밭에 살포한 고엽제 때문에 발생한 환경적 피해를 목격했다.

1980~1990년대, 여성 및 유색인 우주비행사가 크게 증가했다. 우주선을 비롯한 우주과학 자체의 유용성에 대한 비판이 만연한 가운데 NASA가 우주비행사 구성원을 다양화할 필요성을 절감했기 때문이다. 1986년, 크리스타 매콜리프가 고등학교 여교사로서 학생들에게 영감을 주기 위해 챌린저호에 승선할 당시 '누구나 우주에 갈 수 있다'는 생각은 절정에 달했다. 그러나 안타깝게도 챌린저호는 발사 73초 만에 폭발하고 말았다. 우주여행이 아무리 정례화 됐다해도(여전히 성공하기 어렵지만), 다른 분야와는 다르다는 점을 다시금 깨닫게 해준 참사였다.

이 사건들을 토대로 현재 미국, 프랑스 그리고 중국 우주비행사의 역할을 이해해야 한다. 오늘날 프랑스 우주비행사 토마 페스케는 옛 소련의 가가린과 미국의 머큐리 세븐처럼 영웅, 주인공, 평범한 남성이라는 3중 역할을 수행하고 있다. 프랑스 국민은 토마 페스케를 제니퍼(프랑스 가수 겸 배우), 피에르 신부, 장자크 골드만처럼 칭송한다. 우주비행사가 극도로 엄격한 선발기준을 충족한 직업임을 인정하는 것이다. 이처럼 현대식 영웅이라는 지위는, 추종자들을 주눅 들게 하지 않는 평범한 남성이라는 이상과 완벽하게 결합한다. 철학자 귄터 안더스도 달 여행의 유용성을 다룬 저서에서, 우주비행사는 영웅화와 더불어 '평범화'됐다고 적었다. "대중민주주의에서 영웅으로 추대받으려면, 대중이 그런 성향을 가졌거나 아니면 적어도 그와 비슷하다고 동일화할 수 있는 방식으로 제시돼야 한다."(4)

프랑스 우주비행사 토마 페스케는 왜 영웅이 되었나

그래서 우주비행사는 능력뿐 아니라 접근성과 평범함을 내세워 대중을 안정시키고 안심시킨다. 예를 들어 캐나다 우주비행사 크리스 해드필드는 우주국제정거장에서 '무중력 상태로 면도하고, 술을 마시고, 땅콩을 까먹으며' 자신과 대중을 연결 짓는 과정이 얼마나 중요한지 보여줬다.(5) 21세기 우주비행사는 SNS에 익숙한 인플루언서지만, 고용주로부터 활동에 큰 제약을 받는다. 항상 긍정적인 태도를 보여야 하며, 지구의 아름다움과 기후의 취약성에 관해 의례적인 발언만 해야 하며, 우주

폐기물 문제를 자주 언급하면 안 된다. 이탈리아 우주비행사 사만타 크리스토포레티는 젊은 세대가 과학 분야 직업에 관심을 갖는데 일조했는데, 특히 자신의 모습을 본뜬 바비 인형을 판매한 마텔사와 협력하는 등 색다른 '롤모델' 역할을 수행했다.

이런 요소들은 세계 550번째이자 프랑스 10번째 우주비행사 토마 페스케가 왜 2010년대 이전 세대보다 훨씬 더 큰 인기를 누리는지 보여준다. 유럽우주국(ESA)이 완벽하게 만들어낸 유명인이기 때문이다. 토마 페스케는 스포츠, 음악, 무료급식소를 종횡무진하며, 비난받을 구석이 전혀 없는 괜찮은 남자 이미지를 구축했다. 그는 이런 방식에 능숙하다. 세계적으로 유명한 부르고뉴 와인, 배경화면 같은 브르타뉴 풍경 등의 사진을 올려서 애국심과 지역주의를 부추긴다. 그리고 2021년 그리스, 캐나다, 캘리포니아, 터키 화재를 끊임없이 언급하며, 기후변화에 대한 낭만적 생각을 공유한다.

이제는 유색인 여성 우주비행사가 나올 차례

국민스타이자 우주 프로그램 홍보대사라는 이중적 역할은 여기저기서 발생하는 다양한 사회적 요구에 적용하기 편리하다는 이점이 있다. 예를 들어보자. NASA도 우주비행사의 남성 비율이 월등히 높아서 대표성이 부족하다는 사실을 알고 있다. 로리 가버 NASA 부국장도 이 점을 누구보다 명확하게 꼬집었다. "우주비행사 구성원의 다양화는 이 직업에서 찾아보기 힘들었던 사회계층에게 롤모델을 제시하고 희망의 물꼬를 터줄 것이다."(6) 미국이 2026년 달 착륙 프로젝트 '아르테미스'에서 최초의 유색인종 여성을 달로 보내려고 애쓰는 이유도 바로 이 때문이다. 우주비행사라는 직업은 스크린 속의 배우 역할도 흡수하고, 환경문제에도 관여하고, 이제는 성별·인종·장애 불평등을 완화시키는 역할까지 맡게 됐다.

그러나 우주비행사, 우주정거장, 우주연구의 유용성은 여전히 '전설의 바다뱀'같은 문제로 남아있다. 우주 국제정거장 1일 체류비용은 우주인 1명당 750만 달러로, 발사비용까지 합쳐서 시간당 31만 5,000달러에 육박한다. 우주에서 과학연구를 지속해야 하는 이유를 정당화하기에는 너무 큰 금액이다.(7) 이에 자주 언급되는 주장은, 우주선을 다섯 차례 보냈기 때문에 1993년에 허블 우주망원경을 수리할 수 있었다는 것이다. 그러나 우주선 다섯 대를 보낼 비용이면, 우주망원경 7대를 제작해서 우주로 발사할 수 있었다. **ld**

글·이레네 레뇨 Irénée Régnauld, 아르노 생마르탱 Arnaud Saint-Martin
각각 컨설턴트, 사회학자다. 『우주 정복의 역사: 나치 로켓부터 뉴 스페이스의 우주자본 시대까지(Une histoire de la conquête spatiale. Des fusées nazies aux astrocapitalistes du New Space)』의 저자이며, 윗글은 이 책에서 발췌했다.

번역·이보미
번역위원

(1) David Meerman Scott, Richard Jurek, 'Marketing the Moon: The Selling of the Apollo Lunar Program', <The MIT Press>, Cambridge, 2014년.
(2) Gerard DeGroot, 'Dark Side of the Moon: The Magnificent Madness of the American Lunar Quest', <Vintage>, Londres, 2008년.
(3) Valerie Neal, 'Spaceflight in the Shuttle Era and Beyond: Redefining Humanity's Purpose in Space', <Yale University Press>, New Haven, 2007년.
(4) Günther Anders, 'Vue de la Lune. Réflexions sur les vols spatiaux(달에서 바라본 풍경과 우주여행에 대한 고찰)', <Héros-Limite>, Genève, 2022년.
(5) Olivier Dessibourg, 'L'exploration spatiale n'a rien de magique, c'est juste de l'exploration', <Le Temps>, Genève, 2016년 5월 22일.
(6) Lori Garver, 'Escaping Gravity: My Quest to Transform NASA and Launch a New Space Age', <Diversion Books>, New York, 2022년.
(7) Donald Goldsmith, Martin Rees, 'The End of Astronaut: Why Robots Are the Future of Exploration', <Harvard University> Press, Cambridge, 2022년.

40년 전, 장 외스타슈의 영화 〈엄마와 창녀〉

68혁명의 절망이 담긴 음울한 섹스

니콜라 비예이으카즈 ▌번역가

한동안 우리는 좀처럼 눈에 띄지 않는 그의 존재를 결국 의심하고 말았다. 지난 40년 동안 대중은 영화감독 장 외스타슈(1938~1981)의 작품을 아주 간헐적이면서도 단편적으로만 접해왔다. 실제로 의미 있는 영화라고는 TV나 극장에서 정기적으로 상영해주는 〈엄마와 창녀〉(1973) 정도가 전부였다. 만성적인 재정난과 배급 문제에 시달려온 감독의 작품 세계를 곁에서 쭉 지켜본 동시대인은 드물었다. 과연 그의 첫 중편 영화 〈로빈슨의 집〉(1963)을 개봉 당시 관람한 사람이 누구였을까? 1973년 칸 영화제 수상 이후 한참 만에 제작된 마지막 단편 영화 〈알릭스의 사진〉(1980)은 또 어떤가.

당시 외스타슈는 그나마 짧은 영화 인생에서 이미 황혼기를 맞이하고 있었다. 한편 그의 작품 특성 역시 이러한 어려움을 가중했다. 그는 대개 표준과는 거리가 먼 길이로 영화를 제작했다. 그나마 픽션은 소수에 불과했고, 대부분이 실험 영화를 지향했다. 물론 위대한 걸작의 반열에 오른 대작이 존재했다. 하지만 그 밖에는 대부분 특이하고 보잘것없는 영화, 제작비만 풍족했더라도 감독이 더 훌륭하게 빚어낼 수 있었을 습작 작품들이 대다수였다.

반복과 재구성에 관한 연작

하지만 2023년 여름 외스타슈 영화 전편이 재개봉되면서, 대중의 오해는 말끔히 해소됐다. 그의 영화는 조금 더 폭넓은 대중과 새로운 세대를 위한 작품임이 여실히 입증됐다. 관객들은 저마다 그의 작품 세계의 일관성을 인정하게 되었고, 무엇보다도 그의 작품 세계가 얼마나 수많은 유령들에 사로잡혀 있는지, 얼마나 이미 일어난 것들에 강박적으로 매달리는지 고스란히 확인할 수 있었다.

외스타슈의 작품은 연애를 비롯한 사건을 다룬 영화가 아니었다. 반복과 재구성에 관한 연작이었다. 외스타슈의 '다큐멘터리들'은 그의 윗세대의 작품과는 또렷이 구분됐다. 가령 대도시 파리의 변모 과정을 포착하려 했던 크리스 마르케와 피에르 롬의 영화 〈아름다운 5월〉(1963)과는 차별화됐다. 외스타슈의 관심은 언제나 현재가 아닌, 반복되는 것들을 향했다. 때로는 말을 통해(영화 〈0번〉(1971)에서 삶을 이야기하는 역할을 맡은 할머니의 말, 〈더러운 이야기〉(1977)에 등장하는 단역배우 장노엘 피크의 말) 과거를 다시 활성화하기도 했고, 또 때로는 현재 찍은 장면을 과거 장면의 발자취로 이용하는 방법을 사용하기도 했다.

한편 영화 〈페삭의 장미아가씨〉(1968년과 1979년, 두 번에 걸쳐 찍은 영화)에서는 외스타슈가 태어난 지롱드의 한 마을에서 중세 시대로부터 이어져 내려오는 해마다 가장 덕망 높은 아가씨를 뽑는 유서 깊은 전통 행사를 소재로 다루기도 했다. 영화에서 장미아가씨, 시의회 의원, 마을주민들은 각기 과거에도 존재하고, 미래에도 존속할, 여러 역할을 한시적으로 연기하는 연기자로 등장했다.

외스타슈는 매번 과거를 재구성함으로써, 경험이란 그 자리에서 즉시 이해될 수 없는 것이라는 사실을 보여주고, 경험된 것을 한 걸음 떨어져서 바라보고자 한다.

〈나의 작은 연인들〉(1974)은 결코 '감정교육'에 대해 이야기하지 않는다. 사실상 이 영화는 그 무엇에 대해서도 이야기하지 않는다. 오로지 모든 감정이 배제된 장면을 통해 유년기의 소재들을 묵묵히 소개할 뿐이다. 그것도 모든 추억이 그러하듯, 불연속적이고 모호한 방식으로. 여러 측면에서 외스타슈는 반 트뤼포적인 위상을 차지하는 셈이다.

"내가 이 시나리오를 쓴 것은, 나를 버린 여인을 사랑해서"

〈엄마와 창녀〉는 분명 독보적인 작품이지만, 그럼에도 앞서 살펴본 것과 같은 일반적 장치를 갖추고 있다. 이 영화에서 반복은 무엇보다 교묘한 측면, 심지어 변태적인 측면을 지니고 있다. 가령 외스타슈는 당시 자신이 처한 애정 상황을 허구의 이야기 속으로 옮겨와 관련자들을 배우로 캐스팅하고, 이중적인 구도의 영화를 만들었다. "내가 이 시나리오를 쓴 것은 나를 버린 여인을 사랑해서였다. 그녀가 부디 내가 쓴 시나리오의 영화에서 연기해주기를 바랐기 때문이다."(1)

그 문제의 여인이 바로 극 중 베로니카 역을 맡은 프랑수아즈 르브렁이었다. 반면 현실의 르브렁에 해당하는 영화 속 인물은 오히려 이자벨 웨인가튼이 연기한 질베르트였다. 영화 도입부에서 질베르트에게 버림받은 알렉상드르(장피에르 레오)는 옛 애인을 되찾으려고 시도한

<무한한 욕망>, 2024 - 나디아 디즈 그라나

다. 그리고 같은 날 베로니카라는 여인을 만나게 된다. 그런데 정작 베로니카는 외스타슈가 시나리오를 쓰고 영화를 촬영할 당시 교제하던 마린카 마츄제스키의 분신에 해당한다.

한편 베르나데트 라퐁이 연기한 마리는 알렉상드르가 '빌붙어 사는 집의 주인'이자, 이 영화의 분장 및 의상 담당자였던 카트린 가르니에의 분신이었다. 사실상 가르니에는 외스타슈가 프랑수아즈 르브렁과 헤어진 뒤 사귄 애인이었다. 심지어 영화 속에 등장하는 마리네 집 장면

도 실제로 가르니에의 집에서 촬영됐다. 외스타슈는 이처럼 각각의 여인들에게 그녀들이 각기 겪었던 다른 순간들을 동일한 장소에서 각자 다른 '역할'로 다시 연기하게 했던 것이다.

그럼에도 이 영화가 남성 시네아스트의 전지전능함을 확인해준다고는 말할 수 없다. 외스타슈는 히치콕이 아니다. 영화 속 감독의 분신인 알렉상드르는 지인들을 상대로 연기 지도를 하려던 계획을 끝내 이루지 못한다. 그런가 하면 알렉상드르

는 감독의 다른 모든 남성 주인공들이 그렇듯, 아무짝에도 쓸모없는 무능하고 가련한 인간, 수동적으로 수박 겉핥기식의 삶을 살아가는 말만 번지르르한 달변가에 불과하다.

"위기가 지난 뒤에는, 얼른 잊어버려야 해"

"나는 아무 일도 하지 않아. 그저 시간만 흘려보낼 뿐이지." 또한 그는 영화 〈로빈슨의 집〉에서 자신들에게 퇴짜를 놓은 젊은 여인의 지갑을 훔치며 흐뭇해하는 두 가난뱅이 건달의 사촌 격에 해당한다. 그런가 하면 〈산타클로스는 파란 눈을 지녔다〉(1966)에 등장하는 다니엘의 조금 더 나이 든 버전이라고도 말할 수 있다. 이번에도 배우 장피에르 레오가 연기한 극 중 다니엘의 가장 큰 야심은 여자들을 '낚기 위해' 멋진 더플코트를 사 입는 것이다. 한편 〈엄마와 창녀〉에서도 모든 남성들은 외모에 각별한 관심이 많고, 항상 긴 소파에 늘어지거나, 침대 위를 뒹굴며, 온갖 궤변을 늘어놓고, 품평을 하고, 빈정거리고, 재잘거린다.

변변한 직업 없이, 항상 무일푼인 남자들은 수다쟁이 계급 외에는 그 어떤 계급에도 속하지 못한 채, 일하는 여성들을 착취한다. 극 중 여성들은 대개 반동적인 발언을 일삼는다. 가령 여성해방운동(MLF)에 대해 "남편의 침대에 아침을 대령하기를 거부"하는 여성들의 운동이라고 말한다. 알렉상드르는 어김없이 "집을 가진 여자들과만 잠자리"를 갖는다. 마리는 요리와 가사를 책임지는 동시에, 다른 남자들과 관계를 갖기 위해 때로는 동거남에게 돈을 쥐여주며 집 밖에 나가 있으라고 말하고, 대부분의 시간 동안 자신이 사랑하는 이 빈대 같은 남자의 이기적이고, 더 나아가 잔혹한 면을 애써 무시하려 한다.

"너는 아주 '신사회적인' 커플이 될 테지"

이처럼 외스타슈는 커플이란 이해타산에 근거한 제도, 혹은 피에르 귀요타의 말마따나 일종의 '매춘' 시스템이라고 간주했다. 질베르트가 다른 남자(다른 누구도 아닌 장 외스타슈가 연기)와의 결혼 소식을 전할 때 알렉상드르가 내뱉었던 신랄한 비판도 정확히 그런 의미로 해석할 수 있다. "너는 간부의 아내가 되겠지. 너희는 아주 훌륭한 커플이 될 거야. 아주 '신사회적인' 커플이 될 테지. (...) 심지어 샤방(영화 촬영 당시 총리직에 있던 자크 샤방 델마를 의미)에게 첫 아이의 대부가 되어

장 외스타슈 감독(1938~1981)은 누구?

1960~70년대 프랑스의 영화감독으로 누벨바그 이후 프랑스 영화사에서 가장 중요한 감독으로 꼽힌다. 주요 작품은 〈나쁜 친구들〉, 〈산타클로스는 파란 눈을 가졌다〉, 〈페삭의 처녀〉 등이다. 대표작 〈엄마와 창녀〉로 칸 영화제 심사위원 특별상을 받았다.

1938년 11월 30일 프랑스 누벨아키텐 레지옹의 페삭에서 태어났다. 1960년대 초 고다르 밑에서 조감독으로 일하기 시작하면서부터, 오랫동안 파리 젊은이들의 삶과 관련된 영화를 만드는 데 주력하였다.

1963년 첫 중편 영화 〈로빈슨의 집〉을 감독하고, 같은 해 〈나쁜 친구들〉로 제목을 바꾸어 개봉해 여성을 유혹하는 두 젊은이의 이야기를 통해 누벨바그 세대의 새로운 미학적인 감독으로 떠올랐다.

1966년 파리 시내를 배회하는 젊은이들의 일상을 개인적인 시선으로 그린 〈산타클로스는 파란 눈을 가졌다〉에 이어 1968년과 1979년에는 〈페삭의 처녀〉 다큐멘터리 연작을 발표해 가장 고결한 처녀의 선발 과정을 미학적으로 그려냈다는 평가를 받았다.

대표작으로 꼽히는 〈엄마와 창녀〉는 1973년에 개봉되었는데, 68혁명 이후 프랑스 젊은이들의 허탈과 절망을 성과 예술에 대비시켜 표현한 영화로, 같은 해 칸 영화제 심사위원 특별상을 받은 작품이다. 17년 동안 장편영화는 단 2편 만들었지만, 누벨바그 이후 프랑스 영화사에서 가장 중요한 감독 가운데 한 사람으로 꼽힌다. 자신만의 독특한 스타일을 고집하면서 개인적인 작업을 주로 해 오던 중 1981년 갑작스러운 권총 자살로 생을 마감하였다. ID

달라고 부탁할 수도 있을 거야." 처음으로 정치에 대한 언급이 등장하는 이 신랄한 비판은 앞서 알렉상드르가 했던 말과 조응한다. "위기가 지난 뒤에는, 얼른 잊어버려야 해. 깨끗이 지워버려야 하지. 나치 해방 뒤나, 68혁명 이후의 프랑스처럼. 너도 68혁명 이후 프랑스처럼 다시 일어설 거야. 오 내 사랑..."

사랑이든, 정치든, 언제나 시야는 꽉 막혀 있다. 두세 차례의 롱숏과 일부 야외 트래킹숏 이후, 카메라는 한 자리에 고정된 채 거의 디스토피아적이라고 부를 수 있을 갑갑한 세계를 묘사한다. 각 숏의 배경에는 언제나 벽, 쇠창살, 혹은 갑갑한 세계를 은유하는 밤이 자리한다. 대개 근접 혹은 초근접으로 촬영된 인물들은 직장이나 자동차 실내, 비좁거나 어수선한 아파트, 협소한 다락방, 슈퍼마켓, 인파로 붐비는 테라스 혹은 바에 갇혀 있는 듯 보인다. 한편 인물들이 나누는 대화도 언제나 쨍그랑 잔이 맞부딪히는 소리, 군중의 웅얼거리는 대화 소리, 자동차 엔진 소리에 잠겨 버린다. 이러한 구도를 벗어난 유일한 공간이 존재한다면 바로 식당이다.

가르 드 리옹역 역사에 위치한 식당 '트랭 블루'는 알렉상드르가 프리드리히 무르나우의 영화에 빗대기도 한 매개적 공간이다. 무르나우의 영화는 언제나 "도시에서 시골, 낮에서 밤으로의 이행"을 다루어왔다. 2초 동안 기차의 출발지가 나타난 데 이어, 반대편으로 기차역과 마주한 건물들 위로 하늘 일부가 모습을 드러낸다. 하지만 이 공간에서조차 출구는 결국 더러운 흰색 벽이 되어 사라진다. 굳게 잠긴 창문들은 흐릿한 배경을 이루며 배우들의 모습을 또렷하게 부각한다.

서사적 연속성을 제거하는 특유의 페이드아웃

한편 그의 영화에서는 술 역시 어엿한 등장인물의 지위를 부여받는다. 커피를 마시는 도입부 장면 이후, 거의 모든 장면에 리카르, 위스키, 페르노를 비롯한 술병과 술잔이 등장한다. 심지어 알렉상드르와 마리가 서로 언쟁을 벌이며 제이앤비 술병을 주고받는 장면에서 위풍당당하게 등장한 물병의 존재가 흡사 일대 사건처럼 비

칠 정도다.

폐쇄된 공간에 갇힌 채 술에 취해 수다를 떠는 인물들. 〈엄마와 창녀〉는 종종 경이로운 이야기 모음집을 닮아서, 그야말로 68혁명 이후를 다룬 일종의 '데카메론'처럼 보이기도 한다. 하지만 영화에서 언어는 어떤 여흥도, 도피처도 제공하지 못한다. 오히려 그와는 정반대다. 장황하거나 두서없는 말들이 영화가 진행되는 3시간 40분 동안 관객들을 수렁처럼 점점 더 깊이 빠져들게 하는 끈적끈적한 물질을 이룬다. 처음으로 유일하게 외스타슈는 관객들에게 반복을 경험하도록 긴 시간을 이용한다. 그처럼 관객은 연이어 같은 장소에 등장하는 거의 동일한 장면들과 마주하게 된다. 간혹 기적적으로 극적인 이동이 일어날지라도, 언제나 한 장면 안에만 국한될 뿐이고, 전체적인 변화를 일으키지 못한다. 가벼움이 그와는 정반대의 것에, 열정이 비천한 것에 자리를 내준다. 코믹한 재치는 느닷없이 모차르트의 '레퀴엠'에 의해 고조된 음울한 분위기를 돌연 깨부순다. 심지어 자살 시도조차 주인공들의 관계에 아무런 균열을 내지 못한다.

결국 모든 것은 잊혀 버리는 듯 보인다. 특유의 페이드아웃을 통해, 외스타슈는 사건의 결과나 서사적 연속성을 제거한다. 또한 그는 만남에서 흔히 기대되는 상투적인 상황도 생략한다. 가령 감독은 알렉상드르가 베로니카와 눈이 마주친 뒤 처음으로 그녀에게 말을 걸려고 다가가는 순간에서 장면을 돌연 멈추어버린다. 그리고 이와 똑같은 비-만남을 30분 뒤 거의 똑같이 재현한다. 남자는 거리에서 베로니카를 닮은 여인을 따라가다가 느닷없이 가던 길을 되돌아온다.

영화 자체도 질베르트가 거만한 태도로 남자의 청혼을 거절하는 장면에서부터 시작해서, 베로니카가 그의 청혼을 격한 웃음으로 수락하는 장면에 이르기까지, 원형의 순환구조를 그린다. 하지만 '해피엔딩'식의 패러디를 이용한 반전에도 불구하고, 상황은 결코 바뀌지 않을 것이다. 영화 말미에 알렉상드르는 자신의 애인이 양동이에 구토를 하는 사이, 극심한 고통에 사로잡힌 듯 숨을 헐떡이며 인상을 잔뜩 찌푸린 채 고개를 돌려버린다. 결국 한 여자는 다른 여자로 대체될 것이다. 그리고 그것으

로 끝이다. 삶은 동일한 것의 쉼 없는 반복에 지나지 않는다. 사랑도 일대의 사건으로 변화의 단초가 되지 못한다. 상호 교환적인 존재들은 단조롭게 서로를 대체한다. 흡사 프루스트가 말한 플로베르식 반과거가 줄줄이 이어지는 컨베이어벨트처럼.

우울한 '잠자리'에 극도로 초연한 태도

그런 의미에서 우리는 〈엄마와 창녀〉를 전적으로 부정적인 다음의 용어들로 규정하고 싶어진다. 첫째, 탈개인화. 각각의 등장인물이 차지하는 자리는, 영화 속 연기자나 실제 현실의 모델처럼, 다른 사람에 의해 언제든 대체될 수 있다. 둘째, 탈-결정화. 모든 애정 관계는 연속성에 대한 환상을 깨부수는 방식으로 경험된다. 셋째, 탈-에로스화. 결코 육체는 이상화되거나, 욕망을 자극하는 대상으로 나타나지 않는다. 영화를 본 사람이라면 누구나 알렉상드르와 베로니카가 처음 사랑을 나눌 때 뜬금없이 탐폰이 저속하게 등장했던 장면을 기억할 것이다.("그만 해! 그러다 탐폰이 몸 안에 깊숙이 박히겠어!")

정확히 베로니카가 그러한 특성을 구현한다. 알렉상드르와 마리는 서사적 정형성을 나타낸다. 가령 알렉상드르가 차례로 주눅 든 애인(질베르트와의 관계)과 질투하는 애인, 무심한 남편(마리와의 관계)을 연기하는 동안, 마리는 다른 남자들과의 관계를 공공연히 욕망하는 버림받은 여성의 역할에 충실한다. 반면 베로니카는 그런 그들과는 구분된다. 특히 자신의 수많은 '섹스 담', 무수한 '인턴 혹은 의사들과 나눈 우울한 '잠자리'에 대해 극도로 초연한 태도를 견지한다는 점에서 차별화된다. "어떤 사람인지는 중요하지 않아. 나는 한 달, 두 달, 혹은 석 달 누군가를 사랑할 수도 있어. 누군가와 함께 있어 좋다면 그냥 좋은 거야. 하지만 그 다음엔 그것으로 끝이지." 그리고 그녀는 이번에는 훨씬 더 난폭하게 다음과 같이 말한다. "어떻게 사람들은 '당신이 내가 사랑한 유일한 사람이었다'라고 말할 수 있는 거지? 내가 그런 말을 한다고 생각해 봐." 여기서 68혁명이나 돌이킬 수

없는 '자유연애'의 실패에 대한 교훈담은 잠시 제쳐두자. 외스타슈는 향수에 젖은 자가 아니라, 우울한 자이니까.

영화 속에서 주인공들이 듣던 프레헬의 노래 '그들은 대체 어디에 있지'에서처럼, 동일한 것의 영원한 반복이 지배하는 세상에서("하지만 다른 이들이 되돌아올 거예요. 또 다른 영웅들이, 그리고 사라질 테죠. 각자 자신에게 맞는 때가 있으니까."), 욕망이 조건법 과거로만 서술되는 세상에서('나는 원했을 텐데', '나는 사랑했을 텐데'), 소멸 가능성이 오히려 위안을 선사하는 지친 세상에서(알렉상드르는 마리에게 말한다. "나는 봤어. (...) 마치 천 년 전이나 혹은 천 년 후에 똑같은 장소를 볼 수 있듯이 말이야. 흡사 고대 문명의 폐허 같은 이 아스팔트 도로를 (...) 나는 곧 이런 생각이 들었지. 이 모든 것도 언젠가는 사라질 테지. 임대주택도, 자동차도, 영화관도..." 역설적이게도 희망을 이야기하는 쪽은 베로니카다. "언젠가 한 남자가 나를 사랑할 수도 있을 거야. 나를 사랑해서 내게 아기를 만들어줄 수도 있겠지." 물론 그것은 동화 속 판타지, 어린 소녀의 환상일 수 있다. 하지만 동시에 〈환송대〉(크리스 마르케, 1962년)에 등장하는 한 여성의 각성 장면처럼, 외스타슈의 작품에서도 독특한 요소를 암시하기도 한다. 그것이 바로 변화의 가능성이다. ⒟

글·니콜라 비예이으카즈Nicolas Vieillescazes
번역가 겸 암스테르담 출판사 대표

번역·허보미
번역위원

(1) <Caméra-stylo 카메라-만년필>(Paris, 1983년 9월)에 실린 Sylvie Blum, Jérôme Prieur와의 인터뷰로, Alain Philippon이 저술한 『Jean Eustache장 외스타슈』(Edition des Cahiers du cinéma, Paris, 1986년)에서 재인용.

프랑스의 전통이 된 댄스파티에서의 칼부림

댄스파티에서의 칼부림 사건이 처음 일어났던 곳은 프랑스의 소도시 크레폴이 아니다. 인근 지역인 아르데슈에서 일어났던 칼부림 사건의 당사자들은 자신들의 과거를 기억하고 있다. 그리고 이들은 당시 사건에 대해 정치적으로 놀라운 통찰력을 보여주었다.

피에르 수숑 ▌기자

활발히 논의되고 있는 사회적 이슈에서 멀리 떨어져 있는 (드롬 지역의) 크레폴에서는 현장 수사가 까다롭게 진행 중이다. 이 살인 사건은 어떻게 시작됐을까?(1) 럭비를 열정적으로 좋아했던 16세 토마 페로토는 어쩌다 평범한 마을 댄스파티가 끝날 무렵 목숨을 잃었나? 이런 종류의 까다로운 질문은 필리프(2)라는 인물에게 던지는 것이 제격이다. 크레폴과 여러 산을 사이에 둔 아르데슈는 론 지역의 외곽에 위치해 있는데, 이곳에 사는 필리프는 젊은 나이에 은퇴했으며 체격이 건장했다.

그에 대해서는 확고한 평판과 동시에 부인할 수 없는 전설이 있었다. 그 전설은 그가 10대 때 섭렵했던 마을 댄스파티 수만큼이나 지역 내에서 많이 알려졌다. 비밀스러운 얘기를 들어보면 다음과 같다. "그는 어릴 때 싸움꾼이었다", "그가 파티에 오면 항상 싸움판이 벌어졌다", "1대 10으로도 너끈히 싸웠다" 등의 이야기들이었다.

말보로 담배로 불붙은 패싸움

당사자에게 물었다. "당신이 젊었던 1970년대 말 댄스파티에서는 어떻게 싸움이 시작됐나?" 필리프가 웃으며 대답했다. "어떻게든 시작됐다. 그렇지만 내 남동생이 전문가이긴 했다. 동생은 아랍인들이 오는 걸 보면 탁자에 말보로 담배 한 갑을 툭 올려놓고 방치했다. 그리고 술을 마시면서도 담뱃갑을 계속 확인했다. 그러면 결국, 언제나 아랍인이 그걸 주워갔다. 탁자에 놔뒀던, 담배가 꽉 찬 담뱃갑 말이다! 가져간 사람이 담배에 불을 딱 붙이고 자기 친구들에게 담배를 나눠주면 동생이 난입해 '네가 내 담뱃갑 훔쳐갔냐, 이 자식아?'라고 말하는 거다. 그놈이 '몰랐다, 미안하다'라고 한들… 상황은 이미 걷잡을 수 없다. 동생의 말보로 담배 때문에 패싸움이 하도 일어나서 사람들이 무서워했다. 나는 의자 같은 걸 들고 동생을 지켰다."

그렇다. 어마어마하게 심각한 이유로 아랍인들과 싸운 것이다. 게다가 각 진영은 본인들 논거의 견고함을 과학적으로 인식하고 있었다.

"1983년 당시 사귀던 여자 친구가 간호사였다. 그 애가 나를 병원 간호사들의 댄스파티에 초대했다. 지인들끼리의 파티라 초대를 통해서만 참석할 수 있었다. 나는 여자 친구가 초대해 그곳에 갔다. 파티 장소에 도착했을 때 어떤 차랑 마주쳤는데 나한테 헤드라이트를 여러 번 비췄다. 젠장, 몰랐는데 내가 헤드라이트를 계속 켜고 있었던 거였다. 라이트를 끄고 파티장 입구 앞에 주차했다. 그런데 그들이 갑자기 U턴을 했다. 셋 다 아랍인이었는데 간호사들한테 초대를 못 받은 것 때문에 입장을 거부당해 화가 난 상태였다. 그들은 내 앞에 서서 이렇게 말했다. "우린 백인들한테 쫓겨났는데 넌 우리 앞에다 라이트를 켜고 있냐 이 자식아?" 이유가 이렇게 심각할 줄이야.

"나는 나한테 말한 놈에게 주먹을 날렸다. 픽! 그놈을 깔끔하게 쓰러뜨렸다. 나머지 두 놈이 내게 덤벼들었다. 1 대 2로 붙는데 망했다고 생각했다. 파티 장소로 도망가는데 둘 중 한 명이 내 배에 주먹을 날렸다. 간호사들이 문을 닫고 내게 물었다. '무슨 일이야? 셔츠가 온통 피범벅이야!' 그놈이 내 배에 칼침을 놓았는데 나는 그걸 느끼지도 못했던 것이다. 다행히 그곳엔 의사가 많았고 나는 바로 병원으로 옮겨졌다. 7cm짜리 칼이 복부로 들어가 위와 복막 바로 앞에서 멈췄다. 거기서 나는 죽을 뻔했다."

피로 얼룩진 간호사 댄스파티

다음 날 아침, 필리프는 고통이 상당한 상태에서 병원 침대에 누워 지역 경찰에게 가해자의 인상착의를 설명했다. 아르데슈는 마을이라 불과 몇 시간 뒤인 그날 오후 두 경찰이 필리프에게 가해자를 데려왔다. 경찰이 필리프에게 이 사람이 범인이 맞는지 묻자 필리프는 그 자리에서 그를 알아보고 "이 사람이에요"라고 말했다. 가해자는 격렬히 부인했다. 그러자 두 경찰 중 하나가 그의 두 어깨를 잡으며 부드럽게 말했다. "병상에 누워있는 애가 누군지 아니? 필리프라고. 내 아들이란 말야. 내가 얘 아빠라구. 자 이제 말해봐. 얘 아빠 앞에서 이렇게 만든 사람이 네가 아니라고." 가해자는 눈을 내리깔고 범행을 자백했다.

얼마 뒤 경죄 법원은 가해자에게 집행유예 9개월을 포함한 징역 18개월을 선고했다. 결국 징역 9개월이라는 뜻이었다. 그는 옥살이를 6개월만 했다. 모범수라는 이유에서였다.

"잠깐, 필리프 씨. 3mm만 더 갔어도 당신은 죽었을 거다. 그럼 살인 미수 아닌가? 그리고 이 사건은 경죄 법원에서 맡았다. 그런데 이 일이 징역 6개월짜리라고?"

"내 말이 그 말이다. 법관들은 이걸 댄스파티에서 일어난 싸움 정도로 생각했다. 그러니까 스무 살 먹은 명청이 두 놈이 벌인 바보짓이라는 것이다. 사실 법관들 생각이 전적으로 옳았다. 우리는 똑같이 머저리였다."

간호사들이 사적으로 주최한 파티에서 백인들에게 입장을 거부당한 아랍인들이 이유 없이 백인 남성을 칼로 찔렀는데 겨우 6개월 형을 받았다? 우파나 극우파 정치인인 마레샬, 제무르, 르펜, 보키에, 치오티는 어디서 뭘 하나? 사회 쟁점, 공화당, 민족주의와 관련된 이번 사건이 1983년 지역 신문에는 단 한 줄도 실리지 않았다. 〈CNews〉, 〈BFMTV〉, 주간지 발뢰르 작튀엘, 일요 신문은 어디 있고? 아들을 찌른 아랍인은 6개월 동안 교도소에서 휴가를 보내며 휘파람이나 불 텐데, 인자하게 그의 두 어깨를 잡은 경찰 아버지는? 그는 어디에 있나? '사회의 해충들', 소란, 야만인 무리와의 '전쟁'을 선포한 프랑스의 방패, 전국 경찰 연합, 전국 독자 노조 연맹, 경찰 근로자 노조 연맹 노조들은? 다들 어디 있나?

그때는 명청이 난투극, 오늘날에는 사회적 이슈

필리프가 자상을 입은 지 몇 주 지나지 않아 평등을 지향하고 인종차별을 반대하는 행진이 마르세유에서 대대적으로 거행됐고(3) 그 행사는 가해자의 재판이 있기 몇 주 전 마무리됐다. 이민자 10만 명이 파리를 행진했다. 대표단은 요구 서한을 들고 프랑수아 미테랑 당시 프랑스 대통령과 면담했다. 역사적인 상황이 일어나면 사람이, 정치인이, 법관이, 언론이 그 상황에 맞게 행동한다는 것을 안다. 아르데슈에서 제일 적적한 곳에 사는 사람을 포함해 마을의 어느 누구도 1983년에 일어났던 명청이들의 난투극에 대해 동요할 가치조차 못 느꼈다. 이곳에서 댄스파티에서의 싸움이란 도돌이표처럼 반복되는 이야기라-소도시에서는 이런 일이 수도 없이 일어난다.-이 사건에 무관심했다. 그런데 그 사건을 구성했던 본질이 오늘날 국가적 문제로 격상됐다. 그러고 보니 좌파가 잃은 선거구가 있다는 점을 깨닫게 된다.

반면 (극)우파 정치인 마레샬, 제무르, 르펜, 보키에, 치오티, 바르델라, 르타이오는 아주 만족스러워하고 있다. 아르데슈에서 일어났던 40년도 더 된 이야기를 듣자니 당시에도 아랍인들은 이미 그렇게 많았는데, 그들이 프랑스인을 위협한 만큼 이민자로서 위협받았다고 어떻게 설명한단 말인가? 즐거워하며 이 사건을 사회 이슈화하는 저 우파 군단의 말을 들어보면, 아랍인들의 위협이 지속적으로 있었던 것 같고 아르데슈 이야기가 그 사실을 증명하는 것 같다.

이런 유형의 민감한 주제는 늘 그렇듯 필리프에게 물어야 한다.

"파티에서의 싸움 상대는 왜 주로 아랍인이었나? 당신은 인종차별주의자인가?"

"어떤 면에선 그렇다. 그렇지만 여기에는 두 가지 측면이 있다. 먼저 가장 피부로 와 닿는 불만은 지역적인 문제다. 한 탄광에서 아르키(알제리가 프랑스 식민지이던 시절 프랑스군에 입대한 알제리 군인. 자국이 독립하자 프랑스로 망명함-역주) 공동체 출신 알제리인을 많이 고용했다. 두 번째로는, 잘 드러나지 않았지만 그들은 똘똘 뭉친다는 점이었다."

"무슨 뜻인가?"

"싸움이 재밌으려면 한 놈을 패러 여럿이 움직여선 안 된다. 그놈들은 탄광에서 파티로 20명, 25명씩 왔고 우리도 20명 남짓이었다. 그러니까 패싸움하기 딱 좋았다. 그놈들이 알제리인인 것은 나중 문제였다."

이쯤 되니 아둔한 인간상을 집대성한 백과사전과 상당히 닮은 이야기에 대해-이 분야에서 전문가인-올리비에에게 도움을 청할 필요가 있었다. 지역에서 싸움의 전설로 통했던 올리비에가 봤을 때 자신 옆에 있는 필리프는 동네 건달이었다. 필리프가 40년도 전에 떠났던 마을이나 그 근방에서는 지금도 올리비에에 대해 말했다간 바로 헌병의 눈치를 살펴야 한다. 만약 올리비에가, 이 싸움성애자가, 강조해서 쓸 수밖에 없는 이 댄스파티 싸움꾼이 마을로 돌아온다면, 누구에게 그 사실을 알려야 할지 안다고 볼 수 있다.

"사실은 증오가 아닌 대립의 논리였다"

공교롭게도 필리프처럼 힘이 센 올리비에 또한 싸움에 뿌리 깊은 애정으로 인해 죽을 뻔했다는 것을 알게 됐다. 그리고 필리프처럼 올리비에도 남자 중의 남자가

<공포의 그림자>, 2023 - 에릭 바스타인

되었다는 점 또한 알게 됐다.

"올리비에 씨, 당신이 한창일 때 댄스파티에서 아랍인들과의 싸움판이 벌어졌었나?"

"당연하다! 1970년대에 그들이 리카마리, 생샤몽, 피르미니, 발레드라루아르 전역에서 여기로 정착했다. 노동자의 아들인 아랍인들과 농민의 아들인 우리는 자전거 체인, 곡괭이 손잡이 등을 들고 정정당당하게 싸웠다."

"그래도 인종차별적인 측면이 있었나?"

"그래 보였지만 사실은 증오가 아닌 대립의 논리였다. 이것은 이웃 동네끼리 일요일에 열리는 축구 경기에서 분명하게 볼 수 있다. 태클 하나, 오심 하나에 언제든

패싸움이 일어났다. 심지어 선수 엄마들도 우산을 들고 싸웠다! 내가 꼬맹이였을 때 사립 초등학교에 다녔는데 학교가 끝나면 공립학교 애들이랑 온 힘을 다해 싸웠다. 발차기, 주먹질, 돌멩이, 밤나무 판, 뭐든 무기로 썼다. 이렇게 싸우고 다닐 땐 아랍인이 한 명도 없었다. 서로 대립하는 무리 사이에서 일어나는 순수한 폭력이었던 것이다. 그리고 내면 깊은 곳에서 우리를 단결하게 만드는 것이 바로 그 대립이었다."

"어떻게 말인가?"

"사실 사회에서는 우리 중 어떤 무리도 신경 쓰지 않았다. 우리는 모두 사회적으로 완전히 투명인간이었다. 구석에 있는 축구선수, 댄스파티에 참가한 농사꾼, 시골 초등학생이었던 우리는 모두 우리가 사회에서 가장 끄트머리에 있음을 알았다. 그래서 무리 지어 옆에 있는 놈들을 밟아버리려 했고 그렇게 함으로써 우리의 집단 정체성을 확고히 했다. 아랍인들과의 싸움도 딱 이 경우였다."

어린 나이에 교육 제도에서 배제된-가정, 학업, 직장에서 두루 실패한-올리비에는 필리프처럼 토요일 밤 열리는 댄스파티에서 자기네 적들과 동일한 지위 하락을 경험했다.

사회적 투명인간, 그 동일한 경험

지위 하락이란?

크레폴에서 있었던 댄스파티의 어린 희생자인 토마 페로토는 로망쉬르이제르에서 도피네 고등학교를 다녔다. 그 학교는 피혁공을 배출하는 특성화였다. 이런 직업 전문 과정은 지역에서 수십 년 동안 '신발 제조업의 세계 수도'를 상징하는 깃발 역할을 했다. 일자리 수천 개가 폐지되기 전의 얘기였다. 일자리가 사라지자 로망쉬르이제르는 국가적으로 탈공업화를 상징하는 곳 중 하나가 되었다. 우리네 가족 중 여럿이 최근 몇 년 동안 같은 고등학교에서 같은 길을 걸었는데 이 분야에서는 일을 전혀 구할 수 없었다. 이들은 아르바이트에 매여 먹고 살기 위해 뭐든, 어떤 일이든 한다. 크레폴에서 사망자가 발생한 싸움의 주역 여럿이 로망쉬르이제르 외곽에 있는 모내라는 지역 사람들인 듯한데, 이 지역에 신발 공장 근로자들이 사는 동네가 형성됐었다. 이 동네가 만들어졌을 때부터 십여 년 이상 그곳에 살았던 나탈리는 "아르메니아, 이탈리아, 마그레브 사람들 모두 직장이 있었다. 가정주부도 부업으로 신발을

만들었다. 매일 아침 여러 공장에서 소형 트럭이 이 동네에 와 집집마다 문 앞에다 경적을 울려대며 일거리를 나눠줬다!"라고 말했다.

일거리…. 로망쉬르이제르와 모내, 공장에서 주는 월급으로 '건설한' 주변 작은 마을들-크레폴까지-은 신발로 먹고 살았다. "로망쉬르이제르산 신발을 만드는 데 인생을 다 보낸" 나탈리가 부르짖었던, 뉴욕부터 도쿄까지 전 세계에 판매되는 초대형 브랜드의 신발을 제작한다는 "노동자의 자부심"이 하늘 높이 치솟았었다. 그런 자부심, 그런 일자리는 이제 모내에 거의 남아있지 않다. 토마의 마을도 마찬가지다. 한 지역 농촌 노조 간부는 "2019년 우박을 동반한 폭풍우에 이어 눈 폭풍이 몰아쳤을 때, 벽지에 살던 남자들이 전기가 끊긴 상태로 열흘 이상 있었다. 도대체 며칠 동안 전화가 끊겼는지는 모른다. 여러 부처에 어려움을 호소하러 갔지만 모두 신경 쓰지 않았다. 언덕이 많은 드롬의 이 동네는 소외됐고, 주민들은 모두가 자신들의 비참한 처지에 일체 관심이 없다는 사실을 아주 잘 알고 있다. 바닥 중에서도 밑바닥 사람들 취급을 받는다고 느끼는 것이다. 이렇게 되면 정치 측면에서 봤을 때 선거마다 세를 확장하는 극우파에

게 이득이다"라고 말했다. 올리비에의 상황을 현재의 시각에서 보면 모내와 크레폴 지역민들은 사회적 투명인간 취급이라는 동일한 경험을 한다고 볼 수 있다. 올리비에의 상황을 과거의 시각에서 보면 크레폴과 모내는 그저 서로 "치고 박고 싸우는 것"으로 끝난다. 우파나 극우파의 시각에서 보면 이런 대립을 준비하고 더 나아가 앞당겨야 한다. 필리프의 이야기를 떠올리면 못 바꿀 것은 아무것도 없다. **ID**

글·피에르 수숑 Pierre Souchon
기자이자 작가, 2019년 아를 시에 위치한 출판사 악트 쉬드에서 '바벨 컬렉션'으로 출간한 『여전히 살아있다』의 저자

번역·허보미
번역위원

(1) 피에르 드 코제트, 『크레폴 시 토마 사망 사건 : 복잡한 사건임을 보여주는 요소들』
(2) 가명을 사용했다.
(3) 1985년 8월 자 <르몽드 디플로마티크>에 게재된 모리스 리모안의 '이민자 2세들' 참조

진 스태포드, 『퓨마(The Mountain Lion)』

유년기의 기묘함

장 필립 로시뇰 ▌작가

진 스태포드와 몰리 포셋은 조금씩 잊히고 있었다. 진 스태포드는 미국의 기자이자 소설가로, 〈뉴요커〉와 협업하였고 1970년에는 퓰리처상을 수상하기도 했다. 몰리 포셋은 그런 스태포드가 창조해낸 인물이다. 한 명은 혼란으로 가득한 삶을 살다가 1979년 63세의 나이로 세상을 떠났으며, 또 다른 한 명은 변함없이 책장 속의 존재로 남아 있다. 하지만 두 사람은 아직까지도 살아 숨 쉬며 서로 연결된 채 투지를 품으며 살아가고 있는 듯한 느낌을 준다. 스태포드는 1947년 『퓨마(The Mountain Lion)』에서 여주인공 몰리를 빚어냈는데, 그로부터 25년이 지난 뒤에는 몰리에 대해 괴로운 심정을 담아 이런 글귀를 남기기도 했다. "딱하기도 해라, 불쌍한 몰리! 나는 그녀를 마음 다해 사랑했다. 이제는 몰리가 평안 속에 잠들기를 바란다."(1)

　몰리 포셋은 누구인가? 성홍열을 앓은 데다 안경과 비뚤배뚤한 치아로 더더욱 볼품없어진 냉소적인 여자아이일까? 마크 트웨인의 모험 따위에 푹 빠져 있는 말괄량이일까? 아니면 인종차별에 앞장서는 미국이란 나라에서 시 읽기를 좋아하는 일종의 반항아일까? 사실 전부 정답이다. 그리고 몰리의 주변에는 나이는 두 살 더 많지만 어릴 때는 거의 쌍둥이처럼 자랐고, 속내는 거울로 보듯 똑 닮아 있는 오빠 랄프와, 로스앤젤레스 외곽에서 살아가며 예의범절에 집착하는 엄마, 엄마의 "구겨진 검은 블라우스"처럼 평범하기 그지없는 두 언니들, 저 먼 미주리에서 목장을 운영하며 아내를 옆에 꼭 끼고 다니는 할아버지, 그리고 얼빠진 하인들과 고양이 '부주'가 있다.

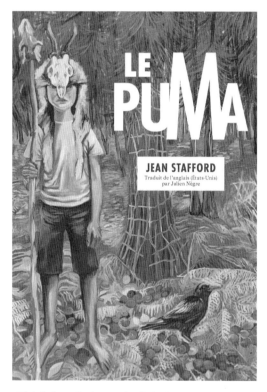

췰리앙 네그르 옮김, 보 도마쥬 출판, 파리, 2023, 208페이지

　한편 노예제 폐지를 완전히 소화하지 못한 이 청교도적 세계에서는 맞불을 이용하는 것이 나은 법이다. 그리고 몰리는 여기서 빛을 발한다. 시니컬한 유머 감각을 타고난 그녀는 삶을 옥죄는 불합리한 제약들을 타파했다. 몰리에게는 그야말로 금지에 맞서는 재주가 있었다. 몰리는 세상의 평범한 일들과 결코 조화를 이루지 않았다. "크리스마스는 부르주아들의 것이라고 생각하던 몰리는 단 한 번도 좋아하는 선물을 받아본 적이 없었다. 몰리가 받은 선물이라고는 가죽으로 만들어진 모자 보

관함이나 옷에 달 수 있는 모조 꽃 브로치 따위의 자질구
레한 것들뿐이었다. 그래서 다른 사람들의 경험도 비슷
할 거라고 생각한 것이다.”

반면 스태포드는 엘리자베스 개스켈이나 버지니아
울프와 같은 작가들과는 그 성격이 달랐다. 스태포드는
한 인물의 섬세함이란 내적 갈등과 숨겨진 균열, 서서히
무거워지는 공기 등을 통해 얻을 수 있는 것이라고 믿었
다. 이 소설에서 그려진 첫 번째 전환점은 몰리의 엄마
가 랄프와 몰리를 콜로라도에 사는 삼촌 클로드의 농장
에 맡기고 언니들과 세계 일주를 떠난 뒤에 나타난다. 불
편한 점심 식사로부터 벗어나 이제 소떼와 로키산맥을
곁에 둘 수 있게 된 것이다. 이는 대지로의 회귀였다. 제
임스 페니모어 쿠퍼의 『대평원』, 사진작가이자 소설가
인 유도라 웰티의 『화석인』 등을 통해 형성된 하나의 신
화를 이어가는 것이었다. 경계적이면서도 날카로운 맥을
지닌 이런 종류의 문학은 야생의 자연과 인간의 나약함
을 담아낸다.

한편 두 번째 전환점은 랄프와 몰리 사이에 거리가
생기기 시작했을 때였다. 바라는 것이 넘쳐나는 청소년
기가 상처 입은 유아기를 대신하기 시작했다. 성장할 수
도 없고, 그대로 아이인 채로 있을 수도 없다. 바로 그때,
숲속에서 퓨마 한 마리가 모습을 드러낸다. 스태포드는
“문학은 우리가 우리 자신으로부터 벗어날 수 있게 해주
는 강력한 약”이라고 말한 바 있다. 그리고 혼란에 빠지
면 다시 돌아가는 것이다. Ⓓ

크리티크M 5호
『LGBTQIA의
가려진 진실』
권 당 정가 16,500원

글·장 필립 로시뇰 Jean-Philippe Rossignol
작가

번역·김보희
번역위원

(1) 프랑스의 출판사 ‘도(Do)’는 2019년 진 스태포드의 『단편집 The Collected
Stories』에서 여덟 개의 단편을 발췌하여 새롭게 옮긴 『아이들은 일요일이 심심하다
Les enfants s'ennuient le dimanche』(장 제라르 쇼프토·베로니크 베갱 역)을 출간
한 바 있다.

서평

들뢰즈라는 바다, 그리고
나름의 부표일 수 있는 『대담』

이윤하 ▋ 들뢰즈를 읽는, 심리상담사

사실 프랑스 철학자 들뢰즈의 책들은 허들이 높은 편인 것 같다. 읽고 좋아서 주변 누군가에 추천하면, 책을 좋아하는 그들은 보통 책을 샀지만, 앞장 몇 장이 펼쳐지는 것도 잠시, 책장으로 직행하여 더는 꺼내지지 않는 것을 자주 목격했다. 나의 지인들은 오이디푸스에 익숙했기 때문에 주로 『안티 오이디푸스』부터 사는데 보통 첫 장을 넘기는 데에도 실패하는 것 같다. 첫 문장부터 이렇다.

> "그것은 도처에서 기능한다. 때론 멈춤 없이,
> 때론 단속적으로. 그것은 숨 쉬고 열 내고 먹는다.
> 그것은 똥 싸고 씹한다."

아주 발칙하고 불친절하기 짝이 없다. 그것이 뭔지도 알지 못하는데, 그것에 대한 적나라한 표현과 마주하게 된다. 지금에 와서야 그것이라는 것이 어딘가에 고정된 무엇이 아님을, 부정 대명사적 역량을 지니고 있음을 드러내 보이기 위한 글쓰기적 장치인 것 같다는 현재의 이해에 다다랐다. 그러나 글을 읽자고 들어온 독자가 처음 만나는 도입부의 첫 문장의 첫 단어부터 낯설고 놓아야 할 위치를 알 수 없다면, 토끼 구멍에 빠진 앨리스처럼 예상치 못한 혼돈의 미궁에 빠진 상황일 테니 누가 마냥 좋아라만 하겠는가.

사실 들뢰즈와 가타리는 책 제목들만 해도(『안티 오이디푸스-자본주의와 분열증』, 『천의 고원』, 『차이와 반복』, 『기계적 무의식』, 『분자혁명』) 영 친숙하지 않고 거리감이 느껴진다. 철학적인 개념에 정신분석적·사회적·경제적·정치적 개념이 함께하는 것도 모자라 직관적인 형상적인 표현도 섞여 있으니, 대체 이런 식으로 어찌 동맹군을 모은다고 하는 건지 한숨이 날 지경이다.

『대담』에서 들뢰즈는 이렇게 말한다.

> "무엇보다 이 책이 어렵다고 생각하는 사람들은 가장 높은 소양을 가진 사람들, 특히 정신분석적 소양을 가진 사람들이었어. (…) 반대로 아는 것이 별로 없는 사람들, 정신분석에 물들어 있지 않은 사람

하지만 정신분석에 물든 이들뿐 아니라 기존 언어
의 문법에 익숙한 다수의 사람에게도 어려운 것이 사실
이다. 기존의 책을 읽는 방식에 익숙한 이들의 당혹감은
실제로 존재한다. 하지만 이런 이들에게는 이미 신물이
난 모양인지 줄곧 신랄한 표현을 쏟아부으며 그로부터
벗어나고자 하는 들뢰즈에게 친절함을 기대하기는 어려
워 보인다.(1)

그는 책을 책이 아닌 방식으로 접하는 방법, 즉 책
을 접한 뒤에 "이것이 작동하는가? 어떻게 작동하는가?
(p.25)"에 대해 말한다. 그런데 이 방식은 나의 들뢰즈
읽기가 지금까지 이어져 온 길과 유사해 보이긴 한다. 어
쩌다 마주한 그의 문장 하나가 가슴에 박혀 울린 김에
『차이와 반복』을 샀지만 바로 접힌 채로 읽히지 못한 채
꽂혀 있었다. 시선을 쉬이 뺏는 것들이 도처에 머무는 시
대에 그러한 글이 길게 읽힐 리 만무했다. 그런데 어쩌다
시간이 남아돌 때 종종 페이지를 펼쳐 마주한 그의 문장
들은 인상적이었다. 전부를 알지 못하더라도 그렇게 만
난 부분 부분이 일렁이고 반짝였다. 그들이 자주 쓰는 표
현을 쓰자면, '분열적 읽기' 혹은 '게릴라전'이었다. 순서
도 맥락도 없는, 그저 어떤 상황이나 우연히 마주친 사건
과도 같은 문장들. 시를 대하는 방법과도 비슷해 보인다.
모든 게 한 번에 닿지 않더라도, 테크놀로지 역사가이자
문화비평가였던 해러웨이가 말했듯 '소화불량인 상태'로
내게 맴도는 문장들.

들뢰즈와 가타리가 함께 지은 다양체들의 연결로
이루어진 미궁들은 그 모습을 한 번에 모두 드러내지 않
는다. 시작과 끝이 없는 과정 도중이자 조각난 원환들
의 집합 같은 것이기에 실은 어디로도 비집고 들어갈 수
있고 아무거나 붙잡아 봐도 되겠지만, 그럼에도 주저하
는 많은 이들에게, 이번에 나온 『대담』은 들뢰즈라는 바
다를 항해하는 데에 있어 나름의 부표가 되어줄 수도 있

을 것 같다. 우선 『안티 오이디푸스』와 『천의 고원』에 대
한 대담에서는 들뢰즈와 가타리의 목소리와 어조를 느
낄 수 있고, 이어 '영화'에 대해 이야기하는 들뢰즈를 만
날 수도 있다. 여기엔 들뢰즈가 잠시 머무른 시대와 자
리, 그의 목소리의 톤이 주는 정보와 힌트가 있기에 그의
영화 이론을 보다 깊이 이해하는 데에도 도움이 될 것이
다. 이후에는 '철학'과 '푸코' 그리고 '사회와 정치'에 대
한 들뢰즈의 사유와 그때의 정황들도 접할 수 있지만, 나
의 경우에는 줄도 쳐가며 읽었지만 다시 펼쳐봐야 기억
이 겨우 날까 말까 한 것으로 봐서 아직 이 부분에 대한
내부 작동은 미미한 수준인 듯하다.

내가 가진 이해력이 아직 이런 모양이기 때문에 뭔
가 전체 맥락을 이해하여 제시하거나 무언가를 꿰뚫는
서평을 쓸 수는 없었다. 그렇지만 들뢰즈가 흥미로워하
고 관심을 가졌던 그 핑크빛의 '공명'이 느껴진 지점들,
잠시 멈추어 한동안 서성였던 문장들 몇 개를 놓아두고
이제 그만 뭍으로 나가보려 한다.

글·이윤하

(1)<정신분석 운동의 역사> 속 "그러나 나 혼자 정신분석학을 대표했던 시절 동안, 내가 세
상의 견해에 대해 특별한 존경이나 지적인 양보에 대한 어떤 성향을 전개하리라고 기대
하는 것은 무리였다"던 프로이트가 자신의 처지를 표현하며 말한 고백과 겹쳐 보이며
웃음이 나기도 한다. 그러나 <대담> 속에서 "철학사는 철학에 분명히 억압적인 기능을
행사하네. 그건 철학에 고유한 오이디푸스지. '네가 이것과 저것, 이것에 대한 저것, 그리
고 저것에 대한 이것을 읽지 않은 한, 이것에 대한 저것을 감히 네 이름으로 말하려 하지
말아라.' (p.21)"는 시대의 난관으로부터 빠져나오려 했던 그의 분투를 마주하게 되면
또 웃음이 나지 않는다.

4월의 〈르몽드 디플로마티크〉 추천도서

『루소의 식물학 강의』
장 자크 루소 지음 | 카랭 되랭 프로제 그림
| 황은주 옮김 | 에디투스

루소가 1771년 8월 22일부터 1773년 4월 11일 사이에 당시 가깝게 지내던 벗인 들레세르 부인에게 보낸 여덟 통의 편지로 구성되어 있다. 이제 막 식물에 관심을 갖기 시작한 이들의 눈높이에 맞춰 식물의 역사를 비롯해 어느 부분을 어떻게 관찰하면 좋을지 차근히 설명하는 역할에 충실하면서도 그의 식물에 대한 순정과 진실한 태도를 확인할 수 있는 책이다.

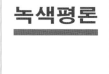

〈녹색평론〉 2024년 봄호
녹색평론 편집부 지음

테크노크라시, 인공지능, 민주주의를 키워드로 한 〈녹색평론〉 185호는 자율적 인간과 자치적 삶을 실현하는 일에 있어서 현대의 첨단 기술이 어떤 역할을 할 수 있는지 묻고자 했다. 인공지능기술이 부지불식간에 우리 사회에 침투하여 심원한 영향을 미치고 있는 것이 아닌지, 인간이 자율적 삶을 영위하는 일을 영원히 봉쇄하고 있는 것은 아닌지 살펴본다.

『샤이닝』
욘 포세 지음 | 손화수 옮김 | 문학동네

이 간결하고 놀라운 미스터리는 삶과 죽음의 문턱이 지천에 놓인 인생길을 걸어가는 우리 모두에게 새롭게 일상의 숭고함에 새삼 눈뜨게 하는 한 편의 아름답고 기이한 우화다. 『샤이닝』은 욘 포세 문학세계의 결정적인 특징이 모두 망라된, 가장 쉬운 단어로 가장 보편적인 인간의 문제를 다룬 또 하나의 수작이다.

『야구의 나라』
이종성 지음 | 틈새책방

《야구의 나라》는 스포츠가 사회적 상호 작용의 결과물이라는 것을 보여 준다. 다른 모든 사회 분야처럼, 스포츠 역시 여러 관점에서 바라보고 해석해야만 실체를 명확히 알 수 있다. 이런 측면에서 《야구의 나라》는 스포츠 분야를 조망하는 새로운 방법론을 제시한다.

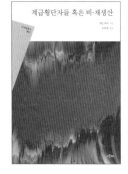

『계급횡단자들 혹은 비-재생산』
샹탈 자케 지음 | 류희철 옮김 | 그린비

사회적 유동성 수준이 상당히 축소된 오늘날의 한국 사회에서 『계급횡단자들 혹은 비-재생산』이 보여 주는 탐구는 시의적절한 이론적 개입이다. '자수성가한 인물들'의 존재가 능력주의 신화의 선전물로 활용되는 상황에서 비-재생산 현상을 제대로 분석하지 않고 내버려 두는 것은 기성 체제의 유지에 기여하는 것이다.

『맹렬서생 노상추의
눈물나는 과거합격기 1·2·3』
김도희 지음 | 노용순 감수 | 제이에스앤디

영·정조 시대 경북 선산에서 태어나 무관으로 활동했던 노상추가 쓴 일기를 바탕으로 한 본 도서는, 투철한 유림이 남긴 기록을 현대적 이야기로 창조하여 독자들에게 일반 조선 사람들이 어떻게 살았고 우리가 역사 시간에 배웠던 지식이 실제 생활에서 어떤 양상으로 나타났는지 보여준다.

『사랑의 기술』
에리히 프롬 지음 | 황문수 옮김
| 문예출판사

독일 태생의 정신분석학자이자 사회철학자인 에리히 프롬은 『사랑의 기술』에서 인류의 영원한 화두인 사랑에 대해 질문을 던진다. 프롬이 던진 이 질문은 『사랑의 기술』이 출간된 지 60여 년이 지난 지금까지도 많은 독자들에게 사랑의 의미를 진지하게 돌아볼 수 있는 계기를 제공했다.

『도파민네이션』
애나 렘키 지음 | 김두완 옮김 | 흐름출판

『도파민네이션』은 최신 뇌과학, 신경과학 연구와 저자가 20년 동안 만난 수만 명의 임상 사례를 통해 인간, 뇌, 중독 그리고 회복에 대한 새로운 시각을 제시한다. 무엇보다 중독에서 벗어나 삶의 균형을 찾기 위해서는 약물 치료에 의존하기보다는 도파민의 법칙을 이해하고 고통과 화해하는 법을 익혀야 한다고 말한다.

르몽드 디플로마티크 구독 안내 (2024년 5월호부터 구독료가 인상됩니다.)

정가 1만 8,000원	1년 10% 할인	2년 15% 할인	3년 20% 할인
종이	21만 6,000원 19만 4,400원	43만 2,000원 36만 7,200원	64만 8,000원 51만 8,400원
	1년 13만원	2년 25만원	3년 34만원
온라인	1년 13만 원, 1개월 2만원, 1주일 1만 5,000원 * 온라인 구독 시 구독기간 중에 창간호부터 모든 기사를 보실 수 있습니다. * 1주일 및 1개월 온라인 구독은 결제 후 환불이 불가합니다(기간 변경 및 연장은 가능)		
계좌 안내	신한은행 140-008-223669 ㈜르몽드코리아 계좌 입금 시 계좌 입금 내역 사진과 함께 〈르몽드 코리아〉 본사에 문의를 남겨주시거나, 전화/메일을 통해 구독 신청을 해주셔야 구독 신청이 완료됩니다.		

계간지 구독 안내

	낱권 1만 8,000원	1년 7만원 2,000원 ⇨ 6만 5,000원	2년 14만원 4,000원 ⇨ 12만 2,400원
마니에르 드 부아르		계좌 : 신한은행 100-034-216204	
	계좌 입금 시 계좌 입금 내역 사진과 함께 〈르몽드 코리아〉 본사에 문의를 남겨주시거나, 전화/메일을 통해 구독 신청을 해주셔야 구독 신청이 완료됩니다.		
크리티크 M		낱권 1만 6,500원	

고완순 씨가 그린 그림. 북촌 대학살 때 '옴팡밭'에 끌려가 총살을 기다리던 장면을 묘사했다. © 고완순 _ 관련기사 117면

CORÉE

한반도

프랑스 국방부, '화살머리 고지 기록 사진' 공개

–주한프랑스대사관, 프랑스군 한국전쟁 참전 기록물 상영
–서울프랑스학교 학생들, 참전 용사 증언 낭독

프랑스 국방부의 시청각 기록 보관소 영상홍보처(ECPAD)가 한국전쟁 동안 화살머리고지 전투에 참전한 프랑스군의 기록 사진을 최근 공개했다.

해당 기록물은 종군 사진가들이 촬영한 자료(732점)와 1991년 유엔군 프랑스 대대 참전 용사 20명이 기증한 자료(284점)로 이뤄져 있다.

이들 자료에는 1952년 10월 281고지에서 미군, 한국군, 프랑스군으로 구성된 유엔군과 중국 인민지원군이 치른 화살머리고지 전투를 비롯해, 유엔군 프랑스 대대가 활약을 펼친 전투에 관한 다양한 정보와 자료도 포함되어 있다.

주한 프랑스대사관은 이와 관련하여 협력 기관 강당에서 발표회를 개최한다. 이 발표회에는 학생들이 프랑스 유엔군 대대의 일부 병사들을 비롯한 프랑스 참전 용사와 한국군 장병들의 증언을 낭독하고, 낭독이 진행되는 동안 기록물 사진들을 상영할 예정이다.

한편 이에 앞서 서울프랑스학교 학생들은 주한 프랑스대사관 국방무관실이 주관한 '화살머리고지 전투 알림이(Les porte-voix d'Arrowhead)' 프로젝트에 참여했다. 학생들은 프랑스 국방부 영상홍보처의 사진 기록물들을 훑어본 후, 사진 25장을 선별했다. 영상홍보처에서 교육 사업을 담당하는 카트린 뒤퓌이로부터 각 사진의 의의, 출처, 용도, 중요성을 이해하는 데 필요한 설명을 들었다. ⒹⒹ

화살머리 고지에서 기관총을 발사하는 프랑스군 하사.

프랑스 대대 특공대가 고지전에서 소탕작전 임무에 나서기전의 모습

▼ 화살머리고지 전투에서 승리한 프랑스군 대대(대대장 보레이 중령)를 기념하여 1952년 11월 열린 행사에 대한민국 이승만 대통령이 참석했다. 프랑스군에 배속된 한국군의 모습도 열병식에서 보인다.

프랑스 국방부 영상홍보처(ECPAD)
연락처: actions-culturelles@ecpad.
fr, +33 (0)1 49 60 52 73.
  https://imagesdefense.gouv.fr/
fr/catalogsearch/result/?avec_visu
el=1&q=Coree에서 한국전쟁 관련 사
진들을 조회할 수 있다.(QR코드 참조)

▲ 대한민국 이승만 대통령이 화살머리고지 전투에서
승리한 프랑스군 대대 2중대장 보레 중위에게 훈장을
달아주었다.

▼ 고지전에서 전사한 프랑스 군인들의 시신을 담은 배낭들.

번역·이푸로라
번역위원

영화 〈길위에 김대중〉

진실 대신 눈빛과 손짓을 남기는, 〈길위에 김대중〉

송상호 ▌영화평론가

한 청년 사업가가 정치판에 뛰어든 뒤 파란만장한 우여곡절을 온몸으로 견뎌낸다. 〈길위에 김대중〉에서 확인할 수 있는 대통령이 되기 전 김대중의 모습이다. 대개 관람객은 그의 삶을 재조명하는 다큐를 통해 몰랐던 비화나 생애를 알 수 있어 감명을 받았다든가 교과서로 볼 수 없던 역사를 생생하게 체험할 수 있었다는 등의 감상을 내놓는다. 물론 〈길위에 김대중〉을 토대로 실존 인물의 삶에 가까워지는 일도 좋지만, 그보다 흥미로운 일이 있다면 다채로운 푸티지 속 김대중이 마치 극영화의 배우처럼 느껴지는 이유가 과연 무엇인지 찾아내는 작업이 아닐까 싶다.

표정과 몸짓의 존재감

그걸 위해 붙잡아야 하는 요소는 무엇인가. 이번 작품을 통해 대중에게 처음 공개된 옥중 연설이나 미국 연설 장면 따위의 영상에도 물론 눈길이 갈 수 있겠다. 또 해당 작품이 5개월간 12시간씩 검토해 제작됐으며, 10여 년 전부터 시작된 기획이 본격 제작에 들어가면서 탄생 100주년에 개봉할 수 있게 된 비화도 흥미롭다. 김대중에 관한 1,700시간 가량의 자료를 전부 뒤적인 끝에 선별된 영상들을 밀도 있게 세공해낸 편집 역시 이목을 끄는 지점들이 아닌가. 하지만 우리가 진정 매달려야 하는 영역은 따로 있다. 바로 화면 속 김대중 전 대통령의 얼굴에 서려 있는 굳은 의지나 몸짓에서 뿜어져 나오는 강단 따위의 것. 다시 말해 재서술되고 재구성된 김대중의 행적이 아닌, 표정과 제스처가 머무는 그 찰나를 파악하는 일이 훨씬 중요하다.

그 이유는 〈길위에 김대중〉이 수많은 이미지의 연쇄로 관객과 만난다는 데에서 찾을 수 있지 않을까. 먼저 영화에 동원된 스코어부터 재즈의 질감이 묻어나는 선율이 넘실댄다는 점에 주목하자. 분명 우연이 아니다. 사진과 영상의 조합이 빚어내는 활력의 리듬을 음악 역시도 함께 발맞춰 따라가고 있다는 점에서 그렇다. 결국 영화를 따라가는 관객들은 감각 기관의 자극 자체에 사로잡히는 여정에 몸담는다. 영상과 사진 속 인물에게 묻어나오는 비언어적 표현이나 실루엣이라든지, 실제 인물의

영화 〈길위에 김대중〉

음성이 매개하는 당대 시공간의 분위기 같은 요소가 감상의 척도로 작용하고 있다. 그렇게 되면 관객들은 서사속 정보를 취합 및 선별해 인물을 판단하고 파악하는 작업과 자연스레 멀어진다. 결국 〈길위에 김대중〉은 실존인물의 행적을 좇는 다큐멘터리지만 한편으로는 극영화의 화법을 일정 부분 녹여내는 유연한 면모를 보여주면서 객석의 감상을 능동적으로 가꿔준다.

이때 기억에 남는 게 있다면, 〈길위에 김대중〉이 몇몇 장면을 재연에 의지한다는 점이다. 공들여 찍지도 않은 것처럼 보이고, 아무리 봐도 재연이 티가 나도록 촬영됐다. 실제 푸티지를 찾을 수 없었거나 찾아낸 자료를 활용하기 힘든 상태였을 확률이 높다. 어느 쪽이든 〈길위에 김대중〉이 역사를 재서술한 구간을 숨기지 않고 드러낸다는 점에 주목하자. 푸티지를 활용할 수 없었다면, 보이스 오버로만 서술하거나 사진을 배치하거나 각종 편집술에 의지했어도 문제 삼을 이는 아무도 없다. 어차피 다큐멘터리는 그런 장르가 아닌가. 그렇지만 〈길위에 김대중〉이 몰입도에 악영향을 줄 수도 있는 재연 장면을 굳이 끼워 넣었다는 게 흥미롭게 느껴진다.

재연의 목표는 명료하다. 인물이 프레임을 메워 존재감을 발산할 때 비로소 파급력이 생겨난다는 창작자의 판단이 있었을 테다. 그 어떠한 수단으로도 인물의 표정과 육체를 대체할 수는 없지 나. 그게 김대중 본인이 아닐지라도 말이다. 그렇기에 영화에 재연 장면이 배치되어 있다는 사실은 오히려 〈길위에 김대중〉이 역사 기반의 서사보다는 인물이 뿜어내는 이미지에 몰두하는 영화였다는 걸 더욱 강조하게 되는 셈이다.

다큐멘터리의 재연에 관해 환기하는 이 논의는 사실 1월 개봉 이후 〈길위에 김대중〉이 미디어 환경에서 언급되거나 소환됐던 방식과는 조금 동떨어져 있다. 그도 그럴 것이 이 영화의 관람층이나 관심을 드러내는 관객들에겐 이 영화가 자연스레 정치 도구로 활용될 수 있기 때문이다. 가령 인물에 대한 맹목적인 찬사나 비판 등 어느 한 편의 의견으로만 점철된 유튜브, 커뮤니티의 반응을 조금만 살펴봐도 그렇지 나. 물론 관객 수 12만의 〈길위에 김대중〉은 연일 입방아에 올랐던 관객 수

115만의 〈건국전쟁〉처럼 이슈 몰이가 뚜렷하진 않았으나, 이 영화 역시 지지 세력이 있고 그 대척점엔 폄훼 세력이 있다는 점에서 언제든 휘말릴 여지가 생긴다. 그러기에 〈길위에 김대중〉은 이미 영화를 둘러싼 외부와는 떼어놓을 수 없는 작품이 됐지만, 그럼에도 우리는 〈길위에 김대중〉의 내부에서 응시해야 할 요소들을 그냥 지나칠 수는 없다.

이 영화는 1987년 9월 광주 망월묘역을 방문해 시민들을 만나는 김대중을 담아내며 끝난다. 광주를 가득 메운 군중들과 그 사이 길 위에서 사람들을 바라보고 또 소통하려는 한 정치인의 모습. 영화 내내 이어졌던 내레이션과 주변인의 인터뷰가 잠시 사라진 영역에는 오로지 자료화면만 송출되고 있다. 과연 우리는 사실과 맞닿은 역사를 보고 있는 걸까, 아니면 연출과 편집으로 점철된 영화를 보고 있는 걸까. 이때 중요한 건, 뻔하게 들리겠지만 다큐멘터리가 진실과 동치가 아니라는 사실이다. 〈길위에 김대중〉 역시 민환기 감독이 김대중의 삶을 자신만의 관점으로 재구성한 산물일 뿐, 그 이상도 그 이하도 아니다.

진실 대신 인물의 주변부로 향하는

여기서 역설이 나온다. 실존 인물 김대중에 가까워지려는 작업들은 오히려 김대중 그 자체보다 그의 주변부를 맴도는 무언가로 우리를 이끈다. 아무리 수면 위로 건져내지 못했던 진실을 찾아내기 위해 그 많은 영상 자료를 훑고 사실을 재배치, 재구성하던 작업을 아무리 반복해도 우리는 당시의 진실에 가닿을 수 없다. 진실의 주변에 맴도는 상상지대에서 피어나는 그의 극화된 면모만 만날 뿐이다. 그게 인물을 조명하는 다큐멘터리를 만날 때 더욱 의식해야 하는 지점이다. 게다가 제작자는 내가 기억하고 싶은 인물의 삶을 입맛대로 펼쳐 내보이고 싶을 뿐, 그 인물의 행적 자체의 진위 여부가 중요하게 취급될 확률은 높지 않다.

세상은 이미 가짜 뉴스의 시대, 인공지능의 정보 조작을 늘 의식해야 하는 위험지대로 변모해버린 지 오래

다. 제작자가 참고했던 자료가 전부 순도 100%의 사실이라는 보장도 엄밀히는 없다. 그가 뱉는 연설을 촬영했던 영상과 그의 행적을 기록한 문서의 진위 여부 역시 검증하자면 끝이 없다. 그렇기에 사실이 아니라 사실을 받아들이는 수용자의 태도가 중요해졌다. 결국 이미지에 사로잡혔을 때, 우리가 어떻게 느낄 수 있는지 따져보는 게 관건이다. 플롯과 플롯 사이, 에피소드와 에피소드 근처에 머무는 인물의 이미지들 말이다. '연설하는 김대중'이 '연기하는 김대중'이 될 수 있는 이유도 여기에 있다. 아카이빙 자료를 집요하게 추적해 새로운 사실을 발굴하거나, 다년간의 동행 취재로 쌓인 관계의 미학을 빚어내거나. 여러 방식 가운데 〈길위에 김대중〉 역시 인물을 다루는 통상 다큐들의 접근법에서 크게 벗어나지 않는다. 다만 치밀하게 엮어낸 서사 속에서 느슨하게 풀려 있는 잉여 이미지가 종종 배치되어 있다는 사실이 영화에 독특한 질감을 부여하고 있다는 점이 중요하다.

이제 처음에 던졌던 화두가 자연스레 따라온다. 글의 도입부에서 자료화면 속 김대중이 극영화 촬영에 몸을 맡긴 배우처럼 보인다고 운을 띄웠던 걸 기억해보자. 그렇게 〈길위에 김대중〉은 가려졌던 진실의 추적, 발굴해낸 사료를 토대로 만든 역사의 재해석 같은 작업과는 거리가 먼 결과물이 된다. 결국 영화와 객석 사이를 오가며 오래도록 우리의 뇌리에 머무를 수 있는 건 무엇인가. 김대중이 연설을 했던 이유나 명분이 우리 곁에 머무르면서 존재감을 발휘할 수는 없다. 오히려 연설을 할 때 그가 두었던 시선의 방향이나 대상, 말과 말 사이 잠깐의 적막에서 느껴지는 긴장감, 공기를 가르는 그의 주먹에 맴도는 무게감 같은 것들이 짙은 잔상으로 맴도는 게 아닐지. ⒧⒟

글·송상호
영화평론가, 경기일보 기자로 활동하며 글을 쓰고 있다. 2021년 박인환상 영화평론 부문 수상. 2023년 영평상 신인평론상 우수상 수상.

배반당한 항일무장투쟁사와 영화, 드라마, 소설의 복수 혈전

왜 다시 만주인가

방현석 ▮ 소설가, 중앙대 교수

만주가 아니면 벌어질 수 없는 사건들

영화 〈좋은 놈, 나쁜 놈, 이상한 놈〉 〈암살〉 〈밀정〉 〈봉오동 전투〉, 드라마 〈미스터 선샤인〉 〈도적-칼의 소리〉 〈경성 크리처〉, 뮤지컬 〈영웅〉은 모두 만주의 항일 무장투쟁과 관련된 작품들이다. 〈하얼빈〉과 〈범도〉도 만주에서 떼어내 읽을 수 없는 소설이다.

이미 우리의 일상으로부터 멀어진 100년 전의 만주가 다시 영화와 드라마, 뮤지컬, 소설로 이어지면서 새삼 주목받는 이유는 무엇일까. 여러 이유를 찾을 수 있겠지만 만주의 역사적 시간이 간직한 아이러니와 미스터리를 빼놓고 설명하는 건 불가능하다. 만주에 남겨진 아이러니와 미스터리는 우리 역사가 외면한 피와 눈물로 아로새겨진 단단한 비극의 시간이다.

삶을 예술로 만드는 서사의 비밀이 아이러니와 미스터리다. 아이러니와 미스터리는 단순한 이야기를 서사예술로 만든다. 서사의 매혹은 아이러니에서 탄생하고 미스터리로 신비로워진다. 매혹적인 서사는 작품으로 남고 신비로운 이야기는 대중의 기억에 남는다.

2016년 개봉한 김지운 감독의 영화 〈밀정〉은 1920년대 만주를 배경으로 출발한 첩보, 서스펜스 영화다. 밀정 조회령이 의열단원 주동성을 밀정으로 단죄하고, 일제 경찰 이정출이 의열단의 리더 김우진이 하지 못한 작전을 완수해내는 아이러니가 서사를 지배한다. 서로 접근하고 교란하는 인물들은 도무지 누가 적이고 동지인지 알 수 없는 미스터리의 연속이다. 개봉 20일 만에 700만 관객을 동원한 힘은 잡아야만 하는 자와 잡혀서

는 안 되는 자들 사이에서 벌어지는 아이러니와 미스터리에서 비롯된다.

〈밀정〉에 앞서 만주를 무대로 더 아이러니하고 미스터리한 영화를 만든 것도 김지운이었다. 2008년 개봉한 영화 〈좋은 놈, 나쁜 놈, 이상한 놈〉은 일제 강점기 만주가 아니면 벌어질 수 없는 사건을 다룬 영화다.

〈좋은 놈, 나쁜 놈, 이상한 놈〉은 좋은 놈 박도원(정우성)과 나쁜 놈 박창이(이병헌), 이상한 놈 윤태구(송강호)의 이야기다. 그런데 박도원은 정말 좋은 놈일까. 박창이는 나쁜 놈이기만 한가. 윤태구는 왜 이상한 놈인가. 영화를 보면 볼수록 알 수 없다. 좋은 놈이 나쁜 놈이 되고, 나쁜 놈이 좋은 놈 같기도 하다. 이상한 놈은 좋은 놈 같기도 하고 나쁜 놈 같기도 하다. 이 세 놈놈놈은 전혀 다른 인간들인데 어느 순간에 보면 한 놈 같기도 하다. 이 세 놈의 정체와 세 놈이 거느린 서사는 얼핏얼핏 알 듯 모를 듯하다. 하여튼 세 놈 다 이상하다.

그러나 좋은 놈이 나쁜 놈이 되고 나쁜 놈이 좋은 놈이 되고 이상한 놈이 더 이상한 놈이 되는 이 서사의 미스터리는 만주에 남겨진 우리 역사의 미스터리에 비하면 차라리 평범하다. 끝내 종잡을 수 없는 인물들의 아이러니한 캐릭터는 만주와 연해주의 바람으로 흩어진 항일무장투쟁 전사들의 아이러니한 최후에 비하면 사실 아무것도 아니다.

네 개의 만주가 가진 아이러니와 미스터리

우리 역사는 1920년대에만 만주와 연해주에 포진

했던 100개가 넘었던 항무장 투쟁부대와 2만 명이 넘었던 독립군의 존재를 철저하게 지우고 덮어버렸다.

철혈광복단의 군자금 15만 원 쟁취작전도 우리 역사가 오랫동안 덮어버린 대표적인 사건의 하나였다. 이 사건을 다룬 영화 〈좋은 놈, 나쁜 놈, 이상한 놈〉과 드라마 〈도적-칼의 소리〉, 소설 〈범도〉는 항일무장투쟁사의 위대한 순간들을 배반한 우리 역사를 향한 반격이자 복수 혈전이었다. 만주에서 벌어진 항일무장투쟁사의 수많은 사건 중에서 대중에게 그리 널리 알려지지 않은 이 사건이 영화와 드라마, 소설의 소재로 잇따라 호명된 건 서사적 매혹과 신비를 창출하는 만주의 아이러니와 미스터리 서사의 결정판이었기 때문이다.

일제 강점기의 만주에는 네 개의 만주가 있었다. 중국의 만주와 조선의 만주, 러시아의 만주, 일본의 만주가 있었다.

네 개의 서로 다른 만주가 서사적 배경으로 어떻게 한 공간에 존재하는지를 가장 상징적으로 보여주는 도시는 하얼빈이다. 땅은 중국 것인데 건물은 모두 러시아 양식이다. 중국의 자연 위에 세워진 러시아의 문양과 색상들이 언제 보아도 이질적이다.

하얼빈에서 서로 다른 네 개의 만주가 어떻게 만나고 격돌하는지를 보여준 상징적 사건이 안중근의 이토 히로부미 격살 작전이었다. 러시아가 건설한 중국도시 하얼빈에서 격살 당한 자는 일본인 이토 히로부미였고, 격살자는 한국인 안중근이었다.

> 영국에서 배운 지식으로 조선을 병탄한 일본 침략자가 러시아 재무장관 코코프체프와 회담한 기차에서 내리다 청나라의 하얼빈역에서 대한의군 참모 중장 안중근에게 사살당한 이 사건은 오늘날 아세아의 문제를 한눈에 보여주는 상징적인 사건이다.
> 『범도』 2권 281p

네 개의 만주가 어떻게 서로 만나고 격돌하는지

중국 방천의 〈북중러 3국 국경〉

를 가장 격렬하게 보여준 사건은 철혈광복단의 군자금 15만 원 쟁취작전이었다. '15만 원 탈취사건'으로 알려진 이 작전은 회령과 두만강 너머 용정 사이에 있는 동량리 입구의 중국 땅이다. 이 중국 땅에서 조선 청년들이 일본인 경찰이 호송하던 현금 수송 마차를 털어 러시아의 블라디보스토크로 무기를 사러간다.

영화 〈놈놈놈〉과 드라마 〈도적〉, 소설 『범도』의 배경이 되는 군자금 쟁취작전에서 철혈광복단원들이 획득한 군자금은 15만 원이었다. 당시 독립군 한 명의 무장에 필요한 자금이 30원이었다. 30원이면 블라디보스토크에서 체코군대가 처분하는 소총 한 정과 탄환 1백 발, 한 세트를 구입하던 시절이었다. 독립군 5천 명을 무장시킬 수 있는 거금 15만 원을 쟁취했던 철혈광복단원 한상호와 윤준희, 임국정은 블라디보스토크에서 체포되어 서대문형무소에서 교수형을 당했다.

그러나 〈놈놈놈〉과 〈도적〉을 본 사람들조차 자신이 본 영화보다 훨씬 아이러니하고 미스터리한 실재 사건이 만주에서 벌어졌다는 사실을 잘 모른다.

영화와 드라마, 소설의 복수 혈전과 '범도 루트'

소설을 읽은 사람은 영화와 드라마를 본 사람들과 달리 군자금 15만 원 쟁취작전의 전말을 안다. 소설 『범도』를 읽은 사람은 누구나 철혈광복단의 이름을 기억하고, 그들의 미스터리한 작전현장에 가보고 싶어 한다. 그것은 영화나 드라마보다 소설이 훌륭해서가 아니다. 그 사건을 더 자세하고 정확하게 다루어서만도 아니다.

영화와 드라마와는 다른 소설의 장르적 특성에서 비롯되는 차이다. 잘 만든 영화와 드라마가 보여주는 힘은 대단하다. 관객과 시청자를 압도하며 몰입시킬 수 있다. 그러나 아무리 잘 만든 영화나 드라마도 서사 속의 인간들이 겪는 아이러니한 삶을 함께 살아보는 경험을 제공하지는 못한다. 소설은 자신이 살아보지 않은 다른 삶을 살아보는 경험을 제공하는 과정으로서의 예술이다. 진정한 역사소설은 자신이 살아보지 않은 시간, 살아보지 못한 공간을 살아볼 수 있는 깊은 경험을 제공한다.

그 어떤 과학이나 이론으로도 증명할 수 없지만 인간의 삶 속에 분명히 존재하는 아이러니한 진실에 다가가는 '길 없는 길'이 소설이다.

『범도』를 읽은 독자들이 역사가 외면한 현장에 가보고 싶어 하는 이유는 자신이 경험한 다른 삶의 실재를 확인하고 싶기 때문이다. 그들에게 만주는 처음 찾아가는 낯선 공간이 아니라 소설로 이미 살아본 추억의 공간이다.

최종적으로 완성된 영상을 감상하는 영화나 드라마 향유자들과 달리 소설의 독자들은 추상적인 기호로 된 문자를 스스로 이미지로 바꾸는 형상화 작업을 하고 서사의 전후 맥락을 연결해가면서 읽어나가는 수고로움을 감수하는 대단히 능동적인 서사 예술의 향유자들이다. 소설은 작가가 아니라 독자에 의해서 최종적으로 완성된다는 이유가 여기에 있다. 소설을 읽는 과정에서 발휘하는 능동성은 상당한 창작의 영역에 속한다. 최근 들어 관심을 얻고 있는 만주와 연해주 역사탐방에 소설 『범도』의 독자들이 다수를 차지하는 것은 소설이란 장르의 독자들이 지닌 창작자로서의 능동성과 무관치 않다. '범도 루트'에 오는 사람들 대다수는 단순한 이야기의 소비자가 아니라 소설을 자신의 방식으로 완성하고 재생산하는 자가 창작자에 가깝다.

그래서 나는 『범도』를 읽은 독자, 시인, 작가, 감독들과 함께 가는 '범도 루트'에서 『범도』가 보여주려고 한 만주의 미스터리와 아이러니를 분명하게 구별해서 강조한다.

만주의 미스터리는 배반한 역사가 강요한 미스터리다. 벌써 오래전에 역사가 밝히고 충분히 각주를 달았어야 마땅한 사건들을 역사가 외면함으로써 지금까지 미스터리로 남은 것이 만주의 미스터리다. 철혈광복단원들이 쟁취한 군자금을 일제의 손에 다시 넘겨주고, 그들을 형장의 이슬로 사라지게 만든 것은 누구인가? 민족반역자들이 득세하면서 대한민국은 당연히 밝혔어야 할 그 역사의 진실을 지금까지 미스터리로 남겨두었다. 만주의 역사적 진실은 한 번도 미스터리로 남겨지기를 원한 적이 없다.

지상에서 가장 아름다운 기념비에 새겨진 단단한 비극

만주에 아로새겨진 아이러니는 강요된 만주의 미스터리를 청산해나가는 서사의 신비와 힘이다.

내가 길 위의 항일무장투쟁 역사학교 '범도 루트'의 시작 장소를 언제나 와룡동 창동중학교로 잡는 이유는 만주의 피눈물 가득한 아이러니의 상징이 그곳에 존재하기 때문이다. 황무지였던 와룡동을 개척한 사람들은 두만강을 건너온 함경북도의 가난한 농민들이었다. 해가 잘 드는 산기슭 구릉지를 개간해 밭을 일구고 물길을 끌어들여 벼농사를 시작한 그들이 큰 마을을 이루고 가장 먼저 한 일이 학교의 건립이었다. 배운 자들이 팔아먹은 나라에서 살길이 없어 떠나온 농민들이 자식들을 가르치겠다고 세운 아이러니한 학교가 창동중학이었다.

'배만 채우고 산다면 사람이 짐승과 다를 바가 무엇인가. 우리는 배우지 못했지만 아이들은 가르치자.'

윤동주와 송몽규, 문익환이 다닌 용정의 명동학교와 더불어 북간도 민족교육의 중심으로 부상한 창동중학은 와룡동의 아이들만 다니는 학교가 아니었다. 남만주와 북만주, 연해주에서도 유학을 왔다. 멀리서 온 학생들은 모두 기숙사에서 생활했다. 그 비용 전액을 와룡동 주민들이 댔다. 넉넉한 살림이 아니었지만 멀리 공부하러 온 아이들을 내 자식처럼 먹이고 재웠다.

교사들은 '입살이 선생'을 마다하지 않았다. '입살이 선생'은 급여 없이 숙식을 제공받는 것이 전부였다. 말 그대로 입살이나 하면서도 그들은 열과 성을 다해 가르쳤다.

배워야 사람 구실을 할 수 있다고 들어온 창동학교에서 학생들은 금방 깨달았다. 나라 없는 망국노는 노예이지 사람이 아니라는 사실을.

국내에서 3.1 만세운동이 들불처럼 번지던 1919년 3월 13일, 북간도 동포들은 용정의 서전벌에서 '조선독립축하회'를 열고 조선독립을 선언했다. 집회를 끝낸 3만여 동포들은 '대한독립' 깃발을 앞세우고 일본총영사관을 향해 시위행진을 벌였다. 17명의 동포들이 피살되고 40여 명이 부상한 이날 시위에 창동학교 교사와 학생 전원이 참여했다. 와룡동 주민들도 몸이 성한 사람은 모두 나갔다.

선두에 섰던 창동학원 교사 박문호는 총탄에 맞아 시위현장에서 사망하였다. 1920년 1월 '군자금 15만 원 쟁취작전'을 주도한 철혈광복단원 임국정과 최봉설은 창동학교 졸업생이었고, 한상호는 창동학교 20세 젊은 교사였다.

봉오동전투에서 패배한 일본군이 조선인들을 잔인무도하게 학살한 '경신참변' 과정에서 참혹하게 살해당한 정기선도 와룡동 창동학교의 교사였다. 일본군은 정기선을 고문하면서 얼굴 가죽을 벗겨내고 두 눈알을 파내어 죽였다. 짐승과 다른 사람으로 살자고 세운 학교의 교사와 학생들은 너무나 비인간적인 죽음을 당했다.

일본군 토벌대가 이 학교를 막사로 쓰려고 하자 졸업생과 주민들이 학교를 불태우고 자진 폐교했다. 불에 탄 학교 건물을 다시 지은 1935년 9월 12일, 이 학교 졸업생들은 학교 뒤 양지바른 언덕에 스승의 은혜를 기리고 칭송하는 사은기념비를 세웠다. 이 기념비야 말로 만주의 비극적 아이러니를 보여주는 기념비적 기념비다.

창동중학 원장 오상근 이병휘 남성우. 은사 신흥남 김종만 홍우만 이진호 김이택 송창희 서성권 문경. 갖은 고생을 무릅쓰고 심혈을 기울여 우리를 교양하셨도다. 위대하도다. 스승의 은혜. 아름다워라 창동이여! – 이 원을 거쳐간 200여 제자들은 스승의 은공을 이 비에 세워 칭송하노라

이 사은기념비에는 누가 얼마나 많은 돈을 내서 이 학교를 지었는지, 학교운영비를 희사한 유지가 누구였는지, 이 학교를 나와 출세한 인물이 누구인지 한 마디도 없다. 오직 '심혈을 기울여 우리를 교양한' 은사들의 이름 하나하나를 호명하고 "위대하도다 스승의 은혜, 아름다워라 창동이여!"라고 칭송했다. 나는 지상에서 이보다 더 아름다운 사은기념비를 본 적도 들은 적도 없다.

그러나 '범도 루트'를 시작하는 창동중학 사은기념

비의 더 비극적인 아이러니는 새겨진 글자가 아닌 새겨지지 못한 이름 셋에 숨겨져 있다.

창동중학에 여전히 남은 아이러니와 미스터리

창동학교 졸업생들이 정작 가장 새겨두고 싶었을 교장 마진, 교사 한상호, 정기선의 이름은 사은기념비에 없다.

마진은 창동학교 설립자의 한 사람이었고 교장으로 취임하여 군사훈련과를 특설하여 항일무장투쟁 전사 양성에 앞장섰다. 와룡동의 창동학교와 용정의 명동학교 교사, 학생들로 무장투쟁 결사대 '충열대'를 창설한 것도 그였다. 2만 명에 달하는 회원을 거느린 최대의 항일조직인 국민회의 회장으로 만주 항일투쟁의 최고지도자가 되었지만 2선에서 몸을 사리지 않았다. 1930년 직접 결사대를 이끌고 국내 진공작전에 나서려다가 돈화현에서 아들 마천목과 함께 일본군에게 피살당했다. 그렇게 최후를 마친 마진을 밀고한 것이 누구인지, 그의 시신을 누가 어떻게 처리했는지는 아무도 모르는 미스터리로 남았다. 가장 많은 공로를 남기고 가장 큰 희생을 치른 이들의 이름은 기록할 수 없었던 것이 만주의 아이러니였다. 나는 『범도』를 쓰면서 마진의 자료를 무던히 뒤졌지만 그를 연구한 짧은 글 한 편 찾을 수 없었다. 마진의 삶은 결코 미스터리가 아니었지만 우리 역사는 그를 미스터리로 만들었고, 만주의 아이러니로 남았다.

한상호는 함경북도 경성 출신으로 용정의 명동중학교를 졸업하고 창동학교에 부임한 스무 살의 젊은 교사였다. 비밀결사조직 철혈광복단에 뛰어든 그는 창동학교 출신인 임국정 최봉설 등과 함께 독립군의 무장력을 획기적으로 강화하기 위해 군자금 쟁취작전에 나서기로 결의했다. 화룡현 동양리 입구에서 현금 수송 마차 호송 경찰 구니토모를 사살하고 군자금 15만 원을 쟁취하는데 성공했지만 블라디보스토크에서 체포되어 1921년 8월 서대문형무소에서 교수형을 당했다.

일본영사관 지하 고문실에서 눈알을 파내는 고문을 당하고 죽은 교사 정기선의 이름도 창동중학 사은기념비에는 없다.

마진, 한상호, 정기선. 창동중학 졸업생들은 가장 기억하고 싶었던 이름들을 기념비가 아닌 가슴에 새기는 아이러니를 감당해야 했다. 되찾은 나라에서 그들의 가슴에 든 이름을 꺼내 주어야 했지만 그러지 않았다. 철혈광복단의 15만원 쟁취작전이 성공할 수 있도록 정보를 제공하고, 그들이 무기를 살 수 있는 시간을 벌어주기 위해 보름 동안 죽음보다 더한 고문을 견뎌냈던 은행원 전홍섭의 생애는 여전히 미스터리로 남았다. 전홍섭이 그렇게 지켜낸 철혈광복단원들을 밀고한 자는 누구인가. 엄인섭이란 추정만 있을 뿐 그 실체는 여전히 미스터리로 남아있다.

아직 출전 대기 중인 주인공이 너무 많다

항일무장투쟁사를 배반한 권력과 역사가 강요한 미스터리는 이제 끝나야 한다.

다시 영화와 드라마, 뮤지컬, 소설로 이어지는 만주의 서사는 선혈 낭자했던 100년 전 항일무장투쟁사의 명백한 실체를 미스터리로 만든 배반의 역사를 향한 복수혈전이다. 아직 출전을 기다리는, 가장 크게 희생하고 가장 철저하게 잊혀진 아이러니의 주인공들이 너무 많다. 그들과 함께 펼치는 서사예술의 복수혈전은 우리 역사가 만주에 더 이상의 미스터리를 남겨두지 않을 때까지 계속될 것이다. 만주와 연해주로 이어지는 길 위의 항일무장투쟁 역사학교 '범도 루트'에 참여하는 독자와 작가, 시인, 감독, PD, 제작자, 예술가, 역사학자의 많은 숫자가 그러한 사실을 잘 보여주고 있다. ⒧

글 · 방현석
1988년 <실천문학> 봄호에 단편 '내딛는 첫발은'을 발표하면서 작품활동을 시작했다. 소설집 『내일을 여는 집』, 『랍스터를 먹는 시간』, 장편 『십년간』, 『당신의 왼편』, 산문집 『아름다운 저항』 등이 있다. 이대환의 장편소설 『슬로우 불릿』을 시나리오로 각색한 바 있으며, 35mm 단편영화 <무단횡단>을 연출하였다.

[제주4.3항쟁 76주년] 침묵 밖으로 나온 여성 목격자들

언어로 표현할 수 없는 4.3… 할머니들이 소리쳤다

필력이 대단한 작가 현기영마저 제주4.3항쟁을 말과 글로는 표현할 수 없는 '언어절(言語絶)의 참사'라고 했다. 희생자 유족들은 국가폭력에 의해 가족이 학살당하고도 연좌제 망령을 의식해 한숨조차 내쉬기 힘든 세월을 살아야 했다. 민주정부를 세 번 거치면서 조금은 한풀이가 이뤄졌지만 여성의 발언권은 크지 않았다. 여성은 성폭력까지 당하는 일이 흔했지만 입에 올리기도 민망스러웠다. 몇 년 전부터 그들이 사회를 향해 적극 발언하기 시작했다. 한국미디어리터러시스쿨(한미리스쿨)의 이봉수 원장과 심화언론인양성과정 학생들이 여성 특유의 섬세한 기억들을 기록하려고 많게는 아흔아홉 살 할머니까지 목격자들을 찾아 나섰다. 제주 성산읍에 설립된 한미리스쿨은 인문학을 결합한 신개념의 미디어 교육기관으로, 기사 초고를 쓴 문지수 · 임소현 · 천종현은 지난해 9월 MBC저널리즘스쿨을 수료한 뒤 올 1월 심화 과정에 입소했다. [편집자]

이봉수 & 문지수 & 임소현 & 천종현 ▌한국미디어리터러시스쿨

남자들 언어로 기억된 전쟁의 상처

'우리는 전쟁에 대한 모든 것을 '남자의 목소리'를 통해 알았다. 우리는 모두 '남자'가 이해하는 전쟁, '남자'가 느끼는 전쟁에 사로잡혀 있다. '남자'들의 언어로 쓰인 전쟁, 여자들은 침묵한다.'

스베틀라나 알렉시예비치가 기록한 『전쟁은 여자의 얼굴을 하지 않았다』에는 2차 세계대전에 참전한 200여 명 '소녀병사'의 목소리가 담겨 있다. '소녀병사'들은 전쟁이 끝나고 훈장과 메달을 받았지만, 그것은 '전쟁터에서 몸을 함부로 굴린 여성'이라는 주홍글씨이자 결혼을 하기 힘든 족쇄가 됐다. 전쟁과 관련됐다는 이유로 학교 청소부로도 일할 수 없었던 그들은 침묵해야 살아남을 수 있다는 법을 배웠다.

희생자 33%가 여성과 노약자였던 내전

작품 속 이야기는 제주에서 낯설지 않다. 제주4.3사건은 한국전쟁을 빼면 제일 많은 민간인 사망자 수를 기록한 국가폭력이다. 희생자의 33%가 노약자와 여성이다. 1949년 5월, 민간인 수용소로 사용하던 제주 주정공장을 방문한 UN 위원단이 "수용소에는 여성의 수가 남성보다 대략 3배나 많았고 팔에 안긴 아기들과 어린이들도 많았다"고 말했을 정도였다.

그런데도 4·3 관련 연구에서 여성을 표제로 내건 학술대회는 2013년에 처음 개최될 만큼 관심이 낮고, 진상조사보고서에도 여성은 '노약자'라는 용어로 뭉뚱그려졌다. 4·3특별법 희생자 규정은 '제주4·3사건으로 인하여 사망하거나 행방불명된 자, 후유장애가 남아 있는 자'로 되어있어 성폭력 등은 거의가 희생에서 제외됐다. 침묵의 역사 속, 국가폭력의 한복판에 있었던 제주 여성들의 모습은 어땠을까?

가해자의 '현지처'가 될 수밖에 없었던 사연

살아남은 여성들은 온갖 수난과 고초를 겪고도 쉽게 입을 열 수 없었다. 부모와 남편, 자식을 잃은 아픔은 물론이고 '빨갱이'로 몰린 원통함도 묻어뒀다. 성폭력을

당한 여성들은 분노를 토해내는 것보다 수치심을 견디는 게 우선이었다. 피해자를 '빨갱이'로 낙인찍고 비난하는 시선 때문이었다. 더 이상 가족의 희생을 막으려고 가해자인 토벌대 간부의 '현지처'가 될 수밖에 없었던 이도 있었다.

4·3 생존 여성들은 증언을 들으려는 연구자에게 왜 그런 '추접한 말'을 들으려고 하느냐고 되묻기도 했다. 더구나 죽은 자는 말이 없다. 살아남은 이들의 증언으로 목숨을 잃은 이들의 한을 짐작할 따름이다.

4.3항쟁을 진압하기 위해 육지에서 온 토벌대 간부이던 9연대 정보과장 탁성록 대위의 패륜적 행위는 수많은 사연 중 하나일 뿐이다. 그는 제주읍 월평리 출신 인텔리 여성 강상유를 성폭행한 뒤 얼마간 함께 살다가, 그녀를 살해했다.

1949년 3월 3일에는, 민가에 임시 주둔하던 군인이 여성을 성폭행하려다 실패하자, 홧김에 죽인 사건도 있었다. 희생자 강매옥 씨의 언니 강경옥 씨는 지금도 학살자의 성씨와 얼굴을 또렷하게 기억한다. 군인들은 마을 여성들을 집합시켜, 그중 강매옥 씨를 골라 성폭행을 시

도했다. 강 씨가 저항하자 이내 총으로 배꼽 부근을 쐈다. 강 씨는 창자가 쏟아진 채 죽었다.

당시 여성들을 나체로 나무에 거꾸로 매다는 건 흔한 고문 방법이었다. 성기를 담뱃불로 지지거나 수류탄을 집어넣기도 했다. 시아버지와 며느리를 불러내 성교를 강요하기도 했다. 제주는 문충성 시인의 표현처럼 "섬 하나가 몽땅 감옥이고 죽음"이었다.

300명 넘는 희생자를 낸 북촌 대학살

1949년 1월 17일, 북촌 어귀 고갯길에서 군인 둘이 무장대의 공격으로 숨진 게 북촌 대학살의 시작이다. 보복하기 위해 군부대가 북촌 마을에 들이닥쳤다. 집집마다 불을 지르고, 주민을 끌어내 북촌국민학교 운동장으로 집합시켰다. 그중 군인과 경찰 가족만 골라내고 나머지는 움푹 들어간 '옴팡밭'으로 줄줄이 끌고 가 대량학살을 자행했다. '한날한시'에 300명 넘는 사람을 죽였다.

당시 아홉 살이던 고완순은 영문도 모른 채, 북촌국민학교 운동장으로 끌려갔다. 북촌 주민들을 끌어낸 군부

제주시 봉개동 제주4.3평화공원 전시장 입구에 있는 모녀상. 1949년 1월 6일 젖먹이 딸을 안고

대는 남자 11명을 교단에 세우고는 본보기 삼아 처형했다. 스스로 흥분한 토벌대는 운동장에 모인 주민들을 향해 무차별 총격을 가했다. 사람들의 비명과 총소리로 아비규환이 된 와중에도, 머리를 숙이라던 어머니의 외침은 또렷하게 들렸다. 한바탕 사격이 끝나고 보니 곁에 있던 어머니도, 언니와 동생도 보이지 않았다. 완순은 "어멍"을 외치며 밭을 기어갔다. 손에 피가 묻어 끈적했다.

아홉 살 소녀는 이제 여든다섯 살 할머니가 되어 제주시 조천읍 북촌7길 자택에서 취재진에게 증언했다. 북촌 대학살 이야기를 꺼낼 때면, 당시 느꼈던 피 묻은 잔디의 찐득한 촉감도, 피 칠갑이 된 손바닥도 선명하게 떠오른다고 했다.

바로 앞줄까지 처형되고 내려진 사격 중지 명령

'열한 번째로 끌려가던 사람들은 그야말로 운수 대통한 사람들이었다. 때마침 대대장 차가 도착하여 총살 중지 명령을 내렸던 것이다. 이 불행한 사건에도 예외 없이 '만약'이란 가정이 따라왔다. 만약 대대장이 읍에서부터 타고 오던 지프차가 도중에 고장만 나지 않았더라면 한 시간 더 일찍 도착했을 터이고, 그렇게 되면 삼백 명이나 사백 명은 더 살렸을 것이다.'

위에 한 대목 인용한 현기영의 소설 『순이삼촌』도 북촌 대학살을 소재로 한다. 고완순 씨는 '열한 번째로 끌려가던 사람들'처럼 운이 좋았다. "제주시 갈 사람은 따라 나오라"는 군인의 말에, 살려준다는 뜻으로 알고 허겁지겁 따라나섰다. 떠미는 대로 가보니 옴팡밭이었다. 고 씨는 학살터를 이렇게 묘사했다. 이미 죽은 사람들만 일고여덟 줄쯤 됐다.

"엎어져 죽은 사람, 입에 발이 걸쳐진 사람, 사타구니에 머리 처박아 죽은 사람, 은비녀 꼽은 머리끄덩이 잡고 눈 뜬 사람, 사람이 잘도 많아."

고 씨 가족은 마지막 차례였다. 어머니는 아무 말이 없었다. 등에 업힌 세 살짜리 남동생의 생사조차 확인조차 못했다. 언니는 손을 떨고 있었다. 고 씨는 "시신이 앞에 있는데 아무 생각이 없어, 죽을 건지 살 건지 두려움도 없

어"라며 당시를 회상했다. 멍하니 앉아있는 고 씨 앞에, 눈 뜬 채 죽어 있는 할머니가 보였다. 그 할머니가 마치 자신을 흘겨보는 것 같아, 고 씨는 애써 시선을 피했다.

그때 무언가 반짝였다. 구세주인가 싶어 고개를 들었지만, 보이는 건 잎사귀가 다 떨어진 앙상한 나무뿐. 시신이 쌓인 밭은 피로 적셔지다 못해 땅 위로 피가 고여서, 살얼음이 꼈다. 그게 햇빛에 반사되며 반짝거린 것이다. 죽음을 기다리던 중 기적처럼 사격 중지 명령이 떨어졌다. 그렇게 고 씨는 북촌 대학살에서 살아남았다.

세 개의 전쟁과 99살 할머니의 '백년전쟁'

"내는 모르쿠다, 잘 모르쿠다."

제주도 동남쪽 성산읍 수산리에 사는 조춘화 씨(99)가 인터뷰에서 가장 많이 한 말이다. 옷도 없고, 쌀도 없고, 아무것도 없던 때 남자들이 밤낮으로 조 씨 집을 찾아왔다. 이들은 매번 남편의 행방을 물었다. 남편은 숨어 다니느라 집에는 없었다. 낮에는 경찰이 찾아와 "오랑캐들(무장대) 오라낫수과"라며 묻고, 밤에는 산에서 내려온 이들이 "검은개들(순경과 서북청년단) 오라갔수과"라고 물었다. 그때마다 조 씨는 모른다고 할 수밖에.

태평양전쟁 때 징용을 당했던 남편이 4.3 때도 용케 견뎠으나 끝내 6.25 때 전사하자 그녀는 온갖 험한 일을 하며 자식들을 키웠다. 이제 곧 100살이 되는 할머니의 한 많은 인생은 살다 보니 간신히 살아진 거였다.

"마지막 소망은 미국의 사과"

북촌 대학살 생존자 고완순 씨는 '4·3이 내 인생을 망쳤다'고 생각한다. 공부 욕심이 컸던 고 씨는 학비를 제때 못 내서 어렵게 들어간 학교를 그만뒀다. "4·3을 겪지 않았더라면 어떤 사람이 됐을 것 같냐"고 묻자, 그는 선생님이나 정치인이 됐을 거라고 답했다.

"나는 꿈이 많았어, 우리 외삼촌이 살았더라면 나는 공부를 많이 했어. 근데 (4·3 때문에) 그런 꿈도 못 펼치

고, 첫 단추를 잘못 끼웠고, 과거를 간직하고 살다 보니 4·3이 원수같이 싫었어. 옴팡밭만 생각하면 싫고…"

결혼한 언니가 사는 속초로 도망치듯 떠난 뒤, 고 씨는 오랜 세월 4·3을 잊고 살았다. 미용 일부터 편물공장 일, 보험설계사까지, 먹고 살려고 닥치는 대로 일했다. 이후 남편을 만나 딸 둘을 낳고, 북촌으로 돌아온 뒤에도 4·3에는 일절 개입하지 않았다.

"그 사람들(무장대) 때문에 내 인생은 망쳤다"는 원망도 했다. 북촌 대학살 당시, 청년들은 일찍이 몸을 피했고 그날 죽은 300여 명은 마을에 남아있던 여성·어린이·노약자였기 때문이다. 뒤늦게 역사를 공부하며 4·3의 진상을 알게 됐다. 이승만이 '빨갱이 소탕'을 명분 삼아 '자국민 학살'을 자행했음을 안 것이다.

'분통이 터진' 고 씨는 그때 죽은 제주도민의 억울함을 풀어주려고 활동을 시작했다. 그가 나선 건 2000년대에 들어서다. 4·3평화재단 조정희 팀장 제안으로 제주문예회관에서 증언을 한 게 시작이었다. 북촌유족회장직도 맡았다. 그는 70년 넘게 제사를 모시고도, 가족관계증명을 못 해 보상금을 받지 못한 유족 17명을 도왔다.

최근에는 희생자 유전자 감식에 참여해 진술을 돕고 있다. 북촌 대학살부터 UN인권심포지엄 증언까지, 자기 생애를 직접 그림으로 그려 '북촌 고완순, 옴팡밭' 전을 열기도 했다. 여든 중반 나이에도 고 씨가 4·3을 알리는 데 이토록 열심인 이유는 하나다. 고 씨는 미국의 사과를 받아내는 것이 마지막 목표라고 했다.

동굴 통로에 연기 피워 토벌대 진입 막았으나…

제주 서쪽 중산간 마을인 동광리의 복지회관에서 취재진을 기다리던 홍춘호 씨(87)는 4.3 해설가가 되어 6년째 동광마을의 아픈 기억을 사람들에게 전하고 있다. 해설할 때마다 더 많은 사람들이 이 비극을 알았으면, 고생하며 살아있는 사람들을 죽기 전에 나라에서 알아줬으면, 4.3을 잊지 않았으면 좋겠다는 마음을 담는다.

"죽저지지 않으니까 사는 거쥬메."

죽지 않고 살았으니 산 거라 연신 말하는 홍춘호 씨를 따라 4.3 때 사라진 동광리 무등이왓 마을로 올라갔다. 군경이 '초토화 작전'을 펼친 1948년 11월 중순, 토벌대가 들이닥쳐 마을을 모조리 불질렀다. 사람들을 불러모아 총검과 죽창으로 찔렀다. 당시 11살 소녀였다.

토벌대의 공격을 피해 아버지, 어머니, 세 동생과 함께 '크고 넓은 동굴'을 뜻하는 '큰넓궤'로 숨어들었다. 토벌대에게 들키기 전까지 50일쯤 빛 한 줄기 없는 동굴 속에서 지냈다. 밤하늘이라도 보는 게 소원이었다. 동굴 천장에서 물방울이 똑똑 떨어졌다. 바위 틈에 물이 고이면 억새 풀 줄기를 빨대 삼아 물을 마시며 배고픔을 달랬다. 두 동생은 이곳에서 굶어 죽었다. 동생들을 묻어주고 돌아온 아버지의 표정은 아직도 생생하다. 어머니는 자식들이 다 죽은 게 창피해서 4.3항쟁이 진압된 한참 뒤에도 남이 안 볼 때만 다녔다고 한다.

숨어 산 지 50일쯤 됐을까, 이곳도 토벌대에 발각됐다. 주민들은 이불솜 등에 불을 붙여 연기를 피우며 버텼다. 밤이 되자 토벌대가 굴 입구를 바윗돌로 막아 놓고 잠시 철수했다. 멀리서 망을 보던 청년들이 바윗돌을 치워 탈출했으나 한라산 영실 인근에서 붙잡혀 상당수는 현장에서 총살됐다.

몇 년 만에 거울 보고 "이러니 폭도라 불렀구나"

홍춘호 씨 가족은 계엄령이 해제됐다는 선전물을 보고 산에서 내려왔다. 하나 남은 동생도 죽은 뒤였다. 이들은 다시 붙잡혔고, 작은 배에 실려 어딘가로 향했다. '바닷물이 이렇게 크고 출렁일 줄이야.' 산마을 아래로 내려가본 적 없던 11살 소녀는 그때 바다를 처음 보았다. 그런데 어머니는 "이제 죽으러 가는 거"라고 했다. 그들이 도착한 곳은 민간인 수용소로 쓰인 서귀포 단추공장이었다.

이곳에 수용된 이들 중 상당수는 정방폭포에서 학살됐다. 운 좋게 살아남은 이들도 마당에 있는 풀을 다 뜯어먹을 정도로 굶주렸다. '강제노역'은 누구나 가고 싶어 했다. 바깥에 나가야 해초라도 뜯어먹을 수 있었기 때문이다. 12살이 되자 그녀는 순경의 아이를 돌보는 일을

홍춘호 씨가 큰넓궤 앞에서 취재진에게 설명하고 있다. 큰넓궤는 길이가 180미터 정도 되는 크고 넓은 동굴인데 입구는 아이도 기어들어가야 할 만큼 비좁아 나중에야 발각됐다. ⓒ 이봉수

하게 됐다. 순경 부인이 그녀를 이발소에 데려갔을 때 몇 년 만에 처음 거울을 봤다.

"이렇게 허니까 우리 보고 폭도라고 했구나. 나는 나가 그렇게 생긴지 몰랐어. '폭도'가 무슨 뜻인지도 모른 채 '폭도새끼'라고 손가락질 당했는데, 이렇게 험한 몰골을 하고 다니니 폭도라 불린 거구나 생각했지."

6개월 뒤 석방됐을 때도 사람들은 '폭도'라며 집을 내어주지 않았다. 소 키우는 집에 빌붙어 살며 마른 소똥을 모아 불을 지피고 살았다. 이불도, 옷도, 먹을 것도 거의 없었다.

몇 년 전부터 큰넓궤는 좁쌀로 빚은 술을 숙성시키는 곳으로 활용된다. 동광리 주민들과 문화예술인들은 사라진 마을 무등이왓 묵은 밭에 조를 파종해 수확한 좁쌀로 술을 빚는다. 그 고소리술은 이곳 일대 동굴 등지에서 숨진 영혼을 위로하는 제사에 올린다. 숙성기간은 50일로 큰넓궤에서 숨어 살던 기간과 비슷하다.

돌들이 소리치는 이유

"나는 돈으로 문제를 생각하는 게 아니오. 그저 역사적인 뭘 남겨줬으면 좋겠어."

4.3 당시 전주형무소에 끌려갔다 살아남은 다섯 여성은 사람들이 4.3을 기억하게 하려고 다큐 영화에 출연했다. 김경만 감독의 〈돌들이 말할 때까지〉는 이들의 증언을 담은 영화로, 4월 17일 재개봉한다.

영화에 등장한 송순희 씨는 임산부 몸으로 등에 세 살배기 아이를 업은 채 군인과 경찰을 피해 다니다 붙잡혔다. 영문도 모른 채 1년 형을 선고받고, 경찰에게 모진 고문을 당했다. 그때 다리를 맞은 아이는 살이 썩어 문드러져 끝내 목숨을 잃었다. 같이 끌려간 시어머니는 석방돼 제주로 돌아갔지만, 빨갱이의 부모라는 이유로 학살됐다. 석방돼 돌아가니 시댁 어른은 "남편이 죽었으니 재가하라"고 했다. 재혼했는데, 죽었다던 남편이 살아 돌아왔다.

송 씨는 4.3을 "세상 천지에 이런 전쟁이 없다"고 말했다. 1948년 제주민들을 '빨갱이'로 몰아 3만 명의 대량학살을 저지른 국가권력의 총책임자 이승만은 76년이 지난 지금 동상으로, 영화로 부활하고 있다. 제대로 기억하지 않으면 쓰라린 역사는 반복된다. Ⓛⅅ

글·이봉수(대표필자)
세명대 저널리즘스쿨대학원 교수. <조선일보>에서 기자생활을 시작해 <한겨레> 창간에 참여했다. 런던대에서 '미디어와 경제위기'를 주제로 박사학위를 받았다. 세명대 저널리즘스쿨 대학원장을 거쳐 <한겨레>, <경향신문> 시민편집인과 KBS 경영평가위원을 지냈다. 주요 저서로, 『중립에 기어를 넣고는 달릴 수 없다』 (2017) 등이 있다.

"내 그림을 무단 학습한 AI의 저작권을 인정해달라고요? 그건 불법입니다!"

인터뷰이 ▌추유진 콘셉트 아티스트
인터뷰어 ▌성일권 본지 발행인

미국 할리우드에서 콘셉트 아티스트로 활약 중인 추유진 씨는 글도 쓰고 그림도 그리는 챗지피티(ChatGPT)와 같은 생성형 인공지능(AI)의 위협에 대해 "일부 제작자들의 개념 없는 복제로 인해 최근 들어 창작자들의 일감이 급격하게 줄고 있다"며, 어두운 표정을 지었다.

미국 할리우드에서는 최근 작가, 배우조합의 파업에 이어 일러스트레이터, 아트디렉터, 콘셉트 아티스트 등 다양한 직군의 창작자들이 생성형 AI 반대 운동에 나서고 있고, 한국·일본 등 아시아 국가와 유럽 창작자들과 국제연대 투쟁도 준비 중이다.

〈토르:러브 앤 썬더〉, 〈미즈 마블〉, 〈더 마블스〉 등 마블 시리즈 작품의 콘셉트 아티스트로 참여했고,

미국에서 영화, 게임, 책 등 다방면에서 콘셉트 아티스트로 활동 중인 추유진 씨는 국내 유튜브와 언론을 통해 최근 생성형 AI의 창작품 표절 반대의견을 적극 개진해 주목을 받고 있다. 휴가차 한국에 잠깐 나온 그를 만나, 생성형 AI의 작품표절에 대한 최근의 저항운동 동향과 콘셉트 아티스트라는 직업에 대해 의견을 나누었다.

– 먼저, 콘셉트 아티스트라는 생소한 직업에 대한 소개 좀 부탁드려요.

"콘셉트 아트는 보통 영화나 게임, 애니메이션 같은 산업 분야에서 활용되며, 콘셉트 아티스트는 캐릭터부터 건축, 환경 등 전반적으로 보이는 모든 부분들의 디자인을 만들고 프로젝트의 시각적 방향성을 설정하는 역할을 하고요. 간단히 설명해 건물로 말한다면 건축 설계사라고 할 수 있겠네요. 설계를 먼저 한 뒤에 철근과 빔을 세우고, 벽과 바닥, 천장, 그리고 인테리어 작업을 하는 것처럼, 작품의 첫 콘셉트를 창조하는 거죠."

추유진 콘셉트 아티스트

© 추유진

- 설계사가 건축주의 의향을 잘 파악해야 하듯, 감독이나 제작진의 의중을 잘 읽어야겠군요.

"감독이 꿈꾸는 이미지가 눈에 보이고, 손에 잡히는 게 아니다 보니 감독의 머릿속에 있는 아이디어를 끄집어서 형상화하는 작업이 쉽지 않아요. 프리 프로덕션 단계에서 슈팅 들어가기 전에 아이디어 짜내는 과정에서 감독과 대화하면서 추상적 영감을 스케치하고, 이걸로 콘셉트 아트 작업을 하는 거죠. 작업 과정은 다양해요. 특히 새로운 장소에 대한 디자인을 요구받을 경우 드로잉을 하며 아이디어를 짜내면서 3D 테크닉, 포토배쉬 테크닉 등의 여러 기술을 이용해 작품을 완성합니다."

- 감독의 두뇌같은 역할을 하시는군요. 완성된 콘셉트 아트는 어디에 어떻게 쓰이나요?

"콘셉트 아트는 영화감독과 프로덕션 디자이너가 원하는 비주얼 및 디자인을 최대한 끌어낸 것이기 때문에 VFX, 3D, 세트 디자이너들이 실제로 또는 3D로 구현하는 마지막 단계까지 활용됩니다."

- 〈더 마블스〉를 보면 어떻게 저런 놀라운 영상이 나올까 싶어요. 영감을 얻는 비결 같은 게 있을까요?

"어렸을 적에 봤던 〈은하철도 999〉, 〈에반게리온〉, 〈에스카플로네〉는 물론, 좀 더 크고나서 봤던 〈디스트릭트 9〉나 〈블레이드 러너〉에서도 많은 영감을 얻고 있고, 〈카사블랑카〉 같은 고전 로맨스물에서도 많은 영감을 얻는 편이에요."

- 어떻게 미국에서 콘셉트 아티스트로 활동하게 되었나요?

"어렸을 적부터 그림 그리는 걸 좋아했어요. 초등학교 땐 게임하는 것도 좋아해 게임 캐릭터와 팬 아트도 많이 그렸습니다. 이후 미술학원을 다니며 애니메이션학과를 준비했고, 사회에 나와서는 2011년쯤 네오위즈라는 회사에서 콘셉트 아티스트로 일하게 되었죠. 3년 정도 일을 하다가 퇴직금을 모두 털어서 2013년에 미국에

갔어요. 그냥 회사를 관두고 무작정 이제 좀 더 큰 물에서 놀아보고 싶다는 마음으로 열심히 했어요. 운 좋게도 4년 전, 제가 작업한 〈토르: 러브 앤 썬더〉라는 작품을 통해 아트디렉터스 길드에 들어가게 됐습니다. 할리우드 영화 쪽의 작업을 위해선 해당 길드에 소속되어 있어야 하거든요."

– 길드 가입이 좀 배타적이지 않나요?

"조합원이 되기 위한 과정이 좀 까다로운 편이에요. 가장 먼저 감독님이나 프로덕션 디자이너 분의 마음에 들어야 하고, 또 조합의 허락을 받아야만 들어갈 수 있습니다. 처음 작업을 시작하고, 3개월 동안 내가 잘할 수 있다는 걸 증명해야 하는데, 이 기간 동안 저의 능력치를 최대한 발휘하느라 머리카락이 많이 빠졌었죠. 다행히 조합원 과정에 통과해 노동조합 소속이 되었고, 이후 다른 영화들에도 참여할 수 있었습니다."

– 유명배우들도 많이 만났겠군요.

"배우 분들을 보는 것도 아주 멋진 일이지만, 저는 콘셉트 아티스트이다 보니, 특히 나이젤 펠프스라는 프로덕션 디자이너분과 같이 일할 수 있다는 게 더 흥분되는 일이었어요. 〈트랜스포머 시리즈〉, 〈미이라〉, 〈캐리비안의 해적 시리즈〉 등 놀라운 작품에 참여한 베테랑 디자이너와 일한다는 게 너무 신기하고 행복한 경험이었습니다."

– 작년 말에 개봉한 〈더 마블스〉의 마지막 화면에 적힌 제작진 이름에 추유진 씨 이름을 봤어요. 기억에 남는 일은 없었나요?

"〈더 마블스〉에서는 프로덕션 디자이너의 드로잉을 받아 콘셉트 아트로 만드는 작업을 했습니다. 캡틴 마블이 모니카 램보를 부축하는 신에서 제가 디자이너의 드로잉을 마블이 램보를 어부바 해주는 걸로 착각해 마블이 램보를 업고 여러 장소를 다니는 장면을 그렸다가 그 작업물이 팀 내부에서 아주 즐거운 웃음거리가 된 적이 있어요."

– 현재 작업 중인 작품이 있을까요?

"지금은 한국에서 열리는 전시 기획에 참여 중에 있고, 또 〈레이디 인 더 레이크(Lady in the lake)〉라는 애플 드라마가 나올 예정입니다."

– 아쉽지만, 작가님이 참여한 〈더 마블스〉가 흥행에는 그다지 좋은 성적을 못 거두었어요. 그 이유가 뭘까요?

"제 생각으로는 아무래도 영화에 우리 관객에게는 불편할 수 있는 PC(Politically correctness) 주의가 좀 많이 가미되지 않았나 싶어요. 여성 평등이나 인종 평등 같은 원칙을 중요하게 생각하다 보니, 흑인 아시아인 등 다양한 문화권의 배우들을 출연시키고, 융합을 강조하다 보니 스토리가 강렬하지 못했다는 지적을 받았습니다. 하지만 제가 봤을 때 솔직히 〈더 마블스〉가 〈토르: 러브 앤 썬더〉보다는 좀 더 잘 만든 스토리라고 생각했어요. 물론 한국 배우 박서준 씨의 분량도 너무 적은 게 아쉬웠지만, 개인적으로는 저는 상당히 재밌게 봤어요."

– 이제, 할리우드 창작자들이 시위하는 생성형 AI의 예술복제 문제를 얘기해볼까요? 얼마 전에 추유진 씨가 한국의 유명 유튜브에 나와 "할리우드 창작자들은 자신의 작품을 온라인에 올린 뒤, 이를 본 제작사의 연락을 받아 새 프로젝트를 시작하지만, 이제 창작자들의 작품을 함부로 긁어가 제3세계 국가에서 '데이터 세탁'을 하는 생성형 AI 회사 앞에 창작자들이 속수무책으로 당하고 있다"라고 말한 걸로 기억합니다. 얼마나 심각하나요?

"인공지능이 적당한 수준의 그림을 그려주는데 만족하는 제작사가 늘면서 새 작업을 제안하는 전화도, 보수도 줄고 있어요. 광고업계와 출판업계 종사자들도 큰 타격을 받고 있어요. 창의적인 작업을 해오던 이들이 AI의 보조 역으로 전락하고 있는 거죠."

– 그럼, 어떻게 해야할까요?

"어떻게든 막아야죠. 또 정당한 대가를 받아야죠. 글 쓰는 작가나 그림 그리는 사람들은 생성형 AI 업체에 '데이터셋을 투명하게 공개하라'고 압박하고 있습니다.

현재 오픈 AI 같은 생성형 인공지능기업인 구글이나 마이크로소프트사를 상대로 소송하고 있는 단체들도 많이 늘고 있어요. 일례로 〈왕좌의 게임〉의 작가도 자신의 작품이 도용되었다고 소송을 걸었고, 심지어 〈뉴욕타임스〉에서도 기사가 표절되었다고 소송을 건 상태입니다. 제가 속한 조합에서도 곧 파업 여부를 고민 중이에요."

창작자들의 일자리를 빼앗는
AI의 예술품 복제에 반대해야

– 감독이나 제작자들의 반응은 어떤가요?

"올해 아카데미상을 휩쓴 〈오펜하이머〉의 크리스토퍼 놀란 감독, 애니메이션의 거장인 미야자키 하야오 감독 등 유력 인사들은 '지금 당장에는 우리가 쓰기에도 편할지 모르나 나중에 우리에게도 독이 될 수도 있고 우리가 같이 사랑하고 같이 연대하고 같이 일했던 창작자들이 그것으로 인해서 피해를 보는 걸 반대한다'라는 입장을 취하고 있어요. 특히 하야오 감독은 AI를 쓰는 것 자체가 그냥 인간에 대한 모욕이라고 지적하고 있죠."–놀란 감독은 원자폭탄의 핵구름 같은 걸 이미지로 만들 때, 충분히 AI 이미지에 대한 유혹도 느낄 만할 텐데…"놀란 감독은 AI가 핵과 비슷하다고 지적했습니다. 핵무기가 만들어졌을 때 과학자들의 대응 방식이나, 지금 AI가 나왔을 때 과학자들의 대응 방식이 너무 비슷하다는 거예요. 가장 큰 문제는 AI로 어떤 무기든 다 만들 수 있다는 지적이죠. AI가 제공하는 3D 프린팅으로 거의 모든 무기

© 추유진

를 만들 수 있는 정보를 이젠 누구든 갖게 되면 어떻게 될까요?"

– AI의 창작물 권리 침해가 가속화되고 있지만, 한편에서는 AI로부터 저작권을 보호하려는 정책적 대책도 마련되고 있습니다. 얼마 전, 우리 정부도 저작권 등록 관련 규정을 개정하면서 AI가 만든 그림, 시, 소설 등 창작물은 저작권을 등록할 수 없다고 내용을 명시했거든요. 어떻게 생각하세요?

"뒤늦게나마 창작자의 권리를 존중한 정부의 조치에 감사해야겠지만, 문제는 수없이 많은 데이터를 바탕으로 저질러지는 AI의 무차별적인 복제 행위가 창작자들의 일자리를 뺏고 있다는 점이에요. 대부분의 아티스트들은 AI가 그린 그림을 회사의 입맛에 맞게 수정하는 보조 인턴으로 일하고, 심지어 베테랑 아티스트들조차 AI의 그림을 갖고서 터치하는 수준으로 전락하는 거죠. 이런 상황에서 젊은 아티스트들의 일자리는 자꾸 사라질 수밖에 없는 거죠."

– 요즘 서점가에 보면 AI 기술로 멋진 그림을 그리고 매혹적인 글을 써서 돈 버는 방법을 알려주는 책들이 베스트셀러 순위에 올라있어요. 결국 이것은 AI 기술로 남의 창작물을 훔치는 방법을 가르쳐주는 게 아닐까요?

"결과적으로는 그런 셈이죠. 너무 어이없는 게 뭐냐면 그걸로 돈 번 사람들이 없어요. 쉽게 얘기하면은 남이 만든 저작권을 어떻게 자기 걸로 소화해서 그럴듯하게 글도 쓰고 그림도 그리고 일러스트도 하고 이런 테크닉을 가르쳐주는 책들이 잘 팔린다는 건 슬픈 현실이에요. 출판사와 필자는 책 팔아 돈을 벌겠지만 그걸 믿고 따라 할 경우, 자칫 잘못하면 소송에 휘말릴 수도 있을 거예요."

– 그럼, 어떻게 해야 AI를 바람직하게 사용할 수 있을까요?

"제 생각에는 AI는 교통, 의료, 건강, 교육 등 일상생활의 보조품 정도로 사용하면 바람직할 것 같아요. 창의적인 문화예술 분야에서는 아무래도 신중해야 할 것 같습니다."

– 메이저 AI 제작업체들의 지능적인 '창작품 절도'에 좀 더 지능적인 대책은 없을까요?

"벤 자오 시카고 교수팀이 지난해 발표한 '나이트세이드(Nightshade)1.0'이 생성형 AI를 파괴하는 독극물이라고 할 수 있어요. 이 소프트웨어의 규칙은 '나의 존재를 세상에 알리지 말라'에요. 창작자가 자신의 작품에 나이트세이드를 적용하면, 인공지능 학습 때 이미지가 손상돼 개가 고양이가 되고, 자동차가 소가 되는 거죠. 제가 얘기 듣기로는 지오 교수팀은 음악 쪽에도 이런 식의 독극물을 삽입하는 프로그램을 개발하고 있어요. 미국 배우조합인 SAG-AFTRA에서도 AI가 배우 인물을 가져다 쓰면, 그 데이터를 찾아낼 수 있는 프로그램을 개발 중인 것으로 알고 있어요."

– AI의 등장으로 콘셉트 아티스트라는 직업이 타격을 받고 있는데, 그럼에도 해외로 진출하고 싶은 아티스트 유망주에게 조언해준다면?

"할리우드에서 같은 일을 하는 한국 사람을 만나면 참 반갑죠. 하지만 요즘에는 굳이 해외로 나가지 않아도 현지 회사와 협업할 수 있는 기회가 아주 많습니다. 실제로 한국에서 해외 일을 하는 분들도 많이 늘고 있고요. 영어로 대화가 가능할 정도로만 공부한 후 작업물을 온라인에 공개해 컨택할 기회를 만드신다면 한국에서도 쉽게 해외 기업과 일을 얼마든지 하실 수 있을 겁니다." **ID**

Economy Insight

'중국·유럽의 창' 글로벌 경제월간지 〈이코노미 인사이트〉

글로벌 경제월간지 〈이코노미 인사이트〉는 '진보적 경제'를 향해 열린 창입니다

혼돈스러워 보이는 세계경제를 깊이 있게 이해하고자 하십니까? 한겨레가 발행하는 글로벌 경제월간지 〈이코노미 인사이트〉를 펼쳐보세요. 급변하는 세계경제 소식을 미국 중심의 시각이 아닌 유럽과 브릭스(BRICs)의 시각으로 전해드립니다. 〈이코노미 인사이트〉는 독일 〈슈피겔〉 〈차이트〉, 프랑스 〈알테르나티브 에코노미크〉, 중국 〈차이신주간〉, 영국 경제정책연구센터의 정책 포털(VoxEU.org) 등 세계적인 매체와 제휴를 맺고, 새로운 시각과 입체적인 분석으로 세계경제 소식을 전달해드립니다.

2010 ▶ ... ▶ 2023

구독신청 및 판매 문의 1566-9585 | p-dokja@hani.co.kr 구독료 1년 150,000원 | 2년 240,000원(20% 할인) *약정한 구독 기간에 구독을 중단하면 할인 혜택이 없어지며 구독한 부수는 정가 기준으로 적용합니다.

京畿會宴

경기회연

경기도무용단의 새로운 단장

2024 경기아트센터 레퍼토리 시즌공연 1
4. 19(금) 오후 7시 30분
4. 20(토) 오후 4시
경기아트센터 대극장

예술감독·총괄안무: 김경숙
상임안무 : 최진욱·이현주

경기도무용단이 새로운 단장을 합니다.
무용 예술의 공공성, 개방성, 혁신성을 기반으로 무용문화를 만들어 가고자 합니다.
목적지가 있는 작품제작으로 경기도민에게 친근한 공공 무용단이 되고자 합니다.

문화유산에 모티브를 둔 경기회연京畿會宴은 그 단초가 될 것입니다.
경기 천년의 봉행으로 시작하여 의례가 축제로 발화하는
한바탕 놀이를 만나실 것입니다.